AF457917

La

Législation Scolaire d'Haïti

Lois, Arrêtés, Règlements et Programmes en vigueur

RÉUNIS PAR

M. CHARLES BOUCHEREAU

Chef de Division au Ministère de l'Instruction publique.

LIBRAIRIE ARMAND COLIN

RUE DE MÉZIÈRES, 5, PARIS

LA LÉGISLATION SCOLAIRE D'HAÏTI

LA

LÉGISLATION SCOLAIRE D'HAÏTI

Lois, Arrêtés, Règlements et Programmes en vigueur

RÉUNIS PAR

M. CHARLES BOUCHEREAU
Chef de Division au Ministère de l'Instruction publique.

LIBRAIRIE ARMAND COLIN
RUE DE MÉZIÈRES, 5, PARIS

1911

AVERTISSEMENT

Depuis qu'a paru le remarquable ouvrage de MM. Sténio Vincent et L.-C. Lhérisson : La Législation de l'Instruction publique de la République d'Haïti, *des lois, arrêtés et règlements nombreux ont été rendus qui modifient profondément les règles anciennes relatives au fonctionnement de nos écoles.*

L'inconvénient que signalaient les auteurs en 1895 subsiste donc presque tout entier : faute de trouver réunis dans un recueil spécial les textes en vigueur *concernant l'Instruction publique, certains « directeurs de l'éducation nationale » et un assez grand nombre de membres du Corps enseignant restent dépourvus de « toute notion légale de leurs devoirs ». Tenant à remédier, au plus tôt, à ce mal, M. Pétion Pierre-André, secrétaire d'État au Ministère de l'Instruction publique, a bien voulu me demander de préparer le travail que je présente aujourd'hui au public. Je n'y ai fait entrer que les lois, arrêtés, règlements et programmes* actuellement en vigueur. *Ceux qu'intéresse l'histoire de nos institutions scolaires pourront recourir au livre de MM. Sténio Vincent et L.-C. Lhérisson qui, à ce point de vue, conserve une grande valeur.*

A cause du caractère officiel de la présente publication, je me suis abstenu de tout commentaire à propos des textes rapportés : les lecteurs comprendront ma réserve. Au moins me suis-je efforcé de ne rien omettre, en offrant au monde universitaire un travail complet sur la législation de l'instruction publique en Haïti.

Si, malgré tous les soins apportés à la préparation de ce recueil, des lacunes y étaient constatées, je compte, pour qu'elles me soient signalées, sur la bienveillance du public.

CHARLES BOUCHEREAU.

20 avril 1911.

LÉGISLATION SCOLAIRE D'HAÏTI

ARTICLE 24

DE LA

CONSTITUTION DE LA RÉPUBLIQUE D'HAÏTI

ART. 24. — L'enseignement est libre.
L'instruction primaire est obligatoire.
L'instruction est gratuite à tous les degrés.
La liberté d'enseignement s'exerce conformément à la loi et sous la haute surveillance de l'État.

LOI

SUR L'INSTRUCTION PUBLIQUE

TIRÉSIAS AUGUSTIN SIMON SAM, Président d'Haïti,

Vu l'article 69 de la Constitution ;

Sur la proposition du Secrétaire d'État de l'Instruction publique ;

Et de l'avis du Conseil des Secrétaires d'État.

A PROPOSÉ,

Et le Corps Législatif a rendu la loi suivante :

CHAPITRE I

Dispositions générales.

ART. 1er. — L'enseignement public est libre en Haïti.

Il est placé sous la haute direction du Secrétaire d'État de l'Instruction publique.

ART. 2. — Les écoles sont publiques, communales ou privées.

ART. 3. — La jeunesse des écoles, la généralité des instituteurs, le corps des Inspecteurs constituent l'Université d'Haïti.

ART. 4. — La Jeunesse des écoles et les membres du corps universitaire sont exempts de tout service militaire.

ART. 5. — L'Université peut recevoir toutes donations et offrandes. Si la libéralité est de quelque importance, celui qui l'aura faite recevra le titre de membre honoraire de l'Université.

ART. 6. — L'Université a sa caisse particulière ; toutes les sommes perçues en vertu de la présente loi seront reversées dans la caisse de l'Université qui sera tenue par le payeur au Département de l'Instruction publique.

ART. 7. — Après le prélèvement du montant des frais de la comptabilité, les fonds universitaires sont employés :

1° A acheter des livres qui seront donnés à la distribution des prix aux élèves des écoles publiques ;

2° A fonder des bibliothèques dans les écoles publiques;

3° A donner aux Instituteurs et aux auteurs d'ouvrages utiles à la jeunesse des témoignages de considération;

4° Enfin à encourager de toutes manières le développement de l'Instruction publique.

CHAPITRE II

Des Instituteurs.

Art. 8. — Pour avoir la direction d'un établissement public ou pour y professer, il faut justifier au préalable les conditions suivantes :

1° Etre de bonne vie et mœurs; 2° être pourvu de titre de capacité correspondant au degré d'enseignement que l'on veut pratiquer. Les étrangers devront, en outre, produire un certificat de bonne vie et mœurs contenant l'indication de leur domicile réel, des lieux où ils ont résidé et des professions qu'ils ont exercées. Ce certificat est signé, soit des autorités du pays auquel appartient le postulant, soit du pays où il a résidé.

Les étrangers qui ne se sont munis que de titres de capacité étrangers doivent obtenir du Secrétaire d'État de l'Instruction publique la déclaration d'équivalence de ces titres, avec les brevets de l'Université d'Haïti.

CHAPITRE III

Dispositions particulières des écoles.

Art. 9. — Les écoles doivent être établies dans des emplacements sains et dans des maisons bien aérées.

La plus grande propreté doit y régner.

Art. 10. — Nulle école, excepté les écoles maternelles, ne peut recevoir aux mêmes heures les enfants des deux sexes.

Art. 11. — La direction des écoles publiques de filles sera confiée uniquement à des Institutrices.

Art. 12. — Aucun enfant ne peut être admis dans une école sans le certificat de vaccination.

Le directeur qui recevra un enfant non vacciné encourra une suspension de 3 mois au plus.

CHAPITRE IV

Des écoles primaires.

ART. 13. — Les écoles publiques sont fondées et entretenues par l'État qui leur affecte un local et un matériel convenables et en salarie le personnel. Elles se subdivisent en écoles urbaines et en écoles rurales.

ART. 14. — Un règlement fixera le maximum du nombre des élèves que doit recevoir chaque école de l'État.

ART. 15. — Un enfant ne sera reçu comme élève dans une école publique si ses parents ou ceux qui en tiennent lieu ne prennent l'engagement par devant l'Inspection scolaire de l'y laisser jusqu'à ce qu'il ait achevé le cours des études prescrit pour cette école ou qu'il y ait atteint l'âge où il ne lui est plus permis d'y rester.

ART. 16. — Si les parents retirent l'enfant avant le temps sans donner une excuse admise par l'Inspection scolaire, ils seront, sur la plainte de la dite Inspection, condamnés par le juge de paix à une amende de 2 gourdes par chacun des mois pendant lesquels l'enfant devait rester encore à l'école.

ART. 17. — Tout élève d'une insubordination habituelle sera rayé du tableau des élèves de l'établissement auquel il appartient.

En cas de faute grave ou d'immoralité, il sera en outre exclu de toute autre école publique, et les garçons internés de force à la Maison Centrale.

ART. 18. — Dans l'un comme dans l'autre cas, le directeur de l'école à laquelle appartient l'enfant fera son rapport à l'Inspection scolaire et celle-ci portera l'affaire par devant le Secrétaire d'État de l'Instruction publique.

CHAPITRE V

SECTION 1re

De l'enseignement primaire. — Des écoles urbaines de garçons.

ART. 19. — L'enseignement primaire est divisé en enseignement primaire élémentaire et en enseignement primaire supérieur.

Art. 20. — Des plans d'études et des règlements particuliers détermineront les ouvrages classiques, les méthodes d'enseignement, le système de discipline et la durée d'heures qui doivent être suivis dans les écoles primaires urbaines.

Art. 21. — L'instruction des écoles publiques est gratuite.

Art. 22. — Aucun enfant ne sera reçu dans une école publique urbaine avant l'âge de 5 ans et ne pourra en sortir qu'après avoir parcouru le programme de cette école. L'enfant qui aura obtenu son certificat d'études primaires élémentaires pourra suivre les cours complémentaires.

Art. 23. — Les cartes d'admission aux écoles publiques urbaines sont délivrées par l'Inspection scolaire.

Art. 24. — Des écoles primaires professionnelles seront créées dans les principales villes de la République.

Art. 25. — Dans chaque école primaire publique il y a un directeur et, de plus, un aide par trente élèves.

SECTION II

De l'enseignement secondaire.

Art. 26. — L'enseignement secondaire de garçons est divisé en enseignement secondaire classique et en enseignement secondaire moderne.

Art. 27. — L'enseignement secondaire classique et l'enseignement secondaire moderne sont donnés dans les Lycées et les Collèges.

Des Lycées.

Art. 28. — Il sera établi un lycée dans les villes de la République où le besoin s'en fera sentir.

Art. 29. — Pour être reçu en qualité d'externe de l'État dans un lycée, il faut être pourvu d'une carte d'admission délivrée par l'Inspection scolaire.

Art. 30. — Le personnel de chaque lycée se compose, outre les directeurs et les censeurs, du nombre des professeurs, maîtres d'études, répétiteurs et autres employés d'administration déterminés par les règlements.

Art. 31. — Des plans d'études et des règlements particuliers détermineront les ouvrages classiques, les méthodes d'enseignement et le système de discipline qui doivent être suivis dans les lycées de la République.

Des Écoles de jeunes filles.

Art. 32. — Il y aura une ou plusieurs écoles primaires de demoiselles dans chaque ville de la République. Il y aura en outre une école d'enseignement secondaire de jeunes filles dans chaque chef-lieu de département.

Des établissements du même degré d'enseignement pourront être institués dans les villes où le Gourvernement en reconnaîtra la nécessité.

Les plans d'études et programmes pour ces écoles sont fixés par un arrêté.

SECTION III

Écoles rurales.

Art. 33. — Il sera établi au moins une école de garçons et une école de filles dans chaque section rurale.

Les plans d'études et les programmes sont fixés par un arrêté.

SECTION IV

Sanction des études.

Art. 34. — Indépendamment des visites du personnel préposé à la surveillance des écoles, il y aura, à la fin de chaque année scolaire, des examens de passage dans toutes les classes.

A la fin de la dernière année, les élèves subiront un examen spécial pour l'obtention du certificat d'études primaires et du certificat d'études secondaires classiques ou modernes.

Cet examen sera fait par un jury spécial nommé par le Secrétaire d'État de l'Instruction publique, en présence et sous le contrôle de l'Inspection scolaire de la circonscription.

Enseignement supérieur et École de Peinture.

Art. 35. — Les écoles de Médecine et de Pharmacie, de Droit, de Peinture et toutes autres écoles d'enseignement supérieur fonctionnent d'après des lois spéciales.

Art. 36. — Il sera fondé à la Capitale, aux frais de l'État, une École Normale de garçons et une École Normale de jeunes filles.

Établissements privés.

Art. 37. — Nul ne pourra fonder un établissement privé d'enseignement supérieur, secondaire ou primaire s'il n'a préalablement obtenu une licence du Secrétaire d'État de l'Instruction publique.

Art. 38. — Les établissements privés d'enseignement supérieur, d'enseignement secondaire et d'enseignement primaire sont à la charge de ceux qui les instituent.

Ils doivent se conformer aux dispositions de la présente loi qui leur sont applicables.

Art. 39. — Les programmes d'enseignement s'appliquent uniformément à tous les établissements publics ou privés de la République.

Art. 40. — La présente loi abroge toutes lois ou dispositions de loi qui lui sont contraires, notamment celle du 7 décembre 1860. Elle sera exécutée à la diligence du Secrétaire d'État de l'Instruction publique.

Donné au Palais de la Chambre des Représentants, le 17 octobre 1901, an XCVIII de l'indépendance.

Le président de la Chambre,
Sudre DARTIGUENAVE.

Les secrétaires :
D. Destin St-Louis, J.-B. Laurent.

Donné à la Maison Nationale, à Port-au-Prince, le 18 octobre 1901, an XCVIII de l'Indépendance.

Le président du Sénat,
GUILLAUME.

Les secrétaires :
Dr Arch. Desert, M. Étienne Magloire.

Au nom de la République,

Le président d'Haïti ordonne que la loi ci-dessus soit revêtue du sceau de la République, imprimée, publiée et exécutée.

Donné au Palais National à Port-au-Prince, le 29 octobre 1901, an XCVIII de l'Indépendance.

T. A.S. SAM.

Par le président :
Le secrétaire d'État de l'Instruction publique.
G. GÉDÉON

LOI

SUR LA GRATUITÉ DE L'ENSEIGNEMENT PUBLIC

TIRÉSIAS AUGUSTIN SIMON SAM, Président d'Haïti,

Considérant que l'article 24 de la Constitution consacre la gratuité de l'enseignement public à ses divers degrés ;

Qu'il importe de faire l'application de ce principe dans une loi appropriée aux besoins et aux nécessités actuels ;

Qu'une pareille loi est l'accompagnement nécessaire de celle qui rend l'instruction primaire obligatoire ;

Sur le rapport du Secrétaire d'État de l'Instruction publique.

Et de l'avis du Conseil des Secrétaires d'État.

A PROPOSÉ,

Et le Corps Législatif a rendu la loi suivante :

ART. 1er. — Les dépenses de l'enseignement public à tous ses degrés sont à la charge de l'État.

Cependant les communes dont les finances sont prospères sont tenues, sur la demande du Secrétaire d'État de l'Instruction publique, d'établir et d'entretenir à leurs frais, dans leur étendue au moins, une école primaire de garçons et une de filles.

Elles pourront aussi instituer des bourses dans les établissements d'enseignement secondaire public ou privé en faveur des jeunes gens porteurs du certificat d'études primaires, qu'elles choisiront elles-mêmes. Elles sont, en outre, tenues, par l'entremise du Magistrat communal, de donner leur concours gratuitement pour assurer et faciliter la fréquentation des écoles.

ART. 2. — Au centre de toutes les sections rurales où il sera possible de faire fonctionner une école rurale, il sera pourvu à l'établissement de cette école par les soins de l'autorité scolaire.

Au chef-lieu de chaque commune, il y aura au moins une école primaire urbaine de garçons et une de filles.

Dans les villes dont la population dépassera 5.000 habitants, le nombre des écoles primaires sera augmenté à raison d'une école de garçons et d'une de filles en plus par 5.000 habitants.

ART. 3. — Dans les villes où il existe un lycée et plusieurs écoles primaires publiques avec cours complémentaires, on pourra se contenter d'un nombre moindre d'écoles primaires que celui prévu à l'article 2.

ART. 4. — Tout enfant au-dessous de 14 ans et de plus de 5 ans dont les parents ou les tuteurs, ou la personne qui en a la garde, en font régulièrement la demande, a droit gratuitement à l'instruction primaire dans une école publique de la commune où réside celui sous l'autorité de qui il se trouve ou avec lequel ils habitent.

ART. 5. — Tout enfant au-dessus de 14 ans et jusqu'à 17 ans a droit à l'admission à titre d'externe dans un lycée de l'État pour y recevoir gratuitement l'instruction secondaire, s'il est en possession d'un certificat d'études primaires ou s'il justifie des connaissances nécessaires pour obtenir ce certificat.

ART. 6. — Tout jeune homme âgé de 16 à 20 ans et au-dessus peut se faire inscrire dans une des écoles supérieures de l'État et y suivre les cours, s'il réunit les conditions d'admission particulièrement prévues par la loi. Les frais d'inscription de diplôme seront à sa charge.

ART. 7. — Aucune distinction ne peut être faite entre les enfants pour qui l'instruction est réclamée ; l'État la leur doit également à tous.

ART. 8. — L'école primaire dont l'effectif pendant trois années consécutives s'est abaissé au-dessous de 20 élèves par années d'études, cessera d'être entretenue par l'État. En ce cas, les élèves seront répartis dans d'autres écoles de la circonscription.

ART. 9. — Il pourra être accordé des bourses dans les établissements d'enseignement secondaire et supérieur de la République dans les écoles et Facultés des pays étrangers selon que le Gouvernement en reconnaîtra la nécessité.

Les établissements d'enseignement privé qui en Haïti jouissent d'une telle faveur sont astreints, sauf en ce qui concerne l'Administration intérieure, au régime des établissements d'enseignement public correspondant.

ART. 10. — Il ne pourra être créé aucun établissement nouveau d'enseignement public ni aucun poste rétribué par l'État dans les établissements scolaires existants, si un crédit spécial n'a été préalablement inscrit à cet effet au budget de l'Instruction publique.

Art. 11. — La présente loi abroge toutes lois ou dispositions de lois antérieures qui lui sont contraires, et sera imprimée, publiée à la diligence des Secrétaires d'État de l'Instruction publique et des Finances, chacun en ce qui le concerne.

Donné au Palais de la Chambre des Représentants, le 11 octobre 1901, an XCVIII de l'Indépendance.

Le président de la Chambre,
Sudre DARTIGUENAVE.

Les secrétaires :
D. Destin St Louis, J.-B. Laurent.

Donné à la Maison Nationale, à Port-au-Prince, le 18 octobre 1901, an XCVIII de l'Indépendance.

Le président du Sénat,
GUILLAUME.

Les secrétaires :
Dr Arch. Desert, M. Étienne Magloire.

Au nom de la République,

Le président d'Haïti ordonne que la loi ci-dessus soit revêtue du sceau de la République, imprimée, publiée et exécutée.

Donné au Palais National, à Port-au-Prince, le 29 octobre 1901, an XCVIII de l'Indépendance.

T. A. S. SAM.

Par le président :

Le secrétaire d'État de l'Instruction publique,
G. GÉDÉON.

Le secrétaire d'État des Finances,
P. FAINE.

LOI

SUR L'INSTRUCTION PRIMAIRE OBLIGATOIRE

TIRÉSIAS AUGUSTIN SIMON SAM, Président d'Haïti,

Vu l'article 24 de la Constitution ;

Considérant qu'il est d'une bonne organisation sociale que les personnes ayant charge d'enfants soient obligées de leur donner au moins l'instruction primaire ;

Considérant que l'État a pour devoir d'assurer l'exécution de cette obligation en y attachant la double sanction d'un certificat d'études, en cas d'exécution, et de pénalités de plus en plus rigoureuses, dans le cas contraire ;

Sur le rapport du Secrétaire d'État de l'Instruction publique,

Et de l'avis du Conseil des Secrétaires d'État,

En vertu des pouvoirs conférés par l'article 69 de la Constitution,

A PROPOSÉ,

Et le Corps Législatif a rendu la loi suivante :

ART. 1er. — L'instruction primaire est obligatoire pour les enfants des deux sexes, âgés de 5 à 14 ans ; elle peut être donnée, soit dans les établissements d'instruction primaire ou secondaire, soit dans les familles.

ART. 2. — Les membres de l'Inspection seront, dans leurs circonscriptions respectives, chargés d'assurer, de surveiller et d'encourager la fréquentation des écoles. Ils pourront à cette fin, faire appel au concours des Magistrats communaux spécialement en ce qui concerne le recensement des enfants en âge d'aller à l'école.

ART. 3. — Il est institué un certificat d'études primaires qui sera décerné après un examen public auquel pourront se présenter les enfants dès l'âge de 10 ans. Ceux qui, à partir de cet âge, subiront avec succès cet examen seront dispensés du temps de scolarité obligatoire qui leur restait à passer.

ART. 4. — L'examen public, auquel doivent se présenter les

candidats au certificat d'études primaires, aura lieu à l'expiration de chaque année scolaire. Il sera fait dans les écoles primaires publiques ou privées par les membres de l'Inspection.

Les enfants qui auront reçu l'instruction dans les familles devront se présenter, pour le subir, à l'une des écoles primaires de la commune où ils résident, à l'époque fixée pour l'examen des élèves mêmes de cette école.

Quinze jours avant la présentation à l'examen, avis en sera donné par les parents ou tuteurs de l'enfant, tant au directeur ou à la directrice de l'école qu'à l'Inspecteur.

ART. 5. — Le père, le tuteur, la personne qui a la garde de l'enfant, celle chez qui l'ont placé ses parents, devra, quinze jours au moins avant l'époque de la rentrée des classes, faire savoir à l'Inspecteur si elle entend faire donner à l'enfant l'instruction dans la famille ou dans une école publique, privée ou communale, en indiquant dans ces deux derniers cas l'école choisie.

Les familles domiciliées à proximité de deux ou plusieurs écoles publiques ont la faculté de faire inscrire leurs enfants à l'une ou l'autre de ces écoles, à moins qu'elle ne compte déjà le nombre maximum d'élèves autorisé par les règlements.

En cas de difficulté portée devant l'Inspecteur, il sera statué, soit sur sa demande, soit sur celle des parents, par le Secrétaire d'État de l'Instruction publique ; mais en aucun cas, l'inscription de l'élève à l'une des écoles du lieu de sa résidence ne pourra être refusée.

ART. 6. — Chaque année, l'Inspecteur, à l'aide des commissaires d'ilet, et en faisant appel au concours du Magistrat communal qui ne pourra le refuser, dresse la liste de tous les enfants âgés de cinq à quatorze ans et avise les personnes chargées de ces enfants de la date de la rentrée des classes. Au cas où les parents et autres personnes responsables n'auraient pas, quinze jours avant la rentrée, déclaré qu'un enfant doit suivre telle école, l'Inspecteur l'inscrirait d'office à l'une des écoles publiques, et en avertirait la personne responsable.

Les directeurs d'écoles privées ou publiques sont aussi astreints, à la même époque, à faire parvenir à l'Inspecteur les noms des élèves inscrits à chaque école, et celui-ci, huit jours avant la rentrée des classes, remettra aux directeurs d'écoles publiques la liste des enfants inscrits d'office, ajoutée à celle des inscrits volontaires.

Un double de ces listes sera déposé à la Secrétairerie d'État de l'Instruction publique.

Art. 7. — Lorsqu'un enfant quitte l'école avant d'avoir subi son examen pour le certificat d'études primaires, ou avant l'âge de quatorze ans révolus, ses parents ou les personnes responsables doivent en donner avis immédiatement à l'Inspecteur et indiquer de quelle façon l'enfant recevra l'instruction à l'avenir.

Le directeur ou la directrice de l'école devra aussi, de son côté, informer l'Inspecteur des circonstances dans lesquelles l'enfant l'a quittée.

Art. 8. — Lorsqu'un enfant manque momentanément à l'école, les parents ou les personnes responsables doivent faire connaître au directeur ou à la directrice les motifs de son absence.

Les directeurs et les directrices tiendront un registre d'appel qui constate pour chaque classe, et jour par jour, l'absence des élèves inscrits. A la fin de chaque mois, ils adresseront à l'Inspecteur un extrait de ce registre, avec indication du nombre des absents et des motifs invoqués.

Les seuls motifs réputés légitimes sont les suivants : maladie de l'enfant, décès d'un membre de sa famille. Les autres motifs seront considérés comme exceptionnels et appréciés par le directeur.

Art. 9. — Tout directeur d'école privée, publique ou communale qui ne se sera pas conformé aux prescriptions des articles 6, 7 et 8 sera, sur le rapport de l'Inspecteur, déféré au Secrétaire d'Etat de l'Instruction publique qui pourra prononcer les peines suivantes :

1° L'avertissement; 2° la censure ; 3° la suspension pour un mois au plus et en cas de récidive, dans l'année scolaire, pour trois mois au plus.

Art. 10. — Lorsqu'un enfant se sera absenté de l'école quatre fois dans le mois sans justification par l'Inspecteur ou la commission locale de surveillance, le tuteur ou la personne responsable sera invité, par un avis donné trois jours à l'avance, à comparaître au bureau de l'Inspection devant l'inspecteur, qui lui rappellera le vœu de la loi et lui expliquera son devoir.

En cas de non comparution sans motif admis, il sera appliqué la peine énoncée dans le premier alinéa de l'article suivant.

Il sera procédé de même à l'endroit des parents ou personnes responsables qui n'auraient pas, en ce qui les concerne, obtempéré aux prescriptions de l'article 8.

Art. 11. — En cas de récidive dans la même année, il sera adressé par l'Inspection ou la Commission locale de surveillance une réprimande au parent coupable ou à la personne responsable, et cette réprimande sera rendue publique par voie d'affichage.

En cas de nouvelle récidive, l'Inspecteur adressera une plainte au juge de paix. L'infraction sera considérée comme une contravention et punie d'une amende de G. 5 qui sera doublée à chaque nouvelle récidive.

Art. 12. — Le magistrat communal, les chefs de sections, les chefs de quartiers, les chefs de postes militaires, les commissaires d'îlet seront tenus de dénoncer à l'Inspecteur ou à la commission locale de surveillance tout père de famille, tout tuteur, toute personne responsable qui, à leur connaissance, n'enverrait pas à l'école l'enfant dont il a la garde.

Les personnes ainsi dénoncées seront déférées par l'Inspection au juge de paix qui leur appliquera une amende de G. 10. Cette amende sera doublée chaque fois qu'elles comparaîtront devant le juge de paix pour persistance à ne pas remplir leur devoir d'éducateur.

La même peine sera applicable aux personnes qui, ayant déclaré qu'elles feraient donner ou poursuivre chez elle l'instruction primaire aux enfants dont elles ont la garde jusqu'au certificat d'études primaires inclusivement, se seront abstenues de remplir cette obligation. On constatera leur faute en soumettant l'enfant à un examen d'après la partie du programme des écoles primaires correspondant à son âge.

Au bout de quatre condamnations, le père de famille ou le tuteur qui, par sa persistance à contrevenir à la présente loi, aura prouvé qu'il entend se soustraire à son devoir d'éducateur, sera, à une nouvelle récidive, sur le rapport de l'Inspecteur et avec l'autorisation du Secrétaire d'État, déféré au juge de paix du lieu qui pourra prononcer une amende de G. 10 à 20. Tout patron ou chef d'industrie, qui aura reçu en apprentissage un enfant non pourvu du certificat d'études primaires, prendra par cela même l'engagement de lui faire donner l'instruction primaire et de le présenter à l'obtention du certificat d'études primaires à l'âge de quatorze ans au plus tard, sous la sanction des peines édictées plus haut.

Art. 13. — La contrainte par corps sera exercée contre tous ceux qui ne s'acquitteront pas des amendes ci-dessus prévues.

Le produit des amendes perçues par le juge de paix sera versé dans la caisse de l'Université et servira à l'achat d'ouvrages à donner en récompense aux élèves les plus méritants.

Art. 14. — L'inspecteur pourra accorder aux enfants demeurant chez leurs parents ou leurs tuteurs, ou confiés à des étrangers et inscrits à une école primaire, des dispenses de fréquentation scolaire ne dépassant pas un mois.

Si ces dispenses doivent excéder ce délai, la demande en sera soumise au Secrétaire d'État.

Art. 15. — En ce qui concerne les enfants qui suivront leurs parents ou tuteurs, lorsque ceux-ci s'absenteront temporairement de la commune, un simple avis donné par écrit à l'Inspecteur ou à la Commission locale de surveillance suffira. Si l'absence doit se prolonger plus de trois mois, l'enfant devra provisoirement être inscrit à l'une des écoles de sa résidence passagère et régulièrement envoyé.

L'Inspecteur peut aussi, avec l'approbation du Secrétaire d'État de l'Instruction publique, dispenser les enfants employés dans l'industrie et arrivés à l'âge d'apprentissage de fréquenter l'école pendant une partie de la journée.

Art. 16. — Les enfants qui reçoivent l'instruction dans la famille ou chez les personnes à qui ils ont été confiés, doivent chaque année, à partir de l'âge de 7 ans, subir un examen qui portera sur la matière de l'enseignement correspondant à leur âge dans les écoles publiques. Ces examens se feront à l'époque des examens publics dans les écoles primaires, et dans l'une des écoles situées à proximité du lieu de l'habitation de l'enfant. Pour les filles, on choisira des écoles de filles.

Si l'examen de l'enfant révèle l'insuffisance de ses connaissances, en raison de son âge, et qu'aucune excuse ne soit admise par l'Inspection ou la Commission locale de surveillance, les parents ou les personnes qui ont reçu la garde de l'enfant seront mis en demeure de l'envoyer dans une école publique, privée ou communale, dans la huitaine de la notification et de faire savoir à l'Inspecteur quelle école ils ont choisie.

S'ils ne le font pas dans le délai assigné, l'inscription se fera d'office, comme il est dit à l'article 6.

Art. 17. — Un avis de la Secrétairerie d'État déterminera chaque année, sur les données fournies par les Inspecteurs, les sections rurales et les communes où, par suite de l'insuffisance des locaux scolaires, les prescriptions de la présente loi sur la fréquentation obligatoire des écoles n'auraient pas pu être appliquées, et il en sera fait mention dans l'Exposé de la Situation présenté aux Chambres.

La présente loi abroge toutes lois et dispositions de lois qui lui sont contraires, et sera imprimée, publiée et exécutée à la diligence des Secrétaires d'État de l'Instruction publique et de l'Intérieur, chacun en ce qui le concerne.

Donné au Palais de la Chambre des Représentants, le 17 octobre 1901, an XCVIII de l'Indépendance.

Le président de la Chambre,
SUDRE DARTIGUENAVE.

Les secrétaires :
D. DESTIN ST-LOUIS, J.-B. LAURENT.

Donné à la Maison Nationale, à Port-au-Prince, le 18 octobre 1901, an XCVIII de l'Indépendance.

Le président du Sénat,
GUILLAUME.

Les secrétaires :
Dr ARCH. DÉSERT, M. E. MAGLOIRE.

Au nom de la République,

Le président d'Haïti ordonne que la loi ci-dessus soit revêtue du sceau de la République, imprimée, publiée et exécutée.

Donné au Palais National, à Port-au-Prince, le 29 octobre 1901, an XCVIII de l'Indépendance.

T. A. S. SAM.

Par le président,
Le secrétaire d'État de l'Instruction publique,
G. GÉDÉON.

Le secrétaire d'État de l'Intérieur,
T. AUGUSTE.

LOI

SUR LA SURVEILLANCE ET L'INSPECTION DES ÉCOLES

SALOMON, Président d'Haïti,

Considérant que la loi du 13 septembre 1878, depuis longtemps est reconnue défectueuse et inexécutable en ce qui concerne les charges et devoirs qu'elle impose au Corps de haute surveillance ;

Considérant qu'il y a lieu, et ce, dans l'intérêt même de la surveillance et de l'inspection des Écoles nationales et privées de la République, d'obvier à tous inconvénients préjudiciables à la propagation de l'instruction dans le pays ;

Vu l'article 79 de la constitution ;

Sur le rapport du Secrétaire d'État de l'Instruction Publique ;

Et de l'avis du Conseil des Secrétaires d'État ;

A PROPOSÉ,

Et le Corps Législatif a voté la loi suivante :

ART. 1er. — La surveillance et l'inspection de toutes les écoles, tant publiques que privées et des maisons d'éducation généralement quelconques du pays, sont confiées à un corps d'inspecteurs, qui sera réparti conformément au tableau ci-annexé, et à des commissions locales nommées dans toutes les communes de la République.

ART. 2. — Les inspecteurs sont sous les ordres immédiats du Secrétaire d'État de l'Instruction publique.

ART. 3. — Peuvent seuls être nommés inspecteurs et sous-inspecteurs les Haïtiens qui auraient été directeurs ou professeurs des lycées nationaux, de l'École de Médecine, de l'École de Droit, durant trois années consécutives ou directeurs d'institutions privées d'enseignement secondaire.

Toutefois, le Secrétaire d'État de l'Instruction publique pourra proposer au Président d'Haïti des personnes n'appartenant pas aux catégories sus-désignées, mais qui sont d'une capacité et d'une conduite notoires.

Art. 4. — Il y aura dans chaque circonscription scolaire, selon son importance, soit un seul inspecteur, soit un inspecteur et un ou plusieurs sous-inspecteurs.

Art. 5. — Ils habiteront les chefs-lieux de leurs circonscriptions respectives.

Art. 6. — Les inspecteurs remplacent les anciennes commissions principales de l'Instruction Publique et exercent toutes les attributions qui leur ont été dévolues par les lois.

Ils sont notamment chargés, sous la haute direction du Secrétaire d'État de l'Instruction publique ;

1° De veiller à l'exécution des lois et règlements d'administration concernant l'Instruction publique ;

2° D'exercer un contrôle incessant sur les commissions locales de surveillance, de recevoir leurs rapports et de transmettre à ce sujet tous avis à l'administration supérieure ;

3° De statuer, sauf approbation du Secrétaire d'État de l'Instruction publique, sur les plaintes et dénonciations portées devant eux et de prendre, dans les cas graves et urgents, sous la réserve expresse de la même approbation, toutes mesures disciplinaires autres que celles mentionnées en l'article 11 ci-après.

Les inspecteurs visiteront incessamment les écoles urbaines de leurs résidences et feront tous les trois mois une tournée au moins dans leurs circonscriptions respectives, pour inspecter les autres écoles urbaines et rurales placées sous leur surveillance.

Ils adresseront, à la fin de chaque mois, au Secrétaire d'État de l'Instruction publique, un rapport détaillé sur les écoles de leurs résidences, et tous les trois mois, un rapport sur toutes les écoles de leurs circonscriptions, rapport où ils consigneront leurs appréciations :

1° Sur la valeur des méthodes et des programmes en usage ;

2° Sur la capacité et la moralité des instituteurs et professeurs ;

3° Sur le nombre, la conduite et le degré d'avancement des élèves de chaque établissement ;

4° Sur l'état des locaux et du matériel en général ;

5° Sur les besoins de chaque école ;

6° Sur toutes les mesures propres à vulgariser l'Instruction publique dans le pays.

Il leur est alloué, comme frais de tournée, une somme de cinquante piastres qui leur sera payée tous les trois mois, après la réception par le Département de l'Instruction publique, de leurs rapports trimestriels.

Art. 7. — Ils seront tenus de se transporter, à toute époque, sur tous les points de leurs circonscriptions scolaires où il y aura une enquête prompte et extraordinaire à faire ou un fait grave à réprimer.

Art. 8. — Il sera mis à la disposition des inspecteurs un local, un matériel et les fournitures de bureau nécessaires.

Les inspecteurs de la circonscription scolaire de Port-au-Prince pourront avoir leur bureau à l'hôtel du Secrétaire d'État au Département de l'Instruction publique.

Art. 9. — Les inspecteurs se réuniront, une fois l'an, à la Capitale en Conseil Général de l'Instruction Publique aux fins de proposer et de discuter toutes questions propres à améliorer la situation des écoles et à assurer le développement de l'instruction et la propagation des lumières dans le pays.

La réunion aura lieu, sur une convocation spéciale du Secrétaire d'État de l'Instruction Publique, et la session durera quinze jours.

Une somme de cinquante piastres, tirée des frais extraordinaires du Département de l'Instruction Publique est allouée à chaque Inspecteur et lui sera comptée dès son arrivée à la Capitale.

Art. 10. — Sera considéré comme démissionnaire, tout Inspecteur qui s'abstiendra de se rendre à cette convocation sans faire immédiatement connaître au Secrétaire d'État de l'Instruction publique le motif de son abstention, que le Conseil général de l'Instruction publique appréciera à la majorité absolue des voix.

Art. 11. — Toutes les fois qu'il y aura lieu de prendre des décisions devant entraîner, de la part du Gouvernement, la révocation d'un fonctionnaire ou membre du Corps enseignant, l'interdiction d'un Inspecteur particulier, la fermeture d'un établissement scolaire, les Inspecteurs seront assistés des Commissions locales dont il va être question et qui auront voix consultative.

Des Commissions locales de surveillance.

Art. 12. — Il y aura, dans chacune des Communes de la République, une commission locale de cinq membres pour la surveillance des écoles publiques et privées.

Elle sera composée, dans les Communes, chefs-lieux d'arrondissement :

Du Magistrat Communal ou du *chargé* du service, *président*, du *Juge de paix et de trois citoyens notables.*

Dans les autres Communes : du *Magistrat communal* ou du chargé du service, *président* du *juge de paix* du *préposé d'administration* et de *deux citoyens notables.*

Art. 13. — Ces citoyens notables, qui sont soumis à l'agrément du Secrétaire d'État de l'Instruction publique, seront proposés par les fonctionnaires ci-dessus dénommés et qualifiés.

Art. 14. — Les attributions des Commissions locales sont:

1° De s'assurer du zèle, de la conduite et des principes moraux des instituteurs et professeurs de la Commune.

2° De veiller sur la conduite et la régularité des élèves, et de faire à leurs parents, tuteurs ou correspondants, toutes observations ou remontrances nécessaires.

3° De veiller à la salubrité des écoles et au bon entretien du matériel et des bâtiments.

4° De délivrer des certificats de bonne vie et mœurs aux sollicitants qui seront reconnus dignes d'exercer la profession d'instituteur.

5° D'assister les inspecteurs comme il est dit dans l'article 11.

6° De signaler, à bref délai, aux inspecteurs dont elles relèvent, tous faits graves commis dans les écoles ou par les instituteurs de leurs communes, et pouvant, ou nécessiter une enquête immédiate, ou entraîner l'application d'une peine disciplinaire.

Art. 15. — Dans les communes autres que celles où résident les Inspecteurs, les Commissions locales visent les feuilles d'appointements des fonctionnaires du Corps enseignant.

Art. 16. — Elles tiennent leurs séances à l'hôtel Communal du lieu. — Elles correspondent, pour les besoins du service, avec les inspecteurs de qui elles relèvent directement et leur font à la fin de chaque mois, un rapport sur l'état des écoles dans leurs communes respectives.

Les Secrétaires des Conseils Communaux rempliront les fonctions de secrétaires de ces commissions, à la disposition desquelles il sera mis, par le Département de l'Instruction, les fournitures de bureau jugées nécessaires.

Art. 17. — Les fonctions des membres des commissions locales sont gratuites et honorifiques.

Les membres de ces commissions sont exempts du service militaire et de celui de la garde nationale pendant la durée de leurs fonctions.

Ils sont, pendant la même durée, dispensés d'être jurés.

Art. 18. — Les appointements des membres du Corps d'Inspection sont fixés comme suit :

DÉPARTEMENT DE L'OUEST

Circonscription Scolaire de Port-au-Prince.

Arrondissement de Port-au-Prince.

1 Inspecteur	G.	120
3 Sous-inspecteurs à G. 90		270
1 Secrétaire		50
1 Hoqueton		10
	G.	450

Circonscription Scolaire de Jacmel.

Arrondissement de Jacmel et de la ligne militaire de Saltrou à Grand-Gosier.

1 Inspecteur	G.	100
1 Sous-inspecteur		75
1 Secrétaire		40
1 Hoqueton		5
	G.	220

Circonscription Scolaire de Léogâne.

1 Inspecteur	G.	80
1 Secrétaire		30
1 Hoqueton		3
	G.	113

Circonscription Scolaire du Mirebalais.

Arrondissement du Mirebalais et de Lascahobas.

1 Inspecteur	G.	80
1 Secrétaire		30
1 Hoqueton		3
	G.	113

DÉPARTEMENT DU NORD

Circonscription Scolaire du Cap-Haïtien

Arrondissements du Cap-Haïtien, du Limbé, du Borgne et de la Grande-Rivière du Nord.

1 Inspecteur	G.	100
2 Sous-inspecteurs à G. 75		150
1 Secrétaire		40
1 Hoqueton		5
	G.	295

Circonscription Scolaire de Fort-Liberté.

Arrondissements de Fort-Liberté et du Trou.

1 Inspecteur	G.	80
1 Secrétaire		30
1 Hoqueton		3
	G.	113

DÉPARTEMENT DU SUD

Circonscription Scolaire des Cayes.

Arrondissements des Cayes et des Coteaux.

1 Inspecteur	G.	100
1 Sous-inspecteur		75
1 Secrétaire		40
1 Hoqueton		5
	G.	220

Circonscription Scolaire de Jérémie.

Arrondissement de Jérémie.

1 Inspecteur	G.	100
1 Secrétaire		40
1 Hoqueton		5
	G.	145

Circonscription Scolaire de Nippes.

Arrondissement de Nippes.

1 Inspecteur	G.	80
1 Secrétaire		30
1 Hoqueton		3
	G.	113

Circonscription Scolaire d'Aquin.

Arrondissement d'Aquin.

1 Inspecteur	G.	80
1 Secrétaire		30
1 Hoqueton		3
	G.	113

Circonscription Scolaire de Tiburon.

Arrondissements de Tiburon et de l'Anse-d'Hainault.

1 Inspecteur	G.	80
1 Secrétaire		30
1 Hoqueton		3
	G.	113

DÉPARTEMENT DE L'ARTIBONITE

Circonscription Scolaire de Saint-Marc.

Arrondissements de Saint-Marc et de Dessalines.

1 Inspecteur	G.	80
1 Sous-inspecteur		60
1 Secrétaire		30
1 Hoqueton		3
	G.	173

Circonscription Scolaire des Gonaïves.

Arrondissements des Gonaïves et de la Marmelade.

1 Inspecteur	G.	100
1 Sous-inspecteur		75
1 Secrétaire		40
1 Hoqueton		5
	G.	220

DÉPARTEMENT DU NORD-OUEST

Circonscription Scolaire du Port-de-Paix.

Arrondissements du Port-de-Paix et du môle Saint-Nicolas.

1 Inspecteur	P.	80
1 Sous-inspecteur		60
1 Secrétaire		30
1 Hoqueton		3
	P.	173

Art. 19. — Le chef-lieu d'une Circonscription Scolaire formée de plusieurs arrondissements militaires est la ville dont le nom désigne cette circonscription.

Art. 20. — D'autres sous-inspecteurs pourront être nommés dans les circonscriptions scolaires où ils seront reconnus nécessaires et seront portés au budget du Département de l'Instruction Publique.

Art. 21. — La présente loi abroge toutes les lois ou dispositions de lois qui lui sont contraires, et particulièrement la loi du 13 septembre 1878 sur la surveillance et l'Inspection des écoles.

Elle sera exécutée à la diligence du Secrétaire d'État de l'Instruction Publique et de celui des Finances, chacun en ce qui le concerne.

Donné à la Maison Nationale, à Port-au-Prince, le 10 octobre 1882, an LXXIX de l'Indépendance.

Le président du Sénat,
M. MONTASSE.

Les secrétaires :
J.-P. LAFONTANT, Désinor St-Ls ALEXANDRE.

Donné à la Chambre des Représentants, au Port-au-Prince, le 24 septembre 1884, an LXXXI de l'Indépendance.

Le président de la Chambre,
O. PIQUANT.

Les secrétaires :
C. CHARLOT, F. N. APOLLON.

Au nom de la République,

Le président d'Haïti ordonne que la loi ci-dessus du Corps Législatif soit revêtue du sceau de la République, imprimée, publiée et exécutée.

Donné au Palais National du Port-au-Prince, le 2 octobre 1884, an LXXXI de l'Indépendance.

SALOMON.

Par le président,
Le secrétaire d'État de l'Instruction publique,
François MANIGAT.

Le secrétaire d'État des Finances et du Commerce,
C. FOUCHARD.

LOI

SUR LA PENSION DE RETRAITE DES INSTITUTEURS

TIRÉSIAS AUGUSTIN SIMON SAM, Président d'Haïti,

Vu l'article 69 de la Constitution,

Considérant l'importance des services que les Instituteurs rendent à la Nation, il y a lieu de les encourager en leur garantissant, au bout de leur carrière, une pension de retraite qui les mette à l'abri du besoin ;

Sur le rapport du Secrétaire d'État de l'Instruction Publique et de l'avis du Conseil des Secrétaires d'Etat,

A PROPOSÉ,

Et le Corps Législatif a rendu la loi suivante :

ART. 1er. — Les Inspecteurs, sous-inspecteurs scolaires, les instituteurs et institutrices haïtiens, fonctionnaires de l'État généralement quelconques, auront droit, à partir du 1er octobre prochain, à une pension de retraite équivalant au tiers de leurs appointements fixes.

ART. 2. — Sera liquidée par les soins du Secrétaire d'État de l'Instruction Publique la pension de retraite de tout instituteur ou de toute institutrice ayant l'âge de cinquante ans et qui aura compté 25 ans de service actif dans l'enseignement.

ART. 3. — Le quart de la pension de retraite sera réversible à la veuve non remariée de l'instituteur ou aux enfants mineurs de l'instituteur ou de l'institutrice décédé.

ART. 4. — La présente loi abroge toutes lois ou dispositions de lois qui lui sont contraires.

Elle sera exécutée à la diligence des Secrétaires d'État de l'Instruction Publique et des Finances.

Fait à la Maison Nationale de Port-au-Prince, le 16 août 1898, an XCV de l'Indépendance.

Le président du Sénat,
GUILLAUME.

Les secrétaires :
A. DÉRAC, M.-JN SIMON,

Donné au Palais de la Chambre des Représentants le 17 août 1898, an XCV de l'Indépendance.

Le président de la Chambre,
C. St-RÉMY.

Les secrétaires :
D. THÉODORE, Eug. DOUTRE.

Au nom de la République,

Le président ordonne que la loi ci-dessus du Corps Législatif soit revêtue du sceau de la République, imprimée, publiée et exécutée.

Donné au Palais National de Port-au-Prince, le 18 août 1898, an XCV de l'Indépendance.

T. A. S. SAM.

Par le président :
Le secrétaire d'État de l'Instruction publique,
J. Ch. ANTOINE.

Le secrétaire d'État des Finances,
N.-S. LAFONTANT.

LOI

SUR L'ENSEIGNEMENT DU DROIT

NORD ALEXIS, Président de la République,

Vu l'article 69 de la Constitution,

Considérant qu'il y a lieu de modifier la loi du 27 juin 1859 qui ne répond pas aux besoins actuels de l'École Nationale de droit;

Sur le rapport du Secrétaire d'État de l'Instruction publique,

Et de l'avis du Conseil des Secrétaires d'État,

A PROPOSÉ,

Et le Corps Législatif a rendu la loi suivante :

ART. 1er. — L'enseignement de l'École Nationale de droit comprend : *le droit civil, le droit pénal, l'histoire du droit français et du droit haïtien, les éléments du droit romain, la procédure civile, le droit international public et privé, le droit constitutionnel, le droit administratif, le droit commercial, l'économie politique, la législation financière* (haïtienne et comparée).

ART. 2. — Le personnel de l'École se compose d'un directeur professant, de professeurs dont le nombre est fixé par le Département de l'Instruction publique conformément aux allocations budgétaires, d'un secrétaire-bibliothécaire et d'un appariteur.

ART. 3. — Les professeurs fournissent trois heures d'enseignement au moins par semaine.

Le tableau de répartition des cours, établi par le directeur et discuté au Conseil des professeurs, est soumis, au commencement de chaque année scolaire, au Département de l'Instruction publique.

ART. 4. — Le Conseil des professeurs se réunit d'office tous les mois, et, sur la convocation du directeur, aussi souvent que l'exigent les intérêts de l'École.

Il statue sur toutes les questions qui lui sont soumises concernant l'École, notamment sur les difficultés soulevées par l'application des règlements et les conflits qui peuvent survenir entre le directeur et les autres membres du personnel. Il est présidé par le directeur ou, en l'absence de celui-ci, par le professeur le plus ancien.

ART. 5. — Le Conseil des professeurs ne peut délibérer qu'à la majorité absolue de ses membres présents.

ART. 6. — Les peines disciplinaires qui peuvent être prononcées contre les membres du personnel sont : l'avertissement, la réprimande, la retenue partielle des appointements, la suspension pour trois mois au plus avec privation du traitement, la révocation. L'avertissement est prononcé par le directeur ; il en est de même de la réprimande, mais avec avis du Conseil des professeurs.

La retenue a lieu pour toute absence non motivée : elle est proportionnelle au temps que le professeur doit à l'École pendant le mois. La valeur retenue est versée dans la caisse de l'Université pour être employée aux besoins de la bibliothèque.

La suspension est prononcée par le Secrétaire d'État de l'Instruction publique après délibération du Conseil des professeurs et sur le rapport de l'autorité préposée au contrôle et à la surveillance des écoles.

La révocation est faite par le Président d'Haïti, sur le rapport du Secrétaire d'État de l'Instruction publique, après avis motivé du Conseil des professeurs et de l'autorité scolaire.

ART. 7. — Les cours de l'École sont publics.

Est admise à s'inscrire toute personne détentrice d'un certificat de fin d'études secondaires classiques ou ayant subi avec succès, devant un jury de professeurs de l'enseignement secondaire désignés par le Secrétaire d'État de l'Instruction publique, un examen dont le programme sera fixé par les règlements de l'École.

ART. 8. — Le nombre des inscriptions à prendre par chaque étudiant en personne est de quatre par an. La première ne peut être prise que dans le premier mois du premier trimestre de l'année scolaire.

L'École pourra tenir compte à un étudiant des inscriptions qu'il aurait prises dans une École ou Faculté étrangère et des examens qu'il y aurait passés.

ART. 9. — La durée des études est de deux ans pour le baccalauréat, de trois ans pour la licence en droit.

A la fin de chaque année, les élèves devront subir avec succès les examens réglementaires avant d'être admis à suivre les cours de l'année suivante.

Les époques auxquelles ont lieu les examens, ainsi que les détails y relatifs, sont déterminés par les règlements.

Art. 10. — Les examens sont faits par le directeur et les professeurs de l'École Nationale de droit sous le contrôle de l'autorité scolaire.

Art. 11. — Les diplômes de bachelier et de licencié en droit sont délivrés par le Secrétaire d'État de l'Instruction publique sur le vu des procès-verbaux d'examen dressés par les membres du jury et visés par l'autorité scolaire.

Art. 12. — Les certificats délivrés par les Écoles libres de droit fonctionnant dans la République avec l'autorisation du Département de l'Instruction publique ne donneront droit aux diplômes de bachelier et de licencié que si le programme des études et le régime des examens adoptés dans ces établissements sont conformes à ceux de l'École Nationale.

Art. 13. — Nul ne sera autorisé à ouvrir une École libre de droit s'il n'est, au moins depuis cinq ans, licencié en droit ou avocat commissionné antérieurement à la création de l'École Nationale de droit.

Pour qu'une École libre de droit reçoive l'autorisation du Département et soit admise à délivrer des certificats donnant droit aux diplômes de bachelier et de licencié, il faut qu'elle ait un personnel suffisant pour l'enseignement des matières du programme et réunissant les mêmes conditions prévues dans le précédent alinéa.

Art. 14. — Des bourses pourront être accordées à des étudiants des localités autres que Port-au-Prince, dans les limites des crédits budgétaires.

Elles seront données par concours pour un maximum de trois ans.

Art. 15. — Les boursiers admis à l'École Nationale de droit s'engagent, du fait seul de leur admission, à se tenir, au terme de leurs études, à la disposition du Gouvernement et à accepter toutes les fonctions de l'ordre judiciaire qu'il jugerait nécessaire de leur confier.

En cas de refus, ils devront restituer à la caisse publique la rétribution qui leur a été accordée pendant les trois ans. Ils seront toutefois libérés de cette obligation si, au bout de cinq ans à compter de la date de leur dernier examen, aucun appel ne leur a été fait.

Art. 16. — Les étudiants régulièrement admis à l'École Nationale de droit sont exempts du service militaire.

Art. 17. — Le Secrétaire d'État de l'Instruction publique pourvoira par des règlements à tout ce qui n'est pas prévu par la présente loi.

Art. 18. — La présente loi abroge toutes les lois ou dispositions de loi qui lui sont contraires, notamment la loi du 27 juin 1859. Elle sera publiée et exécutée à la diligence du Secrétaire d'État de l'Instruction publique.

Donné au Palais de la Chambre des Représentants, le 5 septembre 1906, an CIII de l'Indépendance.

Le président de la Chambre,
S. Archer.

Les secrétaires :
G. Desrosiers, Louis Brutus.

Donné à la Maison Nationale, à Port-au-Prince, le 13 septembre 1906, an CIII de l'Indépendance.

Le président du Sénat,
T.-A. Dupiton.

Les secrétaires :
R. David, Diogène Lerebours.

Au nom de la République,

Le président d'Haïti ordonne que la loi ci-dessus du Corps Législatif soit revêtue du sceau de la République, imprimée, publiée et exécutée.

Donné au Palais National, à Port-au-Prince, le 8 novembre 1906, an CIII de l'Indépendance.

NORD ALEXIS.

Par le président :

Le secrétaire d'État de l'Instruction publique,
T. Laleau.

ARRÊTÉ

INSTITUANT UN COURS D'ADMINISTRATION GÉNÉRALE A L'ÉCOLE NATIONALE DE DROIT

Le Secrétaire d'État au Département de l'Instruction publique,

Considérant que la connaissance des questions administratives est nécessaire à tous ceux qui sont attachés à un service public ;

Considérant qu'il importe au Département de l'Instruction publique de prendre les mesures pour faciliter l'étude de ces questions,

Arrête :

Art. 1er. — Un cours d'administration générale, comprenant spécialement les matières administratives se rattachant aux services publics d'Haïti, est créé à l'École Nationale de droit.

Art. 2. — Ce cours d'administration générale remplace celui de science sociale fait à la dite École.

Art. 3. — Pour le rendre accessible non seulement aux étudiants régulièrement inscrits mais aussi à tous ceux qui veulent en tirer profit, le cours d'administration générale se fera une fois par semaine de 5 heures 1/2 à 6 heures 1/2 de l'après-midi dans la plus grande salle de l'École Nationale de droit.

Art. 4. — Le directeur de l'École indiquera par un avis affiché partout où besoin sera le jour choisi.

Fait à la Secrétairerie de l'Instruction publique, le 17 septembre 1909,

Murat Claude.

RÈGLEMENTS

POUR L'ÉCOLE NATIONALE DE DROIT DE PORT-AU-PRINCE

Le SECRÉTAIRE D'ÉTAT au département de l'Instruction publique,

Considérant qu'il est nécessaire de reviser les règlements de l'École Nationale de Droit de Port-au-Prince;

ARRÊTE CE QUI SUIT :

CHAPITRE PREMIER

Des matières d'enseignement et de l'organisation des cours.

ART. 1er — L'enseignement de l'École nationale de Droit comprend : les éléments du Droit romain, l'histoire du Droit français et celle du Droit haïtien ; le Droit civil, le Droit criminel, le Droit commercial, la Procédure civile, le Droit constitutionnel, le Droit administratif, le Droit international public et privé, l'économie politique.

ART. 2. — Ces matières sont réparties dans l'ordre suivant :

PREMIÈRE ANNÉE. — 1° Droit civil, art. 1 à 571, moins les articles 2, 3, 5, 6, 7, 8 et 9 et la loi N° 5 (art. 99 à 132 du Code civil) ; 2° Droit criminel, Code pénal et Code d'instruction criminelle ; 3° au premier semestre, notions historiques sur le Droit ancien ; éléments du Droit romain : des personnes, des droits réels, des obligations ; au deuxième semestre : histoire générale du Droit français et du Droit haïtien ; les sources de l'ancien Droit français, son développement général ; les Constitutions haïtiennes, leur esprit général, législation antérieure aux codes, principales lois modificatives ; 4° Économie politique : but de la science économique, ses rapports avec les autres sciences et notamment avec le Droit, production de la richesse. les éléments de la production, distribution de la richesse, régime de la propriété collective, régime de la propriété individuelle, circulation de la richesse, application de l'économie politique à la législation financière française; l'État, son rôle, ses dépenses, histoire générale de la science économique.

DEUXIÈME ANNÉE. — 1° Droit civil, art. 572 à 1173 et art. 1987 à 2047 (Lois Nos 5 à 14 et loi n° 35 du Code civil); 2° Droit constitutionnel; principes généraux du Droit constitutionnel des peuples modernes; 3° Droit constitutionnel de la République d'Haïti; Droit public général, les droits et les libertés de l'individu; Droit international public; 4° Procédure civile, organisation judiciaire, Code de Commerce (Loi n° 4, titre 1 et titre 3).

TROISIÈME ANNÉE. — 1° Droit civil, art. 2, 5, 6, 7, 8 et 9; 99 à 132, 1173 à 1970 du Code civil; 2° Droit administratif, organisation administrative et autorités administratives, personnes morales administratives, domaine public et domaine de l'État, impôts, dette publique, contentieux administratif, législation des cultes; 3° Droit commercial : code de commerce, moins les titres 1 et 3 de la loi N° 4 et les lois modificatives et additionnelles postérieures; 4° Droit international privé, cours général de droit international privé : notions de législation comparée, traits essentiels de la législation des peuples en rapport avec Haïti.

ART. 3. — Les cours ci-dessus déterminés se renouvelleront chaque année dans l'ordre indiqué de façon que la série entière soit parcourue par tous les étudiants quelle que soit l'année de leur première inscription.

ART. 4. — En dehors des cours prévus par les règlements il pourra être fait, aux jours et heures indiqués par le Directeur, des conférences sur des sujets ayant rapport aux matières de l'enseignement de l'École.

CHAPITRE II

Du personnel.

ART. 5. — Le Directeur a sous ses ordres immédiats tout le personnel de l'École et les professeurs, employés et étudiants. sont tenus de se conformer à ce qu'il leur prescrit pour le bien du service et la prospérité de l'École.

Il répartit entre les professeurs les différences branches d'enseignement, selon qu'il le juge convenable et détermine les heures de cours. Il a la police générale de l'Établissement et prend toutes les mesures propres à y faire régner l'ordre, l'harmonie et la discipline. La police particulière des cours, attribuée aux professeurs, est néanmoins soumise à sa surveillance et à son autorité.

Art. 6. — Le Directeur reçoit de l'Inspection scolaire les instructions que ce corps juge à propos de lui donner, conformément à la loi sur l'Instruction publique, à celle sur la surveillance et l'inspection des Écoles, et aux décisions du Secrétaire d'État de l'Instruction publique.

Art. 7. — Chaque professeur a la police intérieure de son cours. Il devra fournir à l'École le nombre d'heures fixé par le Directeur.

Chaque professeur devra faire au moins trois cours par semaine, selon l'étendue du programme de chaque année.

La durée de chaque cours est de une heure.

Art. 8. — En cas d'absence motivée, le professeur est tenu de se faire remplacer à ses frais par une personne agréée du Directeur et choisie par les professeurs de l'École.

Trois absences non motivées durant le mois peuvent être, sur le rapport du Directeur, considérées par l'Inspection scolaire comme une démission.

Un Registre spécial consignera les présences ou absences du personnel aux heures règlementaires et un extrait de ce registre sera expédié en double copie à l'Inspecteur le premier de chaque mois.

Art. 9. — Le Secrétaire-bibliothécaire a la garde des archives et de la Bibliothèque ; il tient le Registre des inscriptions, il rédige les procès-verbaux des examens.

Art. 10. — Les bureaux du Secrétaire doivent être ouverts tous les jours de trois heures à cinq heures de l'après-midi, sauf les dimanches et les jours de fêtes publiques. Il doit être toujours présent pendant les cours et exercices.

Le Secrétaire est responsable du matériel, des archives et de la bibliothèque. Aucune pièce du matériel ou archives, aucun livre de la bibliothèque ne pourra sortir de l'École sans une autorisation spéciale du Directeur.

Art. 11. — Le hoqueton est nommé et révoqué par le Directeur.

Art. 12. — En cas de faute grave de la part d'un étudiant boursier ou non, le Directeur peut lui interdire provisoirement les cours, mais il devra en référer dans les 24 heures à l'Inspection scolaire, laquelle fera son rapport au Secrétaire d'État de l'Instruction publique qui décidera de la question en dernier ressort.

ART. 13. — Le personnel de l'École de Droit est soumis aux règlements disciplinaires en vigueur.

Toute infraction à cet égard sera signalée par le Directeur à l'Administration supérieure qui prendra telle décision qu'aura commandé la gravité du cas.

Les peines qui peuvent être prononcées sont : l'avertissement, la suspension et la révocation.

La suspension entraîne, dans sa durée, la perte des appointements.

CHAPITRE III

Des conditions d'admission et d'inscription.

ART. 14. — Les cours de l'École de Droit sont suivis par des étudiants et par de simples auditeurs.

Les étudiants sont tenus d'assister à tous les cours. Les auditeurs assisteront aux cours qu'ils choisiront et pour lesquels ils se feront inscrire. Cette faculté n'est accordée qu'aux individus ayant dépassé l'âge règlementaire pour être admis comme étudiants.

ART. 15. — Pour être admis à faire partie de l'École Nationale de Droit, l'étudiant doit :

1° Produire au moment de se faire inscrire au Secrétariat de l'Inspection scolaire de Port-au-Prince où il sera ouvert un registre à cet effet, son acte de naissance ou tout acte prouvant qu'il est âgé de 18 ans au moins et de 22 au plus.

2° Présenter un certificat de médecin attestant qu'il n'est atteint d'aucune maladie contagieuse.

3° Être porteur d'un certificat de fin d'études secondaires classiques ou subir un examen devant l'Inspection scolaire de Port-au-Prince, conformément au programme suivant :

Partie écrite.

Une composition française (durée 2 heures).
Une version latine (durée 2 heures).

Partie orale.

Questions sur la littérature générale.
» » l'Histoire générale.
» » les éléments de la Philosophie.

L'inspection scolaire opine au moyen des notes suivantes :

6 correspond à la note « très bien ».
5 » » « bien ».
4 » » « assez bien ».
3 » » « passable ».
2 » » « médiocre ».
1 » » « mal ».
0 » » « nul ».

Les épreuves écrites sont éliminatoires.

Pour avoir le droit de subir les épreuves orales, il faut avoir obtenu sur l'ensemble des notes une moyenne correspondant à la note 3 ou « passable » et pour être admis définitivement comme étudiant le postulant doit pouvoir obtenir dans l'ensemble des deux séries d'épreuves la note « passable » pour le minimum. — La note 0 obtenue à l'une des deux parties de l'examen entraîne de suite l'élimination.

Le postulant admis reçoit de l'Inspection scolaire de Port-au-Prince un certificat attestant qu'il a subi les épreuves réglementaires.

Ce certificat qui doit comporter la note obtenue par le postulant, est présenté par lui au Secrétariat de l'École où il prend les inscriptions prévues par les présents règlements.

Art. 16. — Le nombre des inscriptions à prendre conformément aux prescriptions de la loi sur l'enseignement du Droit est de quatre par an.

Elles consistent dans la mention faite par l'étudiant lui-même sur un registre spécial confié au Secrétaire de l'École, de ses nom et prénom, âge, lieu de naissance et de résidence.

Elles sont prises :

1° Dans la quinzaine qui précédera la rentrée des grandes vacances en Septembre ; 2° dans la quinzaine qui précédera la rentrée des vacances de fin d'année en Janvier, 3° dans la première quinzaine du mois d'Avril ; 4° dans la première quinzaine du mois de Juillet.

Aucune rétribution ne peut être réclamée pour les inscriptions qui sont gratuites.

Art. 17. — Les inscriptions ne peuvent être prises par mandataire et on ne peut prendre plus d'une inscription à la fois.

Les inscriptions prises en vue d'un même examen sont périmées si, dans l'année scolaire qui suit celle dans laquelle la première inscription a été prise, l'étudiant n'a subi aucune épreuve. Elles sont également périmées nonobstant une épreuve subie sans succès mais renouvelée avant l'expiration du délai prévu.

Art. 18. — L'étudiant admis et inscrit à l'École de Droit est obligé d'en suivre régulièrement les cours.

Art. 19. — Trois jours consécutifs d'absence non motivée entraînent la radiation de l'étudiant du cadre de l'École, sur le rapport du Directeur à l'Inspection scolaire.

Art. 20. — Les motifs d'absence légitimes sont laissés à l'appréciation du Directeur qui les vérifiera s'il y a lieu.

CHAPITRE IV

Des boursiers.

Art. 21. — Les dix bourses attribuées à l'École de Droit sont réparties comme suit :

2	pour le Département		de l'Ouest.
2	»	»	du Sud.
2	»	»	de l'Artibonite.
2	»	»	du Nord.
2	»	»	du Nord-Ouest.

Art. 22. — Les boursiers sont nommés par concours.

Art. 23. — Le concours pour l'obtention des bourses à l'École nationale de Droit se fera au siège de l'Inspection scolaire de Port-au-Prince et par les Membres de cette Inspection.

Art. 24. — La date fixée pour le concours sera annoncée dans le « Journal officiel », au moins deux mois à l'avance, afin d'accorder aux jeunes gens des autres points du pays, désireux d'y prendre part, le temps nécessaire pour arriver à la Capitale.

Art. 25. — Pour être admis à prendre part au concours, le candidat devra réunir les conditions suivantes :

1° Prouver qu'il est de bonnes vie et mœurs par la production d'un certificat délivré par le Magistrat communal de sa résidence ;

2° N'être atteint d'aucune maladie contagieuse, ce qui sera établi par le certificat d'un médecin régulier et visé par le Jury médil central ;

3° Être âgé de dix-huit ans au moins et de 22 au plus, ce qui sera prouvé par la production de l'acte de naissance du postulant ;

4° Être muni d'un certificat établissant qu'il est domicilié dans le Département pour lequel il se présente.

Ces pièces justificatives seront déposées au Secrétariat de l'Inspection scolaire de Port-au-Prince trois jours au moins avant la date fixée pour le concours.

S'il n'y a qu'un postulant à une bourse vacante pour un Département, il subira tout de même les épreuves s'il n'est pas déjà admis à l'École de Droit.

Art. 26. — Le programme du concours est fixé comme suit :

Partie écrite.

Une composition française, sujet historique ou philosophique (durée deux heures).

Une version latine (durée deux heures.

Partie orale.

Questions sur l'Histoire et la Géographie d'Haïti, sur l'Histoire et la Géographie générale, un quart d'heure pour chaque postulant.

Art. 27. — La bourse est accordée pour un maximum de trois années.

Tout boursier qui ne se sera pas présenté à une session d'examen, sans un motif légitime admis par le Directeur, sera sensé avoir renoncé au bénéfice de sa bourse.

Art. 28. — Le Directeur doit expédier tous les mois, à l'inspection scolaire de Port-au-Prince, pour être transmise au Secrétaire d'État de l'Instruction Publique, une liste nominative des boursiers avec des observations sur leur conduite et leur régularité.

Trois absences non justifiées pendant un mois, même si elles ne sont pas consécutives, entraînent la perte de leur bourse et la radiation du boursier.

Art. 29. — Les boursiers admis à l'École Nationale de Droit s'engagent du fait seul de leur admission, au terme de leurs études, à se tenir à la disposition du Gouvernement et à accepter toutes les fonctions de l'ordre judiciaire qu'il jugerait nécessaire de leur confier.

En cas de refus, ils seront obligés de restituer à la caisse publique la rétribution qui a été accordée pendant les trois ans.

CHAPITRE V

Art. 30. — A la fin de chaque année d'études, le Directeur et les Professeurs procèdent en présence et sous le contrôle d'un Membre de l'Inspection scolaire à l'examen des étudiants.

Art. 31. — L'examen est public et porte sur les matières enseignées pendant l'année.

L'examen de première année est subi après la quatrième inscription et avant la cinquième ; celui de la deuxième année, après la 8e et avant la 9e; celui de la 3e après la 12e inscription.

Art. 32. — L'examen pour chaque année est divisé en deux parties subies chacune pendant deux jours consécutifs. Le candidat admis à la première partie ou à la deuxième partie et ajourné pour l'autre, conserve le bénéfice de la partie où il a réussi.

La division de l'examen en deux parties se fera de la manière suivante :

1er EXAMEN

1re *Partie*. — Élément du Droit Romain; histoire générale du Droit français et du Droit haïtien ;

2e *Partie*. — Droit civil et Économie politique.

2e EXAMEN

1re *Partie*. — Droit civil et Droit constitutionnel;

2e *Partie*. — Procédure civile, Droit International Public et Droit commercial.

3e EXAMEN

1re *Partie*. — Droit civil et Droit commercial ;

2e *Partie*. — Droit Administratif et Droit International privé.

Art. 33. — L'étudiant qui n'aura pas été admis sur un examen recommencera le cours de l'année précédente et prendra de nouvelles inscriptions.

S'il n'est pas admis sur un second examen, il cessera de faire partie de l'École [1].

Art. 34. — Sur la demande des professeurs, le Directeur pourra, à la reprise des cours, permettre un examen particulier pour les étudiants qui auront été ajournés pour une partie seulement de l'examen de fin d'année [2].

Art. 35. — L'examen de la seconde année confère le titre de bachelier en Droit.

1. Modifié le 7 août 1905.
2. Modifié le 7 août 1905.

Art. 36. — Les examinateurs opinent au moyen des notes suivantes :

6 correspond à « très bien ».
5 » « bien ».
4 » « assez bien ».
3 » « passable ».
2 » « médiocre ».
1 » « mal ».
0 » « nul ».

Ces trois dernières notes sont exclusives de toute admission.

Procès-verbal d'examen est dressé et signé tant des Membres du Jury d'examen que du Membre délégué par l'Inspection scolaire.

Art. 37. — L'étudiant admis sur le troisième examen soutiendra une thèse publique.

Le candidat choisit parmi les professeurs un président de thèse, auquel il soumet son travail en manuscrit ; celui-ci, après en avoir pris connaissance, donne au bas le permis d'imprimer.

La thèse sera soutenue publiquement.

Il sera facultatif à l'étudiant de soutenir sa thèse dans les trois mois qui suivront son admission à la licence.

Tout étudiant qui aura mal soutenu son sujet ou qui l'aura traité en s'écartant des règles grammaticales sera obligé de refaire sa thèse et par conséquent renvoyé.

La durée de cet acte sera d'une heure.

L'étudiant qui aura été admis sur cette dernière épreuve recevra un diplôme de licencié en Droit.

Art. 38. — Les auditeurs qui auront suivi un ou plusieurs cours du commencement à la fin pourront s'en faire délivrer un certificat par les professeurs et le Directeur, sans avoir droit à aucun diplôme.

Les auditeurs ainsi munis du certificat seront obligés de se faire inscrire s'ils veulent être diplômés.

CHAPITRE VI

Dispositions générales.

Les étudiants et boursiers de l'École Nationale de Droit sont exempts du service militaire.

Art. 39. — Le Directeur pourvoira à tout ce qui n'est pas prévu par les présents Règlements et qui peut tendre à la bonne marche de l'établissement sous la réserve du Contrôle de l'Inspection scolaire et de la sanction du Secrétaire d'État de l'Instruction publique.

Art. 40. — Les présents règlements abrogent tous les règlements antérieurs et seront imprimés pour être exécutés sans délai.

Donné à la secrétairerie d'État de l'Instruction publique, le novembre 1898.

Le secrétaire d'État de la Justice et de l'Instruction publique,
Jh. C. ANTOINE.

MODIFICATIONS

AUX RÈGLEMENTS DE L'ÉCOLE NATIONALE DE DROIT

Le Département de l'Instruction publique a décidé de modifier comme il suit les articles 33 et 34 des Règlements de l'École Nationale de Droit promulgués en novembre 1898 :

Art. 33. — A la fin de chaque année d'études, le Directeur et les professeurs procèdent, en présence et sous le contrôle d'un membre de l'inspection scolaire, à l'examen des étudiants.

Il y a deux sessions d'examens, l'une en Juillet (du 7 au 18), l'autre en Octobre (du 7 au 18).

Art. 34. — Tout étudiant doit, sauf autorisation du Directeur accordée pour des motifs sérieux, passer l'examen en Juillet, sous peine de renvoi à la session de Juillet de l'année suivante.

En cas d'autorisation ou d'ajournement, l'étudiant doit se présenter à la session d'Octobre, sous peine du même renvoi. En cas d'ajournement en octobre, il est renvoyé à la fin de l'année scolaire, avec suspension du cours des inscriptions.

Donné à la secrétairerie d'État de l'Instruction publique, le 7 août 1905, an CII de l'indépendance.

Le secrétaire d'État de l'Instruction publique,
M. FÉRÈRE.

LOI

SUR L'ENSEIGNEMENT MÉDICAL ET SUR L'EXERCICE DE LA MÉDECINE ET DE LA PHARMACIE

NORD ALEXIS, Président de la République,

Vu l'article 66 de la Constitution,

Considérant que la loi du 10 septembre 1870 sur l'École de Médecine et de Pharmacie n'est plus en rapport avec nos mœurs et qu'elle est devenue inexécutable dans ses dispositions relatives aux examens;

Considérant aussi qu'il y a lieu de réglementer l'exercice de l'art médical;

Sur le rapport du Secrétaire d'État de l'Instruction publique,

Et de l'avis du Conseil des Secrétaires d'État,

A PROPOSÉ,

Et le Corps Législatif a rendu la loi suivante :

CHAPITRE PREMIER

Organisation de l'École de Médecine.

ART. 1er. — L'enseignement de l'École Nationale de Médecine et de Pharmacie comprend : la physique médicale, la chimie, l'histoire naturelle, l'anatomie (dissection et médecine opératoire), l'histologie, l'accouchement, la physiologie, la pathologie médicale, la pathologie chirurgicale, la thérapeutique, l'hygiène, la médecine légale, la clinique chirurgicale, la clinique obstétricale, la pharmacie, l'art dentaire et la bactériologie.

ART. 2. — Le personnel de l'École comprend : un directeur professant, des professeurs de chaire, trois professeurs suppléants, un jardinier-botaniste et un appariteur.

Les places de professeurs-suppléants sont données au concours. Pour prendre part à ce concours, il faut être porteur du diplôme de docteur en médecine ou de celui de pharmacien.

Après un stage d'au moins deux années les professeurs

suppléants sont de droit appelés à occuper les chaires vacantes ou nouvelles.

Sur la désignation du directeur, ils seront chargés du service du secrétariat, de celui de la bibliothèque, de celui de préparateur de sciences physiques et de sciences naturelles et de la suppléance provisoire des cours.

Art. 3. — Les professeurs fournissent trois heures d'enseignement par semaine.

Les cours sont répartis entre eux par le directeur.

Art. 4. — Les professeurs se réunissent en conseil, sur la convocation du directeur, pour statuer sur toutes les questions qui leur seront soumises concernant l'École, notamment sur les difficultés soulevées par l'application des règlements et les conflits qui peuvent s'élever entre le directeur et les autres membres du personnel.

Art. 5. — Les peines disciplinaires qui peuvent être prononcées contre les membres du personnel sont : l'avertissement, la réprimande, la retenue partielle des appointements, la suspension pour six mois au plus avec privation partielle ou totale du traitement, la révocation.

L'avertissement est prononcé par le directeur ; il en est de même de la réprimande, mais avec avis du conseil des professeurs.

La retenue a lieu pour toute absence non motivée : elle est proportionnelle au temps que le professeur doit à l'École pendant le mois.

La valeur retenue est versée dans la caisse de l'Université pour servir aux besoins de l'École. Quatre absences non motivées pendant le mois équivalent à une démission.

La suspension est prononcée par le Secrétaire d'État de l'Instruction publique après délibération du conseil des professeurs et sur le rapport de l'autorité préposée au contrôle et à la surveillance des écoles.

Quant à la révocation, elle est faite par le Président d'Haïti sur le rapport du Secrétaire d'État de l'Instruction publique, après avis motivé tant du conseil des professeurs que de l'autorite scolaire.

Art. 6. — La durée des études médicales est fixée à cinq années; celle des études de pharmacie à trois; celle pour l'obtention du diplôme de chirurgien-dentiste à trois et de sage-femme à deux années.

Suivant l'opportunité et les ressources du Trésor, le Gouvernement est autorisé à créer des écoles préparatoires de médecine et de pharmacie dans les chefs-lieux des départements.

ART. 7. — L'inscription des étudiants a lieu à l'École.

Est admise à s'inscrire toute personne détentrice d'un certificat de fin d'études secondaires classiques.

Les étudiants sont tenus de prendre une inscription par trimestre.

L'inscription est prise au plus tard dans la quinzaine de l'ouverture du trimestre.

Elle se prend en personne par l'étudiant, jamais par mandataire.

La première inscription ne peut être prise que dans le premier mois du premier trimestre de l'année scolaire.

L'École pourra tenir compte à un étudiant des inscriptions qu'il aurait prises dans une École ou Faculté étrangère et des examens qu'il y aurait passés.

ART. 8. — Des bourses pourront être accordées à des étudiants des localités autres que la Capitale, dans les limites des crédits budgétaires.

Elles sont données par concours pour un maximum de cinq années, en ce qui concerne les étudiants en médecine, de trois années pour les étudiants en pharmacie, de trois années pour les étudiants en l'art dentaire et de deux années pour les élèves sages-femmes.

Les boursiers sont tenus, leurs études achevées, de pratiquer leur art, pendant cinq ans pour les médecins, trois ans pour les pharmaciens, trois ans pour les chirurgiens-dentistes et deux ans pour les sages-femmes, dans la localité que leur désigne le Gouvernement, sous peine, en cas de refus, d'être obligés de restituer à l'État tous les débours faits pour eux. Cette condition fera l'objet d'un contrat au moment de la délivrance de la bourse.

ART. 9. — Des peines disciplinaires à appliquer aux étudiants sont fixées par les règlements.

CHAPITRE II

Des examens.

ART. 10. — Les étudiants en médecine, pour obtenir le diplôme de docteur, subissent cinq examens.

Les examens pour le diplôme de pharmacien et pour celui de chirurgien-dentiste sont au nombre de trois.

Les époques auxquelles ont lieu les examens ainsi que tous les détails qui les concernent sont déterminés par les règlements.

Après le cinquième examen, le postulant au doctorat en médecine soutiendra une thèse sur un sujet de son choix.

La thèse n'est pas éliminatoire.

Art. 11. — Les examens sont faits par le directeur et les professeurs de l'École Nationale de Médecine sous le contrôle de l'autorité scolaire.

CHAPITRE III

Des élèves sages-femmes.

Art. 12. — En vue de compléter l'enseignement obstétrical donné à l'École Nationale de Médecine, les étudiants, ainsi que les élèves sages-femmes, sont tenus de suivre les cours de clinique obstétricale dans les établissements où ces cours sont professés, conformément aux lois et règlements en vigueur.

Art. 13. — Les aspirantes au titre de sage-femme devront être pourvues du certificat d'études primaires.

Art. 14. — Les inscriptions, au nombre de huit, ont lieu dans es mêmes conditions que celles prescrites pour les étudiants en médecine et en pharmacie, et les examens sont au nombre de deux.

Art. 15. — Seront accordées des bourses aux élèves sages-femmes des localités autres que la Capitale.

CHAPITRE IV

Dispositions générales.

Art. 16. — Les étudiants en médecine ou en pharmacie sont exempts du service militaire.

Art. 17. — Les diplômes de docteur en médecine, de pharmacien, de chirurgien-dentiste et de sage-femme délivrés par le Secrétaire d'État de l'instruction publique sont enregistrés au Jury médical central.

Art. 18. — Les médecins, pharmaciens, dentistes et sages-femmes, diplômés à l'Étranger, ne pourront exercer leur art en Haïti qu'après s'être fait délivrer une équivalence.

L'équivalence est donnée après l'examen des titres et de l'impétrant lui-même, s'il y a lieu, par l'École de Médecine. Le nouveau diplôme est enregistré au siège du Jury médical central et la licence d'exercer délivrée par le Secrétaire d'État sur l'avis conforme du Jury médical central.

Art. 19. — Nul ne pourra à l'avenir exercer les professions de médecin, chirurgien-dentiste, pharmacien, sage-femme, s'il n'est porteur des diplômes et licences y relatifs délivrés conformément à la présente loi.

Art. 20. — Les personnes munies de diplômes réguliers délivrés antérieurement à la promulgation de la présente loi seront tenues, dans le délai d'une année, à compter de la date de la promulgation, de faire enregistrer leurs diplômes au siège du Jury médical central.

Art. 21. — Toute personne qui exercera l'une des professions indiquées précédemment sans être munie d'un diplôme régulier enregistré au siège du Jury médical central ou sans la licence prévue en l'article 18, sera poursuivie à la requête du Ministère public et punie de la peine portée en l'article 217 du Code pénal.

Art. 22. — Le brevet d'officier de santé ne peut être assimilé au diplôme de docteur en médecine.

Art. 23. — L'enseignement clinique de l'École Nationale de Médecine a lieu à l'Hôpital militaire.

Art. 24. — La présente loi abroge toutes lois ou dispositions de loi qui lui sont contraires, notamment la loi du 19 septembre 1870.

Elle sera publiée et exécutée à la diligence des Secrétaires d'État de l'Instruction publique et de l'Intérieur, chacun en ce qui le concerne.

Donné au palais de la Chambre des Représentants, à Port-au-Prince, le 10 septembre 1906, an CIII de l'Indépendance.

Le président de la Chambre,
S. Archer.

Les secrétaires :
G. Desrosiers, Louis Brutus.

Donné à la Maison Nationale à Port-au-Prince, le 16 septembre 1906, an CIII de l'Indépendance.

Le président du Sénat,
T. A. Dupiton.

Les secrétaires :
R. David, Diogène Lerebours.

Au nom de la République,

Le président d'Haïti ordonne que la loi ci-dessus du Corps Législatif soit revêtue du sceau de la République, imprimée, publiée et exécutée.

Donné au Palais National à Port-au-Prince, le 27 septembre 1906, an CIII de l'Indépendance.

NORD ALEXIS.

Par le Président :

Le secrétaire d'État de l'Instruction publique,
T. LALEAU.

Le secrétaire de l'Intérieur,
PÉTION PRE.-ANDRÉ.

ARRÊTÉ

RELATIF A L'ADMISSION DES ASPIRANTS AU DIPLÔME DE CHIRURGIEN DENTISTE

Le SECRÉTAIRE D'ÉTAT au département de l'Instruction publique,

Considérant que la loi du 16 septembre 1906 sur l'enseignement médical et l'exercice de la médecine et de la pharmacie n'a pas déterminé le titre universitaire nécessaire aux étudiants qui veulent s'inscrire à l'École Nationale de Médecine et de Pharmacie pour obtenir le diplôme de chirurgien-dentiste, tandis qu'elle exige le certificat d'études secondaires classiques des étudiants en médecine et en pharmacie et le certificat d'études primaires des aspirantes au titre de sage-femme.

ARRÊTE :

ART. 1er — Les aspirants au diplôme de chirurgien-dentiset, pour être admis à s'inscrire à l'École de Médecine et de Pharmacie, doivent être porteurs d'un certificat délivré par l'inspection scolaire de Port-au-Prince.

ART. 2. — Pour obtenir ce certificat, les candidats doivent subir un examen écrit et oral satisfaisant sur le cours d'histoire naturelle inscrit au programme de la classe de rhétorique des lycées.

ART. 3. — Les candidats, pourvus de la première partie du certificat d'études secondaires classiques, sont dispensés de cet examen.

Fait à la secrétairerie d'État de l'Instruction publique, le 2 septembre 1908.

T. LALEAU.

RÈGLEMENT

DE L'ÉCOLE NATIONALE DE MÉDECINE ET DE PHARMACIE

ARRÊTÉ

Le SECRÉTAIRE D'ÉTAT de l'Instruction publique,

Vu la loi du 16 septembre 1906 sur l'enseignement de la Médecine et celle du 29 octobre 1901 sur l'Instruction publique;

Considérant qu'il y a lieu de reviser les Règlements de cette École;

ARRÊTE CE QUI SUIT :

CHAPITRE PREMIER

Ouverture des cours — Admission.

ART. 1er. — L'ouverture des cours de l'École Nationale de Médecine et de Pharmacie est fixée au 1er lundi du mois d'octobre.

ART. 2. — Nul ne sera admis comme étudiant en médecine s'il n'est pourvu d'une carte de l'Inspection scolaire de Port-au-Prince attestant qu'il est muni du certificat d'études secondaires classiques.

ART, 3. — Pour être admis à suivre les cours de Pharmacie à l'École de Médecine et de Pharmacie l'étudiant doit être muni du certificat d'études secondaires classiques (1re partie).

Inscriptions.

ART. 4. — En vue de l'obtention d'un grade à l'École, des inscriptions sont accordées aux étudiants : elles sont au nombre de *vingt* pour la médecine et de *douze* pour la pharmacie. Elles sont délivrées une tous les trois mois. — La 1re inscription doit être prise à la fin du 1er trimestre de l'année scolaire et les autres de trois mois en trois mois.

ART. 5. — Trois absences non motivées constatées sur le

cahier des pointes, pendant un mois, entraînent d'emblée la perte de l'inscription.

Art. 6. — Les inscriptions sont prises à l'École et par l'étudiant en personne à qui elles appartiennent.

Art. 7. — L'étudiant ne pourra jamais commencer ses études après le 1er trimestre de l'année scolaire.

Art. 8. — Chaque étudiant, pour être inscrit à l'École Nationale de Médecine et de Pharmacie, est tenu de se conformer aux obligations suivantes :

1° Produire son acte de naissance ;

2° Produire un certificat d'études secondaires classiques.

Art. 9. — En s'inscrivant, l'étudiant déclarera sa résidence réelle, et, s'il vient à la changer, il est tenu d'en faire la déclaration à la secrétairerie de l'École.

Toute fausse déclaration de résidence entraînera *la perte d'une inscription.*

Équivalences.

Art. 10. — L'École pourra tenir compte à un étudiant des inscriptions qu'il aurait prises dans une École ou Faculté étrangère et des examens qu'il y aurait passés à condition qu'il apporte devant le conseil des professeurs des pièces à l'appui.

Péremption des inscriptions.

Art. 11. — Tout étudiant qui sans motif jugé valable néglige de prendre ses inscriptions à l'époque réglementaire et de subir aucune épreuve, perd le bénéfice des inscriptions prises depuis la dernière épreuve subie avec succès. La décision est prise d'emblée par le Directeur qui en avisera l'Inspection scolaire.

Cartes d'identité et cartes spéciales.

Art. 12. — Une carte d'identité est délivrée à son entrée à chaque étudiant par le Directeur de l'École. Cette carte est renouvelée au commencement de chaque année scolaire contre la remise de la précédente.

Art. 13. — Le Directeur de l'École Nationale de Médecine et de Pharmacie peut délivrer des cartes spéciales aux personnes qui veulent suivre à titre d'auditeurs bénévoles les cours de l'École Nationale de Médecine et de Pharmacie.

Art. 14. — Les cartes spéciales délivrées aux auditeurs bénévoles sont valables pour une année et peuvent être renouvelées au commencement de chaque année scolaire.

Pénalités.

Art. 15. — En cas de faute grave de la part d'un étudiant, le Directeur peut lui interdire provisoirement les cours. Mais il devra en référer, dans les 24 heures, à l'Inspection scolaire qui, après enquête, fera son rapport au Secrétaire d'État de l'Instruction publique, lequel décidera de la question.

Art. 16. — Les peines disciplinaires qui peuvent être appliquées aux étudiants sont les suivantes: l'avertissement, la censure, prononcés par le Directeur; l'exclusion temporaire n'excédant pas trois mois, avec suspension du cours des inscriptions, prononcée par l'Inspection scolaire après rapport au Secrétaire d'État de l'Instruction publique; l'exclusion prononcée par le Secrétaire d'État de l'Instruction publique, la retenue partielle ou totale du traitement des boursiers. Cette retenue est versée dans la caisse de l'école pour les besoins de l'École.

Art. 17. — Les étudiants sont tenus d'assister régulièrement au cours de l'École.

Ils ne peuvent s'absenter qu'avec l'autorisation du Directeur et pour cause motivée.

CHAPITRE II

Matières d'enseignement.

Art. 18. — L'enseignement de l'École Nationale de Médecine et de Pharmacie comprend :

1° Histoire naturelle médicale, 2° Physique médicale, 3° Chimie médicale, 4° Anatomie, 5° Physiologie, 6° Histologie, 7° Pathologie médicale, 8° Pathologie chirurgicale, 9° Hygiène, 10° Médecine légale, 11° Thérapeutique, 12° Accouchements, 13° Pharmacologie, 14° Odontologie, 15° Clinique médicale, 16° Clinique chirurgicale, 17° Clinique obstétricale, 18° la Bactériologie, 19° Pathologie tropicale, 20° Toxicologie.

Art. 19. — Les études pour obtenir le diplôme de docteur en médecine durent cinq années.

La durée des études de pharmacie est fixée à trois années.

Travaux pratiques et Stages.

Art. 20. — Les travaux pratiques, le stage hospitalier, le stage obstétrical et le stage en pharmacie *sont obligatoires*. La durée des études pratiques, dissection et médecine opératoire est de deux ans. Ces exercices pratiques commencent après la 4e inscription.

Le stage hospitalier dure quatre ans et commence *après la 4e inscription.* Le stage obstétrical est d'un an et commence après la *12e inscription.* Le stage en Pharmacie est de *3 ans.* L'étudiant en pharmacie doit faire avant son admission à l'école un stage d'un an dans une pharmacie et un deuxième stage de deux ans dans une pharmacie, lequel commencera de la 2e année d'études faites à l'école.

ART. 21. — Les travaux pratiques obligatoires, le stage hospitalier obligatoire sont faits à l'Hôpital Saint-Alexis, dans les salles spéciales de l'Hôpital.

Le stage obstétrical est fait dans les établissements où les cours sont professés ordinairement.

CHAPITRE III

Personnel et conseil des professeurs.

ART. 22. — Le personnel se compose : d'un Directeur-professeur, de professeurs, de professeurs-suppléants, d'un bibliothécaire et d'un jardinier botaniste ; d'un préparateur et d'un aide préparateur.

Un garçon ou appariteur est attaché à l'école.

ART. 23. — Chaque professeur doit trois heures de cours par semaine.

Du Directeur.

ART. 24. — Le Directeur a la surveillance de l'établissement, le soin et l'entretien des bâtiments, du mobilier. Il est chargé de diriger l'Administration, de faire la police de l'école, et d'assurer l'exécution des règlements. Il a le haut contrôle des salles de l'Hôpital destinées à l'enseignement clinique et aux travaux pratiques *de l'École nationale de Médecine.* Il correspond avec l'Inspection scolaire et le Secrétaire d'État de l'Instruction publique.

ART. 25. — Au Directeur appartient l'attribution des cours à chaque professeur et selon les aptitudes de celui-ci. Le tableau de répartition des cours sera communiqué au commencement de chaque année à l'Inspection scolaire.

Conseil des Professeurs.

ART. 26. — Le conseil des professeurs est réuni par le Directeur de l'école toutes les fois qu'il le juge nécessaire ; néanmoins les professeurs peuvent se réunir en conseil, sur demande écrite signée de cinq d'entre eux sous la présidence du directeur ou en cas d'empêchement de celui-ci du professeur le plus ancien, pour statuer sur toutes les questions qui seront soumises par eux au directeur.

Art. 27. — La moitié plus un du nombre des votants décide dans quel sens la question devra être réglée.

Art. 28. — Le vote n'est valable que si la présence des deux tiers des professeurs est constatée à la réunion.

Art. 29. — Les règlements intérieurs doivent avant d'entrer en vigueur être approuvés par le Secrétaire d'État de l'Instruction publique.

Pénalités.

Art. 30. — Les peines disciplinaires qui peuvent être appliquées contre les membres du personnel sont : l'avertissement, la réprimande, la retenue partielle des appointements, la suspension pour six mois au plus avec privation partielle ou totale du traitement, la révocation.

L'avertissement est prononcée par le directeur ; il en est de même de la réprimande, mais avec avis du Conseil des professeurs.

La retenue a lieu pour toute absence non motivée ; elle est proportionnelle au temps que le professeur doit à l'École pendant le mois.

La valeur retenue est versée dans la caisse de l'École pour être employée aux besoins de l'école.

La suspension est prononcée par le Secrétaire d'État de l'Instruction publique, après délibération du Conseil des professeurs et sur le rapport de l'Inspection scolaire.

Quant à la révocation elle est faite par le Président d'Haïti.

CHAPITRE IV

Des examens.

Art. 31. — Il y a deux sessions d'examens : une en juillet et une en octobre.

Néanmoins il est laissé la faculté au Directeur de l'École de Médecine d'ajourner une session d'examen après avoir consulté le conseil des professeurs.

Art. 32. — Les examens seront faits par les professeurs de l'École sous le contrôle de l'Inspection scolaire de Port-au-Prince.

ART. 33. — Les aspirants au doctorat en médecine subissent cinq examens. Les deuxième, troisième et cinquième examens sont divisés en deux parties.

1er EXAMEN. — *Chimie médicale, Physique médicale, Histoire naturelle médicale.*

2e EXAMEN. — 1re partie. — *Dissection* (épreuve pratique), *Anatomie descriptive* (épreuve orale.)

2e partie. — *Histologie normale, Physiologie normale et parasitologie.*

3e EXAMEN. — 1re partie. — *Anatomie topographique et Médecine Opératoire* (épreuve pratique.) *Pathologie externe, chirurgie opératoire* (épreuve orale.)

2e partie. — *Pathologie interne, Pathologie générale, Accouchements.*

4e EXAMEN. — *Hygiène, Médecine légale, Thérapeutique, Toxicologie.*

5e EXAMEN. — 1re partie : *Hématologie et Bactériologie* (épreuve pratique.)

2e partie : *Clinique interne, clinique externe, clinique obstétricale.*

ART. 34. — Le 1er examen doit être subi après la 4e inscription. Le 2e est subi après la 12e, le 3e entre la 15e et le 16e, le 4e après la 17e inscription, le 5e après la 19e inscription aux époques fixées pour les sessions.

ART. 35. — Les postulants au grade de pharmacien subissent trois examens :

1er EXAMEN. — *Botanique, Zoologie, Chimie minérale.*

2e EXAMEN. — *Physique, Chimie organique, Pharmacie chimique.*

3e EXAMEN. — *Pharmacie galénique, Toxicologie, Matières médicales.*

ART. 36. — Le 1er examen pour la pharmacie est subi après la 4e inscription ; le 2e après la 8e ; et le dernier après la 12e.

ART. 37. — L'ajournement est de 4 mois pour tous les examens.

Pendant la durée de l'ajournement le cours des inscriptions est suspendu.

ART. 38. — Un étudiant qui a subi un échec ne peut se représenter pour la même matière dans le cours de la session où il a été refusé.

ART. 39. — A chaque examen, l'étudiant en médecine doit présenter un certificat de stage de clinique signé par le directeur ou le professeur de clinique.

Art. 40. — La non-présentation de ce certificat empêche l'étudiant de subir l'examen pendant la durée de la session.

Art. 41. — L'étudiant en pharmacie présentera avant de prendre sa 1re inscription un certificat attestant qu'il a fait un stage d'un an dans une pharmacie légalement établie. Ce certificat sera signé du propriétaire de la pharmacie ou de son représentant.

Avant de prendre sa 12e inscription, l'étudiant en pharmacie sera tenu de présenter aussi un certificat de stage de 2 ans fait dans une pharmacie légalement établie.

La non-présentation du certificat de stage en pharmacie empêche l'étudiant de subir son examen.

Art. 42. — Les examinateurs se prononceront par bulletin de vote et pourront donner les notes suivantes :

Très bien.	10
Bien	9—8
Assez bien	7
Passable	6—5
Médiocre.	4—3
Mal	2—1
Nul	0

Le résultat de l'examen sera écrit et signé par les membres du jury et l'Inspection scolaire.

Art. 43. — Nul ne peut subir deux examens au cours d'une session.

Art. 44. — Les diplômes de docteur en médecine et de pharmacien sont délivrés après le dernier examen par le Secrétaire d'État de l'Instruction publique sur le rapport du jury d'examen transmis par l'Inspection scolaire.

Art. 45. — Les examens sont publics et doivent avoir lieu à l'École de Médecine.

Fraudes dans les examens.

Art. 46. — L'examen dans lequel une fraude est constatée est nul. En cas de flagrant délit, le candidat est invité à quitter immédiatement la salle.

La nullité est prononcée sans délai par le jury. Sa décision est définitive.

CHAPITRE V

Dispositions relatives aux conditions d'études exigées des candidats au grade de chirurgien-dentiste et des aspirantes au diplôme de sage-femme.

ART. 47. — Pour être admis à l'École de Médecine comme postulant au grade de chirurgien-dentiste le candidat doit être muni du certificat d'études prévu par l'arrêté ministériel du 22 septembre 1908.

Grade de chirurgien-dentiste.

ART. 48. — Les études pour obtenir le grade de chirurgien-dentiste durent 3 ans.

ART. 49. — Les inscriptions, au nombre de 12, sont délivrées tous les 3 mois.

ART. 50. — Les examens sont au nombre de 3. Ils comportent les matières suivantes :

1er EXAMEN. — *Éléments d'Anatomie et de Physiologie ; Anatomie et Physiologie spéciales de la bouche.*

2e EXAMEN. — *Éléments de pathologie et de thérapeutique ; Pathologie spéciale de la bouche ; Médicaments, anesthésiques et autres.*

3e EXAMEN. — *Clinique, affections dentaires et maladies qui y sont liées : opération préliminaire à la prothèse dentaire.*

ART. 51. — Le 1er examen est subi après la 4e inscription, le 2e après la 8e et le dernier après la 12e.

Diplôme de sage-femme.

ART. 52. — Les aspirantes au titre de sage-femme doivent être pourvues de certificat d'études primaires.

ART. 53 — Les études pour obtenir les diplômes de sage-femme sont de 2 ans.

ART. 54. — Les études obstétricales sont théoriques et pratiques. Les études théoriques sont faites à l'Ecole Nationale de Médecine et de Pharmacie. Les études pratiques sont faites dans les établissements où les cours sont professés.

ART. 55. — Les aspirantes au diplôme de sage-femme doivent s'inscrire à l'École Nationale de Médecine avant le 1er lundi du mois d'octobre ; passé ce délai aucune inscription n'est admise.

ART. 56. — En s'inscrivant, les aspirantes au diplôme de sage-femme sont tenues de présenter les pièces suivantes :

1° Leur acte de naissance constatant qu'elles ont l'âge de 21 ans;

2° Si elles sont mineures non mariées, l'autorisation de leur père ou tuteur;

3° Si elles sont mariées et non divorcées, le consentement de leur mari et leur acte de mariage ;

4° En cas de dissolution du mariage, l'acte de décès du mari ou l'acte notifiant le divorce.

Art. 57. — Les aspirantes au diplôme de sage-femme subissent 2 examens.

Le 1er examen doit être subi à la fin de la 1re année d'études. Il comprend : l'Anatomie, la Physiologie et la Pathologie élémentaires.

Le 2e examen est subi à la fin de la 2e année. Il comprend la théorie et la pratique des accouchements.

Art. 58. — Les examens pour les diplômes de chirurgien-dentiste et de sage-femme sont subis au siège de l'École Nationale de Médecine et de Pharmacie et sont faits par les professeurs de l'École sous la présidence d'un membre de l'Inspection scolaire.

CHAPITRE VI

Dispositions générales.

Art. 59. — Est autorisée par le Secrétaire d'État de l'Instruction publique, sur la demande du Directeur, l'admission à titre honorifique, à l'École Nationale de Médecine, d'un certain nombre de professeurs libres chargés d'y faire des cours spéciaux. Ils peuvent faire partie du jury d'examen pour les cours qu'ils professent.

Art. 60. — Le brevet d'officier de santé ne peut être assimilé au diplôme de docteur en médecine. L'officier de santé qui veut obtenir un diplôme de docteur en médecine doit subir les examens réglementaires.

Art. 61. — Il est défendu à tout autre qu'aux étudiants interrogés par le professeur de prendre la parole dans les salles de cours ou d'examen.

Art. 62. — Si un cours ou un examen vient à être troublé, le professeur invite immédiatement l'auteur du désordre à sortir pour qu'il soit pris contre lui telle mesure que de droit.

Art. 63. — Les professeurs sont tenus de se présenter aux heures fixées par les règlements intérieurs pour chacun des cours qui leur sont confiés. En cas de retard dûment constaté par le directeur, un 1er avertissement sera fait au professeur. En cas de récidive, le retard sera considéré comme une absence.

Art. 64. — A la rentrée d'octobre, chaque professeur est tenu de remettre au directeur le tableau des leçons qu'il doit faire dans l'année. Ce tableau sera affiché dans les salles de cours.

Art. 65. — Le professeur qui, pour un motif légitime, désire obtenir un permis d'un mois au moins, doit en faire la demande au directeur de l'École, lequel la transmettra à l'Inspection scolaire.

Il présentera en même temps, pour le remplacer à ses frais, une personne dont le choix doit être préalablement agréé par le directeur de l'École.

Art. 66. — Le stage hospitalier et les travaux pratiques de laboratoire et de dissection sont obligatoires.

Art. 67. — Tout postulant à un examen qui, sans excuse jugée valable par le jury, ne répond pas à l'appel de son nom le jour qui lui a été indiqué, ne pourra se présenter qu'à la session suivante.

Art. 68. — Les élèves de l'École sont dispensés du service militaire.

CHAPITRE VII

De la Bibliothèque.

Art. 69. — La bibliothèque se compose de tous les livres nécessaires à l'enseignement de l'École et choisis sur un catalogue proposé au Secrétaire d'État de l'Instruction publique par le Directeur de l'École.

Un inventaire en double expédition de tous les ouvrages de la bibliothèque de l'École sera dressé et envoyé au département de l'Instruction publique.

Art. 70. — L'École sera aussi pourvue du matériel nécessaire : instruments de chirurgie, de travaux pratiques de dissection et de médecine opératoire et d'ophtalmologie, d'un atelier d'odontologie, d'un cabinet de physique, d'un laboratoire de chimie et de bactériologie.

Art. 71. — Il est défendu aux étudiants de déplacer les livres de la bibliothèque. Pour les besoins de l'enseignement, les professeurs peuvent en disposer sous récépissé. Chaque professeur ne peut disposer à la fois de plus de trois livres. Il est tenu de les remettre au bibliothécaire dans un délai qui ne peut excéder un mois. Il ne peut reprendre les mêmes livres qu'après un délai de quinze jours. Les pièces anatomiques, les instruments et autres objets appartenant à l'École Nationale de Médecine et de Pharmacie ne peuvent dans aucun cas sortir de l'enceinte de l'École.

ART. 72. — La bibliothèque est ouverte tous les jours sauf le dimanche, de 8 heures à 11 heures du matin et de 3 heures à 6 heures du soir.

Du Bibliothécaire.

ART. 73. — Le bibliothécaire est tenu de se présenter aux heures fixées par les règlements. Il est personnellement responsable des livres de la bibliothèque, instruments de chirurgie et autres objets appartenant à l'École. Il fera annuellement un relevé des livres de la bibliothèque, des instruments et autres objets appartenant à l'École qu'il remettra en personne au Directeur de l'École.

Le bibliothécaire au besoin remplit le rôle de secrétaire de l'École.

Port-au-Prince, le 15 février 1910.

Vu et approuvé :

Le secrétaire d'État au département de l'Instruction publique,

MURAT CLAUDE.

L'Inspecteur des Écoles,

TH. MARTIN.

Le directeur de l'École de médecine.

Dr PAUL SALOMON.

LOI

SUR L'ÉCOLE DES SCIENCES APPLIQUÉES

Loi du 30 Juillet 1906.

Art. 1er. — L'École libre des Sciences Appliquées, déclarée d'utilité publique par l'arrêté présidentiel du 5 juin 1905, jouira de la personnalité civile à partir de la promulgation des présentes dispositions. Elle pourra en conséquence acquérir, recevoir des dons et legs, ester en justice, contracter avec l'État ou les particuliers et faire tous autres actes d'administration. Dans tous ces cas, elle sera légalement et de droit représentée par son Comité d'administration.

Art. 2. — A dater du 1er octobre 1906, la Nation accorde à l'École libre des Sciences Appliquées une subvention mensuelle de *douze cents gourdes*, laquelle sera inscrite au chapitre..., section... du Budget de l'Instruction publique.

Art. 3. — Il sera mis à sa disposition une propriété urbaine du domaine public, pouvant se prêter facilement à une installation commode de ses divers cours, forges et ateliers, de son cabinet de physique, de son laboratoire de chimie, et, au besoin, un terrain utile pour la création immédiate d'un jardin d'expérimentation des cultures tropicales les plus utiles.

Art. 4. — L'école aura ainsi l'usage de ces propriétés moyennant un contrat dont la durée, toutefois, ne pourra en aucun cas excéder celle de l'Institution elle-même.

Art. 5. — Toutes constructions à édifier, toutes améliorations aux constructions existantes, sur les terrains concédés, seront à la charge de l'école. Par contre, il sera expressément stipulé dans son contrat les conditions auxquelles les bâtiments et autres, construits à ses frais, pourront faire retour à l'État, dans le cas où l'Institution viendrait à cesser d'exister.

Art. 6. — Il est accordé à l'école l'entrée en franchise de tous droits de douane, du matériel, des matériaux, outils, matières premières; machines et substances généralement quelconques, nécessaires à son fonctionnement. Elle est de même exonérée de tous droits de timbres. d'eau et de patente.

Art. 7. — Sont et demeurent abrogées toutes lois, toutes dispositions de loi contraires à la présente, qui sera exécutée à la diligence des Secrétaires d'État de l'Instruction publique, de l'Intérieur, des Finances et des Travaux publics, chacun en ce qui le concerne.

RÈGLEMENTS

DE L'ÉCOLE DES SCIENCES APPLIQUÉES

Dispositions générales.

Art. 1er. — L'École des Sciences Appliquées a pour but de développer dans la jeunesse haïtienne le goût des études scientifiques, en lui donnant les moyens d'en tirer parti par l'accession aux carrières auxquelles elles s'appliquent. — Elle forme des conducteurs de travaux publics et d'exploitations agricoles et industrielles.

Art. 2. — Le système d'instruction de l'École se compose de deux parties :

1° Des leçons orales données par les professeurs ;

2° Des exercices pratiques consistant en dessin, projets, levers de plan et nivellement, travaux d'atelier, manipulations de mécanique et de chimie, micrographie, visite de chantiers, d'usines et d'exploitations agricoles.

Art. 3. — Les chaires constituant l'enseignement oral de l'École sont celles de :

Mathématiques
Stéréotomie
Chimie minérale et organique
Physique industrielle
Botanique et Zoologie appliquées
Géologie pratique
Hydraulique
Arpentage et Topographie
Voies de communication
Mécanique générale et appliquée
Electricité
Technologie industrielle
Agronomie et Zootechnie
Constructions civiles et rurales
Hygiène industrielle
Droit administratif et Législation industrielle et rurale
Économie industrielle

Ces cours sont complétés par des leçons de Comptabilité, d'Apiculture et d'Aquiculture.

ART. 4. — La durée des études est de trois années ; la première année est principalement consacrée aux connaissances théoriques nécessaires pour aborder l'enseignement spécial ; en seconde année commencent les cours techniques proprement dits, et en troisième année les élèves se spécialisent dans l'une des grandes branches de l'enseignement de l'École.

Les cours oraux sont communs à tous les élèves ; mais les exercices pratiques diffèrent avec la spécialité en troisième année.

De l'Admission.

ART. 5. — Nul n'est admis à l'École des Sciences Appliquées si ce n'est à la suite d'un concours, qui se fait au siège de l'École dans la première huitaine d'octobre.

ART. 6. — Tout candidat en s'inscrivant doit remettre au Secrétaire de l'École un extrait de son acte de naissance, son certificat de vaccination et, s'il est mineur, une demande d'admission approuvée par les parents.

ART. 7. — Le classement des candidats est arrêté par le Jury d'examen, suivant le nombre de points obtenus. La moyenne exigible pour l'admission est de 55 p. 100 du total des points.

Discipline intérieure.

ART. 8. — L'École est ouverte du deuxième lundi d'octobre au 30 juin de chaque année.

ART. 9. — La présence des élèves est obligatoire tous les jours, du lundi au samedi, le matin de 8 heures à 11 heures, et l'après-midi de 2 heures à 5 heures.

Les heures de la matinée sont consacrées aux cours oraux ; et celles de l'après-midi aux travaux pratiques.

ART. 10. — Des absences réitérées entrainent l'exclusion de l'École. Après deux absences non motivées, l'élève est passible d'une réprimande simple.

En cas de récidive, le Conseil apprécie les motifs et décide du sort de l'élève.

ART. 11. — Les élèves doivent être munis de toutes les fournitures nécessaires à leurs études et dont la liste est affichée à l'École.

ART. 12. — Les élèves doivent la plus grande déférence aux professeurs et aux contremaitres. Il ne sera toléré aucune infraction à cette règle à laquelle sont attachées les peines disciplinaires graves de l'École.

Art. 13. — Des visites d'usines et de chantiers sont faites dans le courant de l'année sous la direction des Professeurs. Les frais inhérents à ces déplacements sont à la charge des élèves chacun pour sa quote-part.

L'assistance à ces exercices est de rigueur comme aux cours ordinaires. Les élèves qui y ont participé déposent au Secrétariat, dans les huit jours suivants, la relation technique de leur visite.

Des notes sont affectées à ces travaux sous la rubrique : « Visites d'études ».

Examens et Diplômes.

Art. 14. — Les élèves subissent en décembre et en mars des examens partiels sur les matières enseignées dans le trimestre.

Dans le cours de l'année, les élèves sont en outre soumis à des interrogations toutes les fois que le professeur le juge nécessaire pour se rendre compte du degré d'avancement de ses auditeurs.

Art. 15. — A chaque examen les élèves doivent produire leurs cahiers de notes prises aux cours et régulièrement tenus ; à défaut de quoi le professeur refuse de procéder à l'examen.

Art. 16. — A l'issue des examens partiels, comme après ceux de fin d'année, les professeurs se réunissent en Assemblée générale pour échanger leurs vues sur les questions intéressant la marche des études.

Art. 17. — Les cours oraux prennent fin le 15 juin, le reste du mois étant accordé à la préparation des examens de passage et de sortie. Ceux-ci ont lieu dans la première quinzaine de juillet.

Art. 18. — Le passage d'une année à l'autre n'a lieu que si l'élève a obtenu 55 p. 100 du total des points qui peuvent être acquis dans l'année.

Une moyenne inférieure à 40 p. 100 entraîne l'exclusion de l'École. Il en est de même des notes 0 ou 1 dans l'une quelconque des matières de l'enseignement. Cependant si, malgré ces notes éliminatoires, l'élève a eu sa moyenne de passage et si, après avoir subi, à la rentrée, un nouvel examen sur la matière en question, il obtient une note estimée suffisante, il pourra être autorisé à passer à l'année supérieure.

Une moyenne intermédiaire entre 40 et 55 p. 100 confère à l'élève le droit de redoubler l'année, mais une seule fois dans le cours de ses études, la durée de présence à l'École ne pouvant excéder quatre années.

Art. 19. — Les vacances durent du milieu de juillet au deuxième lundi d'octobre. Les élèves sont tenus de consacrer deux mois au moins de cette période à séjourner dans des Usines ou sur des chantiers de leur choix.

Art. 20. — Le jour de la rentrée, ils doivent déposer au Secrétariat de l'École un journal dans lequel est relaté le mode d'emploi de leur temps et comportant l'exposé des questions techniques qu'ils ont eu l'occasion d'étudier au cours de ces travaux pratiques. Il est affecté à ces travaux de vacances une note qui figure dans la moyenne de classement.

Art. 21. — Il est accordé un prix à l'élève de première année qui a réuni le plus grand nombre de points pour les travaux graphiques de l'année.

Une bourse de voyage est accordée à l'élève de la deuxième année, premier de sa promotion avec une moyenne au moins égale à 15.

Art. 22. — Les diplômes de l'École sont délivrés, à leurs frais, aux élèves ayant obtenu 65 p. 100 du total des points qui peuvent être acquis dans le cours complet des études.

Ceux qui n'ont pas satisfait à cette condition reçoivent un certificat d'études si la moyenne obtenue n'est pas inférieure à 55 p. 100.

Peines disciplinaires.

Art. 23. — Les peines disciplinaires qui peuvent être infligées aux élèves sont :

1° La réprimande, 2° l'exclusion temporaire, 3° l'exclusion définitive.

Art. 24. — La réprimande est appliquée directement par les Professeurs ou le Censeur. Pour les faits plus graves, le Directeur de l'École prononce la réprimande publique, devant tous les élèves réunis. Sur la demande d'un Professeur, le Directeur peut prononcer l'exclusion temporaire d'un élève de son cours, et le Conseil d'Administration, l'exclusion définitive. L'élève n'en sera pas moins astreint à subir tous les examens afférents à ce cours.

Art. 25. — L'exclusion définitive de l'École est prononcée par le Conseil d'Administration.

LOI

PORTANT RÉORGANISATION DE LA MAISON CENTRALE

FRANÇOIS ANTOINE SIMON, Président de la République.

Vu la loi du 24 septembre 1884 sur la surveillance et l'inspection scolaire, celle du 18 octobre 1901 sur l'instruction publique et l'article 69 de la Constitution :

Vu le travail de la Commission chargée d'étudier les améliorations à introduire à la Maison Centrale ;

Sur le rapport des Secrétaires d'État de l'Intérieur et de l'Instruction publique,

Et de l'avis du Conseil des Secrétaires d'État,

A PROPOSÉ :

Et le Corps Législatif a voté la loi suivante :

ART. 1er. — La Maison Centrale est à la fois un établissement de correction et une école d'apprentissage. Elle a pour but :

1° De faire, des enfants qu'elle soustrait à l'oisiveté et au vagabondage, des ouvriers habiles en les initiant aux procédés et à l'organisation de l'industrie moderne ;

2° De leur donner une instruction appropriée à leur besoin.

ART. 2. — L'établissement relève des Départements de l'Intérieur et de l'Instruction publique.

Direction et Administration.

ART. 3. — Le personnel de l'école d'apprentissage de la Maison Centrale se compose d'un directeur, d'un surveillant général, d'un ingénieur conseil, de professeurs, de contremaîtres ou chefs d'ateliers, de maîtres-surveillants, d'un économe, d'un comptable.

Un médecin et un aumônier sont attachés à l'établissement.

ART. 4. — Le Directeur a le contrôle général de l'École. Il adresse un rapport mensuel aux Départements de l'Intérieur et de l'Industrie publique.

Enseignement.

ART. 5. — L'enseignement classique donné à la Maison Centrale comprend les matières suivantes : exercices religieux, instruction morale et civique, écriture, langue française, notions très sommaires d'histoire générale, géographie générale, histoire et géographie d'Haïti, arithmétique, géométrie, dessin, éléments usuels des sciences physiques et naturelles, notions d'agriculture, hygiène, chant.

ART. 6. — L'enseignement classique relève du Département de l'Instruction publique.

ART. 7. — L'enseignement professionnel, sous le contrôle du Département de l'Intérieur, comprend outre la technologie, certains métiers faciles, tels que : vannerie, tressage, cordage, etc., destinés à occuper la main des tout jeunes, encore trop faibles pour exécuter d'autres travaux. Les principaux métiers sont les suivants : tissanderie, sellerie, reliure et accessoires, ébénisterie, menuiserie, cordonnerie, ferblanterie, chaudronnerie, forge, serrurerie, moulage, sculpture sur bois, tournage sur bois, tournage sur fer, maréchalerie, ajustage, armurerie, fonderie, tannerie fine (mégisserie, chamoiserie), confection pour hommes, chemiserie, chapellerie, orfèvrerie.

Chaque atelier doit être pourvu des machines, outils, instruments et matériaux nécessaires à son fonctionnement.

ART. 8. — La durée de l'apprentissage est fixée selon les métiers.

Un programme annuel des travaux des ateliers, détaillé pour chaque spécialité, est dressé par le Directeur de l'École, assisté du Conseil de discipline.

Élèves.

ART. 9. — Pour faire inscrire un élève à la Maison Centrale, les parents ou autres doivent justifier de la possession d'une carte d'admission délivrée par les chefs de division aux départements de l'Intérieur et de l'Instruction publique.

ART. 10. — Les élèves sont reçus depuis l'âge de 7 ans jusqu'à 17 ans. Ils sont internes.

ART. 11. — Il n'y aura pas plus de 200 internes à la Maison Centrale. La moitié au moins doit être tirée de la province. Les chefs de division sus-désignés doivent y veiller, en délivrant les cartes d'admission.

Il est facultatif à l'administration de l'école de recevoir un certain nombre d'externes pour suivre l'enseignement technique.

ART. 12. — La nourriture, l'habillement, le logement, les études et l'apprentissage sont gratuits ainsi que les éléments d'étude et de travail.

Toutes ces dépenses sont prévues annuellement dans le budget de la République.

Examens. — Certificats. — Récompenses.

ART. 13. — Des examens ont lieu tous les trois mois. Les notes résultant de ces examens sont envoyées aux parents des élèves et aux Départements de l'Intérieur et de l'Instruction publique.

ART. 14. — Les élèves qui auront terminé leur apprentissage recevront un certificat. A ceux d'entre les plus méritants qui auront satisfait aux examens de sortie, il pourra être décerné une médaille et une prime en argent, variant de 50 à 100 gourdes et qui sera déterminée par le conseil de discipline dont il va être parlé, en tenant compte de la conduite de chaque élève.

Conseil de discipline et de patronage.

ART. 15. — Il est institué à la Maison Centrale un conseil de discipline et de patronage composé du Directeur-président, de l'aumônier, de l'ingénieur-conseil, du surveillant général, membres de droit, de deux chefs d'ateliers et deux membres du personnel de l'enseignement classique qui seront désignés chaque année par les Départements de l'Intérieur et de l'Instruction publique.

ART. 16. — Ce Conseil a pour objet d'administrer la Caisse d'épargne et de secours et d'aider au placement des ouvriers formés par l'école.

ART. 17. — Si des vacances s'y produisent au cours de l'année, il y sera pourvu sans retard.

ART. 18. — Le Conseil de discipline et de patronage se réunit tous les trois mois pour prendre connaissance de la situation de la caisse.

Dans l'intervalle de ces réunions régulières, il peut être convoqué pour donner son avis sur tout ce qui a trait à la bonne marche de l'établissement.

Comptabilité.

Art. 19. — Tous les travaux généralement quelconques sortis des ateliers de l'école des arts et métiers doivent être payés.

Art. 20. — Les valeurs encaissées par le comptable de l'établissement seront ainsi réparties : 20 0/0 des bénéfices généraux seront versés à la caisse publique, 30 0/0 aux contremaîtres intéressés, 20 0/0 à la caisse d'épargne à instituer, 5 0/0 au directeur et 25 0/0 à la caisse de l'École pour l'achat de fournitures.

Art. 21. — La comptabilité de la Maison Centrale est tenue par le Comptable sous le contrôle du Directeur. Elle est vérifiée tous les trois mois par le conseil de discipline et de patronage de l'école et expédiée semestriellement au Secrétaire d'État de l'Intérieur et de l'Instruction publique.

Caisse d'Épargne.

Art. 22. — Il est institué à la Maison Centrale une caisse d'épargne qui sera alimentée par 20 0/0 du net produit des travaux exécutés et par les dons ou legs faits à l'institution et qui ne pourront être acceptés qu'après l'avis du Département de l'Intérieur et avec les solennités requises par la loi. Cette caisse sera administrée par le conseil de patronage.

Les récompenses pécuniaires à accorder aux élèves les plus méritants qui auront satisfait aux examens de sortie seront puisées à cette caisse. Il en sera de même des secours qui pourront être accordés aux anciens élèves dans les cas de pressante nécessité.

Art. 23. — Il est affiché dans l'établissement les règlements pris par l'administration supérieure en exécution de la présente loi.

Art. 24. — La présente loi abroge toutes dispositions de loi ou règlements qui lui sont contraires et sera exécutée à la diligence des Secrétaires d'État de l'Intérieur et de l'Instruction publique, chacun en ce qui le concerne.

Donné au Palais de la Chambre des Représentants, le 24 août 1909, an CVI de l'Indépendance.

Le président de la Chambre,
G. DESROSIERS.

Les secrétaires :
Beauharnais Jn-François, E. Ewald,

Donné à la Maison Nationale, à Port-au-Prince, le 21 août 1909. an CVI de l'Indépendance.

Le président du Sénat,
F.-P. PAULIN.

Les secrétaires :
J. DUSSEK, DIOGÈNE LEREBOURS.

Au nom de la République,

Le président d'Haïti ordonne que la loi ci-dessus du Corps Législatif soit revêtue du sceau de la République, imprimée, publiée et exécutée.

Donné au Palais National, à Port-au-Prince, le 28 septembre 1909, an CVI de l'Indépendance.

A. T. SIMON.

Par le président :

Le secrétaire d'État de l'Intérieur
JÉRÉMIE.

Le secrétaire d'État de l'Instruction publique,
MURAT CLAUDE.]

Tableau annexé à la loi portant réorganisation de la Maison Centrale.

			Par mois.
1	Directeur		S 150
1	Surveillant général		100
1	Ingénieur-conseil		90
1	Mécanicien-ajusteur		60
1	Économe		60
1	Comptable		50
1	Secrétaire		40
1	Médecin		90
1	Pharmacien		60
1	Instructeur de musique		50
1	Sous-instructeur		40
22	Contre maîtres	à S 40.	880
8	Professeurs	à S 40.	320
8	Maîtres-surveillants	à S 30.	240
4	Femmes de service	à S 15.	60
1	Aumônier		100
			S 2.400

Par an : 28.800

LOI

ORGANISANT L'ÉCOLE PRATIQUE D'AGRICULTURE

FRANÇOIS ANTOINE SIMON, Président de la République,

Vu l'article 69 de la Constitution.

Considérant que les procédés empiriques employés dans le travail de la terre et le défaut de connaissances scientifiques nécessaires ont notablement contribué à l'abaissement de notre Agriculture et à la dépréciation des produits du sol ;

Considérant que le meilleur moyen d'aider au développement et au relèvement de l'Agriculture est de faciliter aux campagnards l'acquisition de notions pratiques rationnelles snffisantes.

Considérant que l'Agriculture est la source de la fortune publique et mérite tous les encouragements des Grands Pouvoirs de l'État ;

A PROPOSÉ,

Et le Corps Législatif a voté la loi suivante:

ART. 1er. — Il est institué sur le modèle de la Ferme Expérimentale de Turgeau qui demeure fermée, une école pratique d'Agriculture annexée à l'École des Sciences Appliquées.

ART. 2. — Cet établissement d'Enseignement théorique et pratique est principalement destiné à fournir les éléments de connaissances scientifiques nécessaires au perfectionnement des méthodes culturales jusqu'ici employées. Il sera installé dans les meilleures conditions pour favoriser l'expérimentation et l'enseignement pratique qui doit s'y donner.

ART. 3. — L'Établissement recevra des externes, des internes, et des boursiers. Ces derniers, fournis et entretenus aux frais de l'État, devront être recrutés à nombre égal dans chacun des Départements de la République.

ART. 4. — Le nombre des boursiers de l'État est fixé à dix.

Art. 5. — En vue de faciliter l'installation convenable de l'École, l'État peut poursuivre l'acquisition des terrains nécessaires même par voie d'expropriation pour cause d'utilité publique.

Art. 6. — Les matériaux, matériel, outils et engrais de la Ferme de Turgeau seront confondus avec ceux de l'école pratique d'Agriculture, après inventaire dont un double sera déposé au Département de l'Agriculture et l'autre sera remis au directeur de l'École.

Art 7. — La présente loi, qui abroge toutes lois ou dispositions de loi qui lui sont contraires, sera exécutée à la diligence des Secrétaires d'État de l'Agriculture, de l'Instruction publique, chacun en ce qui le concerne.

Donné à la Chambre des Représentants, le 22 août 1910, an CVII de l'Indépendance.

Le président,
G. DESROSIERS.

Les secrétaires :
Denis St-Aude, Dr L. Camille.

Donné à la Maison Nationale, à Port-au-Prince, le 4 octobre 1910, an CVII de l'Indépendance.

Le président du Sénat,
F.-P. PAULIN.

Les secrétaires :
Ch. Régnier, Théodore.

Au nom de la République,

Le président d'Haïti ordonne que la loi ci-dessus du Corps Législatif soit revêtue du sceau de la République, imprimée, publiée et exécutée.

Donné au Palais National, à Port-au-Prince, le 7 octobre 1910 an CVII de l'Indépendance.

A.-T. SIMON.

Par le Président :

Le secrétaire d'État de l'Agriculture,
Murat CLAUDE.

Le secrétaire d'État de l'Instruction publique,
Pétion Pre.-André.

RÈGLEMETNS

DE L'ÉCOLE PRATIQUE D'AGRICULTURE DE THOR

I. But. — Le but de l'École pratique d'Agriculture de Thor est de former des ouvriers intelligents et des praticiens habiles, aptes, soit à diriger et exploiter une propriété rurale, soit à devenir de bons aides ruraux, commis de ferme, contremaîtres, etc.

II. Enseignement. — L'Enseignement primaire sera complété d'après les programmes des écoles rurales. L'étude des sciences sera dirigée vers les applications agricoles.

III. — L'enseignement professionnel, essentiellement pratique, se donne :

1° Par des leçons orales s'adressant à l'intuition ; et appuyées de démonstrations immédiates ; les matières de cet enseignement comprennent : l'agriculture et l'horticulture, l'économie, la comptabilité et la législation rurales, l'élevage et l'hygiène des animaux, les outils et machines agricoles, le drainage et les irrigations.

2° Par des exercices pratiques consistant en dessin, mesures des surfaces et des volumes usuels ; travaux d'ateliers ; manipulations de physique, de chimie, d'histoire naturelle et de zootechnie ; travaux de préparation, d'ameublissement, d'ensemencement, d'entretien du sol et de récolte ; drainage et irrigation ; visites d'exploitation et d'usines agricoles. Les matières de l'enseignement comprennent : langue française, morale et instruction civique, histoire d'Haïti, géographie des Antilles, histoire naturelle, éléments d'arithmétique, de géométrie, de physique et de chimie.

IV. — La durée des études est de deux ans. L'enseignement est gratuit.

V. Admission. — L'admission à l'internat libre et à l'externat libre se fait à l'examen ; l'admission aux bourses de l'État et des communes au concours.

VI. — Tout candidat, âgé de 13 à 20 ans, doit produire un extrait de son acte de naissance, un certificat de vaccination ;

être présenté par un parent ou un correspondant responsable de l'enfant en cas de maladie.

VII. — Le trousseau et le blanchissage sont à la charge des parents et les fournitures nécessaires aux études par les Départements de l'Agriculture et de l'Instruction publique.

VIII. — Le concours pour les bourses de l'État et des communes se fait au siège de chaque circonscription scolaire, dans la dernière quinzaine de juillet, par une commission spéciale composée de l'inspecteur des écoles, président, du Magistrat communal et de deux citoyens de la région, désignés par le Département de l'Agriculture, sur une liste de six présentée par l'École des Sciences Appliquées.

IX. — Les épreuves du concours comprennent: 1° une dictée simple de dix à douze lignes qui servira en même temps d'épreuve d'écriture; 2° un exercice de calcul roulant sur les quatre règles fondamentales. Cette épreuve est éliminatoire.

X. — Les sujets de composition arrêtés par le directeur de l'École sont adressés par l'intermédiaire des départements de l'Agriculture et de l'Instruction publique, aux diverses commissions.

XI. — Dix fautes d'orthographe entraînent la nullité de la dictée et l'élimination du candidat. Pour être admis à l'oral, les candidats devront avoir dix sur vingt. Les candidats déclarés admissibles subissent un examen oral, portant sur les premières règles de la grammaire, les quatre premières de l'arithmétique, la lecture de dix lignes de prose imprimées et de dix lignes de prose manuscrites. Les candidats seront classés par ordre de mérite. La liste des candidats avec les notes obtenues à l'écrit et à l'oral ainsi que leur composition seront expédiées aux Départements de l'Agriculture et de l'Instruction publique aussitôt après l'examen oral.

XII. — L'admission à l'internat libre et à l'externat a lieu à la suite d'un examen oral qui se fait au siège de l'école dans la première semaine de la rentrée. Cependant, en ce qui concerne les candidats des autres départements, l'École pourra charger la Commission spéciale de procéder à l'examen. Les élèves devront s'inscrire d'avance. Les connaissances exigées sont les mêmes que pour l'obtention des bourses.

XIII. Discipline. — L'École fonctionne du premier lundi d'octobre au 31 juillet de chaque année. La présence des élèves est obligatoire tous les jours du lundi au samedi L'emploi du temps est réglé selon les saisons. Les absences réitérées entraînent l'exclusion de l'École. L'élève est frappé d'une réprimande affichée après deux absences non motivées. En cas de récidive, le Conseil de l'E. S. A. apprécie les motifs et décide du sort de l'élève dans la forme ci-dessous.

XIV. — Les élèves doivent la plus grande déférence aux professeurs et contremaîtres. Il ne sera toléré aucune infraction à cette règle à laquelle sont attachées les peines disciplinaires graves de l'École.

XV. — Les peines disciplinaires qui peuvent être infligées aux élèves sont : 1° le piquet, 2° le pensum, 3° la réprimande, 4° l'exclusion temporaire, 5° l'exclusion définitive.

XVI. — Les trois premières peines pourront être appliquées par l'instituteur et les professeurs. Pour les faits plus graves, sur la demande de ceux-ci, le Conseil de l'E. S. A. prononce l'exclusion temporaire ou l'exclusion définitive après avoir obtenu l'avis des départements de l'Agriculture et de l'Instruction publique.

XVII. — Des visites d'usines et d'exploitations sont faites une fois par mois au moins, sous la direction des professeurs. Le département de l'Agriculture fait les frais inhérents à ces déplacements pour les boursiers de l'État, les autres élèves, chacun, pour leur quote part. L'assistance à ces exercices est de rigueur comme aux autres exercices pratiques. Les élèves qui y ont participé déposent à la direction dans les huit jours suivants, la relation de leur visite. Des notes sont affectées à ces travaux sur la rubrique de « Excursions agricoles ».

XVIII. Examens. — Ces élèves sont interrogés pendant les cours et subissent un examen en Décembre, Mars et Juillet.

XIX. — Le passage d'une année à l'autre n'a lieu que si l'élève a obtenu 50 p. 100 du total des points qui peuvent être acquis dans l'année.

Une moyenne inférieure à 40 p. 100 entraîne l'exclusion de l'École. Il en est de même des notes (0) et (1) dans l'une quelconque des matières de l'enseignement. Cependant si malgré ces deux notes élémentaires, l'élève a eu sa moyenne de passage et si après avoir subi à la rentrée un nouvel examen sur la matière en question, il obtient une note estimée suffisante, il pourra être autorisé à passer à l'année supérieure.

Une moyenne intermédiaire entre 40 à 50 p. 100 confère à l'élève le droit de redoubler l'année, la durée de présence à l'école ne pouvant excéder trois années.

XX. — Les élèves, durant la période des vacances du 1er août au 30 septembre, prendront trente jours des vacances par série déterminée par l'instituteur. Ils feront à leur rentrée un rapport de leur vacance sur les faits observés chez eux. Une note y sera affectée, qui figurera dans la moyenne de classement.

XXI. Certificat d'études. — Un certificat « d'études primaires agricoles » sera délivré aux élèves ayant obtenu 60 p. 100 du total des points qui peuvent être acquis, dans le cours complet des études.

Fait à Port-au-Prince, le 17 novembre 1910, en triple exemplaire.

Le président du Conseil de l'École des Sciences Appliquées,
A. BONAMY.

Vu et approuvé :
Le secrétaire d'État de l'Agriculture,
Murat CLAUDE.

Le secrétaire de l'Instruction publique,
P. Pré.-André.

Pour copie conforme :
Le chef de bureau,
Emile NELSON.

ARRÊTÉ

DÉTERMINANT LES MATIÈRES DES PLANS D'ÉTUDES ET PROGRAMMES DE L'ENSEIGNEMENT SECONDAIRE ET PRIMAIRE

Le Secrétaire d'État de l'Instruction publique,

Vu les Lois et Règlements sur l'organisation de l'Instruction publique, notamment la loi du 7 décembre 1860, celle du 3 septembre 1864 établissant les écoles dites secondaires spéciales et celle du 2 octobre 1884 sur la Surveillance et l'Inspection des Écoles ;

Voulant déterminer les matières des plans d'études et programmes de l'Enseignement primaire et secondaire qui seront appliqués aux diverses écoles de la République ;

Voulant, à la fin des cours, obtenir par des examens l'attestation des connaissances acquises par les élèves ;

Le Conseil des Secrétaires d'État consulté,

Arrête ce qui suit :

Article 1er. — L'enseignement primaire est donné :

1° Dans les écoles primaires rurales ;

2° Dans les écoles primaires urbaines.

Art. 2. — L'enseignement dans les écoles primaires rurales, réparti en trois cours, comprend les matières suivantes :

L'Instruction religieuse.

L'Instruction morale et civique (premières notions).

La Lecture (sur imprimés et manuscrits).

L'Écriture (en gros, en moyen, en fin).

Les premières notions de la langue française, de l'histoire et de la géographie de la République d'Haïti et du calcul élémentaire.

Leçons de choses (les animaux, les plantes et les pierres).

Notions d'agriculture.

Travail manuel : agriculture pratique.

Travaux de couture (pour les écoles de filles).

Exercices physiques.

Art. 3. — L'enseignement dans les écoles primaires urbaines, réparti en 4 cours, comprend : dans 2 cours élémentaires les matières enseignées dans les écoles primaires rurales, et dans les 2 cours suivants, outre le développement de ces matières, un aperçu de l'Histoire générale par les biographies des hommes illustres.

Les éléments de la géographie générale, de la géométrie expérimentale et du dessin ; simples notions des sciences physiques et naturelles.

Lecture du latin.

Principes élémentaires du chant.

Travail manuel : Chapellerie de paille, sparterie, vannerie, poterie, ou briqueterie.

Travaux de couture (pour les écoles de filles).

Art. 4. — L'enseignement secondaire est donné :

1° Dans les écoles secondaires spéciales de garçons ;

2° Dans les écoles secondaires de jeunes filles;

3° Dans les lycées et collèges.

Art. 5. — L'enseignement dans les écoles secondaires spéciales de garçons, réparti en 3 cours, comprend :

La langue et la littérature françaises.

Les langues anglaise et espagnole.

L'arithmétique appliquée.

Les éléments du calcul algébrique, de la géométrie pratique.

Les règles de la comptabilité usuelle et de la tenue des livres.

Les notions de cosmographie.

Les notions de sciences physiques et naturelles applicables à l'Agriculture, à l'industrie et à l'hygiène.

Le dessin d'imitation, le dessin géométrique et le modelage.

Les premières notions de droit usuel et d'économie politique.

Les principales époques de l'Histoire générale et spécialement des temps modernes.

L'histoire particulière d'Haïti.

La géographie générale.

La géographie particulière d'Haïti.

Des notions d'agriculture théorique.

Principes de diction.

La musique vocale.

Travail manuel : le travail du bois et du fer.

Exercices physiques.

Art. 6. — L'enseignement dans les écoles secondaires de jeunes filles, réparti en 3 cours, comprend :

La langue et la littérature françaises.

Les langues anglaise et espagnole.

L'arithmétique appliquée.

Les éléments de la géométrie expérimentale.

Les règles de la comptabilité usuelle et de la tenue des livres.

Les notions de physique, de chimie, d'histoire naturelle, d'hygiène et de cosmographie.

Les principales époques de l'histoire générale et l'histoire particulière d'Haïti.

La géographie générale et la géographie d'Haïti.

Les éléments d'économie domestique.

Les principes de la diction.

Le dessin d'ornement.

La musique vocale et le piano.

Le travail manuel : les travaux à l'aiguille, la coupe et l'assemblage.

Art. 7. — L'enseignement dans les lycées et collèges, réparti en sept classes, comprend :

L'instruction morale et religieuse.

La langue et la littérature françaises.

La langue et la littérature latines.

La langue et la littérature grecques.

La langue et la littérature anglaises.

La langue et la littérature espagnoles.

L'histoire et la géographie.

Les éléments de la philosophie.

Les principes du droit et de l'économie politique.

Les mathématiques appliquées.

La comptabilité et la tenue des livres.

La physique, la mécanique, la chimie, l'histoire naturelle et leurs applications à l'Agriculture, à l'Industrie et à l'Hygiène.

Les principes de la diction.

Le dessin d'imitation, le dessin géométrique et le modelage.

La musique vocale et instrumentale.

Art. 8. — Les programmes applicables aux divers degrés d'enseignement et comprenant respectivement les matières ci-dessus déterminées seront publiés séparément. Avec le développement de ces matières, on y déterminera le nombre d'heures à accorder par semaine à chaque faculté.

Art. 9. — Les instituteurs des écoles nationales primaires urbaines doivent donner 4 heures d'enseignement par jour : 2 le matin et 2 l'après-midi.

Ceux des écoles nationales primaires rurales donneront leur temps de 10 heures du matin à 2 heures de l'après-midi.

Les professeurs des écoles nationales d'enseignement secondaire donneront 3 heures d'enseignement par jour, soit le matin, soit l'après-midi.

Les Directeurs et les Directrices des écoles nationales d'enseignement secondaire sont toujours dispensés de tout enseignement, mais ils sont tenus d'inspecter chaque jour au moins deux classes.

Les répétiteurs et les maîtres d'études doivent à l'établissement où ils sont employés le temps qui leur est demandé par le règlement intérieur.

Art. 10. — Les Directeurs et les Directrices des écoles privées restent entièrement libres dans le choix des méthodes suivant lesquelles ils voudront enseigner les matières énoncées aux articles 2, 3, 5, 6 et 7 du présent arrêté.

Art. 11. — Tout Directeur ou toute Directrice d'école privée actuellement existante devra, dans les trois mois qui suivront la publication du présent Arrêté, faire savoir au Département de l'Instruction publique, par l'intermédiaire et sous le contrôle des Inspecteurs, dans quelle catégorie son école doit être placée.

Art. 12. — Différents degrés d'enseignement peuvent être réunis dans la même école nationale ou privée.

Art. 13. — Pour attester les connaissances acquises par les élèves des écoles tant nationales que privées et par ceux qui reçoivent l'instruction dans la famille, il est institué :

1° Un certificat d'études primaires pour les élèves qui auront parcouru toutes les matières enseignées dans les écoles primaires ;

2° Un certificat d'études secondaires spéciales pour ceux ou celles qui auront parcouru toutes les matières enseignées dans les écoles secondaires spéciales de garçons ou de jeunes filles.

3° Un certificat d'études secondaires classiques pour ceux qui auront parcouru toutes les matières de l'enseignement des Lycées et des Collèges ;

Les conditions respectives pour l'obtention du certificat d'études primaires, du certificat d'études secondaires spéciales et du certificat d'études secondaires classiques, seront déterminées par des arrêtés ultérieurs.

La collation des grades est réservée à l'Université d'Haïti dans les conditions prévues par la loi.

ART. 14. — Au moment de l'entrée dans les écoles secondaires spéciales de garçons, dans les écoles secondaires de jeunes filles et dans les lycées et collèges nationaux, chaque élève devra être pourvu du certificat d'études primaires, ou aura à subir, devant une Commission composée du Directeur ou de la Directrice et de deux professeurs, un examen oral constatant quelle classe il ou elle est en état de suivre.

ART. 15. — A la fin de chaque année d'études, les élèves devront subir un examen pour passer dans une classe supérieure. En cas d'empêchement ou d'ajournement, l'examen pourra avoir lieu au début de l'année scolaire suivante.

ART. 16. — Le présent arrêté abroge tout arrêté ou disposition d'arrêté et de règlement sur l'Instruction publique qui lui sont contraires.

Il sera exécuté dans les diverses écoles de la République à partir de l'impression des programmes qui s'y réfèrent, et après avis du département de l'Instruction publique inséré au *Moniteur*.

Fait à la secrétairerie d'État de l'Instruction publique, le 26 juillet 1893, an XC de l'Indépendance.

Le secrétaire d'État,
P.-M. APOLLON.

ARRÊTÉ

SUR LES CONCOURS GÉNÉRAUX ENTRE LES LYCÉES ET COLLÈGES DE LA RÉPUBLIQUE

Le Secrétaire d'État de l'Instruction publique,

Voulant développer par l'émulation l'enseignement secondaire classique et encourager au travail les élèves les plus méritants,

Arrête :

Art. 1er. — Il est institué, tous les ans, entre les établissements d'enseignement secondaire classique de Port-au-Prince, et, tous les 2 ans, entre ces établissements et ceux du même degré fonctionnant dans les départements, des concours généraux sur des matières tirées du programme de l'enseignement secondaire classique.

Art. 2. — Ces concours auront lieu, pour les élèves des lycées et collèges de Port-au-Prince, comme pour ceux qui seront délégués par les lycées et collèges des départements, dans le mois qui précédera l'ouverture des grandes vacances de juillet. Ils seront obligatoires pour les écoles publiques et pour toutes celles qui reçoivent une subvention de l'État, soit à titre de bourse, soit autrement.

Huit jours après la clôture des compositions, les noms des lauréats seront proclamés par le jury du concours.

La distribution solennelle des prix du concours général aura lieu au mois de décembre suivant, avant les congés de fin d'année.

Il y aura un prix par dix concurrents, et un accessit par cinq concurrents.

Art. 3. — Les classes admises à concourir partent de la quatrième à la philosophie.

Art. 4. — Dans la semaine qui précédera la date fixée pour l'ouverture des concours, les directeurs des écoles qui doivent y participer expédieront à l'inspection scolaire de Port-au-Prince la liste des élèves désignés pour concourir.

Cette liste contiendra : les noms et prénoms de chaque élève, l'indication du lieu et de la date de sa naissance, certifiée par le directeur, sur le vu de l'extrait de son acte de naissance.

Le directeur certifiera, en outre, que les concurrents ont suivi exactement toutes les parties de l'enseignement, soit de la classe dans laquelle ils sont appelés à concourir, soit de la classe correspondante. Dans les classes de rhétorique ou de philosophie, la liste désignera si l'élève est un vétéran, c'est-à-dire a déjà accompli une ou plusieurs années de scolarité dans la classe pour laquelle il se présente au concours.

Art. 5. — Les vétérans ne sont admis au concours qu'en rhétorique et en philosophie ; mais, pour obtenir un prix, ils doivent mériter une des deux premières nominations et une des quatre premières, pour obtenir un accessit.

Art. 6. — Le nombre des concurrents qui seront envoyés de chaque établissement pour chaque composition ne peut excéder cinq.

Art. 7. — Les sujets de composition sont :

Pour la classe de philosophie : Une dissertation philosophique en français ; une composition de sciences mathématiques ; une composition de sciences physiques ou de sciences naturelles.

Pour la rhétorique : un discours ou une dissertation française ; une composition de sciences mathématiques, ou de sciences physiques, ou de sciences naturelles ; une composition d'histoire et de géographie.

Pour la classe de seconde : une version latine ; une narration française ; une composition d'histoire ; une composition de sciences.

Pour la classe de troisième : une composition d'histoire d'Haïti ; une composition de style ; une composition de sciences.

Pour la classe de quatrième : une composition de style ; une composition de géographie ; une composition de sciences.

Il y aura, pour les langues vivantes, un concours spécial, portant, d'une part, sur une composition d'anglais (thème ou version) ; et, d'autre part, sur une composition d'espagnol (thème ou version).

Le prix de français en rhétorique et le prix des sciences mathématiques en philosophie sont les prix d'honneur des concours généraux.

Art. 8. — Pour avoir le droit de représenter au concours général l'établissement auquel il appartient, l'élève devra avoir obtenu dans les compositions de l'année, relatives à la matière spéciale où il est appelé à concourir, une moyenne de notes correspondant aux cinq premières places de sa classe.

Art. 9. — En attendant la création d'un Conseil supérieur de l'Instruction publique et l'organisation des Facultés de lettres et de sciences, le jury des concours généraux se compose : d'un membre de l'inspection scolaire de Port-au-Prince qui présidera le Jury ; de deux professeurs de l'École nationale de Droit ; de deux professeurs de l'École nationale de médecine et de pharmacie ; de trois anciens instituteurs ou de trois instituteurs en exercice, choisis par le Secrétaire d'État de l'Instruction publique, en dehors des établissements admis à concourir.

Art. 10. — La date des concours généraux sera fixée par un avis de la Secrétairerie d'État inséré au *Moniteur* officiel dans le mois qui suivra la rentrée des classes en septembre.

Un autre avis publié une semaine avant l'ouverture désignera les membres du Jury et le local où s'effectueront les compositions.

Art. 11. — Le sujet de chaque composition sera tiré au hasard par le président du concours, d'un pli clos, émané de la Secrétairerie d'État de l'Instruction publique et décacheté le jour du concours, en présence des élèves. Le pli contiendra trois sujets pour chaque composition, le premier sujet sorti sera celui de la composition.

Art. 12. — La surveillance et la police des salles de composition seront exercées à tour de rôle par deux des membres du Jury, sous la présidence d'un membre de l'Inspection.

Il pourra leur être adjoint, au besoin, deux professeurs tirés au sort parmi ceux de la classe appelée à concourir. Ces surveillants ne devront pas quitter le local du concours avant la fin de chaque composition. Si, par quelque circonstance imprévue, l'un d'entre eux était obligé de le faire, il ne pourrait plus rentrer, et il en serait fait mention au procès-verbal.

Art. 13. — Chaque élève, au moment où il sera appelé, remettra à l'un de MM. les surveillants son billet d'admission délivré par son directeur.

Aucun élève ne sera admis après l'appel terminé.

Les élèves du même collège ne pourront être placés les uns à côté des autres.

Toute espèce de communication au dehors est interdite, à peine d'exclusion du concours. Il est défendu, sous la même peine, aux élèves de communiquer entre eux, soit de vive voix, soit par écrit.

Art. 14. — Les compositions commenceront à sept heures précises du matin.

Elles finiront à cinq heures de l'après-midi pour les classes de rhétorique et de philosophie et pour la composition d'histoire en seconde ; et à trois heures pour les autres. Aucune composition ne sera admise après l'heure indiquée pour la clôture du concours.

Les élèves ne pourront, à peine d'exclusion, apporter aucun livre ni cahier, sauf les dictionnaires à l'usage des classes, pour la composition de version latine en seconde et pour les compositions de langues vivantes.

Art. 15. — Les surveillants feront distribuer aux élèves, pour écrire leurs compositions, des feuilles de papier uniforme. A chaque feuille adhérera une bande de papier où l'élève écrira lui-même ses noms et prénoms, sans rien d'autre.

Chaque élève remettra lui-même sa copie au président du concours, et dès qu'il l'aura remise, il ne pourra plus la reprendre. A la fin de chaque composition, le président coupera la bande de papier contenant les noms et prénoms, il y inscrira un numéro d'ordre qui sera répété par lui au bas de la copie.

Les bandes seront pliées et renfermées par le président dans une grande enveloppe, scellée du sceau des concours généraux. Ces opérations terminées, il en sera dressé procès-verbal par le président, en présence des surveillants, qui signeront avec lui. Ce procès-verbal, avec l'enveloppe et les copies, sera mis sous une grande bande cachetée où le président mentionnera la classe concurrente, le genre et la date de la composition.

Toutes ces pièces seront finalement déposées dans une boîte scellée, confiée à la garde du président du concours.

Art. 16. — Le lendemain de la clôture des compositions, aura lieu, au siège indiqué pour les concours, l'examen des compositions. A l'heure fixée, le président ouvrira devant les examinateurs la boîte qui contiendra les copies et les noms, et en tirera les copies.

Art. 17. — Les décisions du Jury de concours se prennent à la majorité des voix. Le président dirige les délibérations, mais sans y prendre part, non plus qu'à l'examen.

Si l'examen de toutes les compositions ne pouvait être terminé dans une seule séance, les copies seraient remises à la fin de chaque séance, dans la boîte, qui serait de nouveau scellée du cachet des concours généraux, et déposée entre les mains du président.

Art. 18. — Le Jury dressera procès-verbal de ses décisions et assignera les places, en énonçant par ordre de mérite les numéros que porteront les diverses copies.

Ce procès-verbal contiendra, en outre, la déclaration faite sur leur honneur par les membres du Jury qu'ils n'ont eu ni directement ni indirectement connaissance des copies, et l'engagement de garder un silence absolu sur les opérations du Jury et sur le résultat de ses jugements.

Il sera enfermé dans une enveloppe dûment scellée et inséré dans la boîte où auront été déjà conservées les autres pièces des concours.

Cette boîte sera expédiée avec sa clef au Secrétaire d'État de l'Instruction publique.

Art. 19. — L'ouverture des procès-verbaux et des bulletins correspondants aux copies désignées pour les prix et les accessits, se fera huit jours après la clôture des compositions dans une séance publique, où seront spécialement convoqués avec les membres du Jury, les fonctionnaires supérieurs de l'Instruction publique et les directeurs des établissements admis à concourir.

Fait à la secrétairerie d'État de l'Instruction publique, le 26 avril 1894.

Le secrétaire d'État,

P.-M. Apollon.

ARRÊTÉ

SUR LES VACANCES ET JOURS DE CONGÉ

Le Secrétaire d'État de l'Instruction publique,
Considérant qu'il importe de modifier l'arrêté du 21 avril 1903 sur les vacances et jours de congé.

ARRÊTE :

ART. 1er. — Les grandes vacances ont lieu chaque année pour toutes les Écoles de la République du dernier vendredi de juillet au premier lundi d'octobre.

ART. 2. — Il y a aussi vacances : le samedi et le dimanche de chaque semaine ; du 24 décembre au 3 janvier ; pendant les trois derniers jours du carnaval ; à partir du jeudi saint jusqu'au lundi de Quasimodo ; le 1er mai (fête de l'Agriculture) ; le jour de la prestation de serment ou le jour anniversaire de la prestation de serment du Président d'Haïti ; les jours de l'Ascension ; de la Fête-Dieu ; le 12 octobre (fête de Christophe Colomb) ; le 1er et le 2 novembre (fête de la Toussaint et jour des Morts).

ART. 5. — Le présent arrêté abroge toutes dispositions d'arrêtés ou de règlements de l'Instruction publique qui lui sont contraires.

Fait à la secrétairerie d'État de l'Instruction publique, le 28 mars 1905, an CII de l'Indépendance,

M. FÉRÈRE.

ARRÊTÉ

PORTANT RÉGLEMENTATION DE LA CAISSE DE L'UNIVERSITÉ

Vu les articles 8, 9, 10, 24, 25, 26, 47, 48, 50 et 52 de la loi du 7 décembre 1860 sur l'Instruction publique, ainsi conçus :

Art. 8. — L'Université peut recevoir toutes donations et offrandes. Si la libéralité est de quelque importance, celui qui l'aura faite recevra le titre de membre honoraire de l'Université.

Art. 9. — L'Université a sa caisse particulière : toutes les sommes perçues en vertu de la présente loi seront versées dans la caisse de l'Université.

Art. 10. — Après le prélèvement du montant des frais de la comptabilité, les fonds universitaires seront employés : 1° à acheter des livres qui seront donnés à la distribution des prix aux élèves des écoles nationales ; 2° à fonder des bibliothèques dans les écoles nationales ; 3° à donner aux instituteurs et aux auteurs d'ouvrages utiles à la jeunesse des témoignages de considération ; 4° enfin, à encourager de toutes autres manières le développement de l'Instruction publique.

Art. 24. — Tout Haïtien qui veut exercer la profession d'instituteur particulier doit se pourvoir d'un diplôme, signé du président de la commission de l'Instruction publique dans le ressort de laquelle il a l'intention de s'établir.

Art. 25. — Pour obtenir ce diplôme, il suffit au postulant de justifier : 1° qu'il a vingt et un ans accomplis ; 2° qu'il est de bonnes vie et mœurs ; 3° qu'il a *versé la somme de* 30 *gourdes dans la caisse de l'Université.* A cet effet, il présentera un extrait de son acte de naissance ou l'acte de notoriété qui en tient lieu, un certificat de trois citoyens notables attestant sa moralité, *et une quittance* de la Caisse de l'Université.

Art. 26. — Outre les conditions exigées par les articles 24 et 26 ci-dessus, et après un séjour de trois mois dans le pays, l'étranger qui voudra y établir une école devra solliciter une autorisation spéciale qui lui sera délivrée, s'il y a lieu, par le Secrétaire d'État, d'après les ordres du Président d'Haïti.

Art. 47. — Il est dû, pour chaque degré, une rétribution qui demeure ainsi fixée dans toutes les Facultés, savoir :

Pour le baccalauréat.	20 g.
Pour la licence.	40 »
Pour le doctorat	60 »

Art. 48. — La moitié de chaque rétribution est exigible la veille de l'examen, l'autre moitié ne l'est qu'au moment de la délivrance du diplôme. — Si le candidat ne satisfait pas à l'examen, la moitié versée est acquise à la Caisse de l'Université.

Art. 50. — Toute personne pourvue d'un diplôme délivré par une Université étrangère peut obtenir de l'Université d'Haïti un diplôme de même degré en payant le quart de la rétribution fixée.

Art. 52. — Les frais de diplômes sont à la charge de la Caisse de l'Université.

Attendu qu'il importe d'assurer l'application des dispositions ci-dessus prescrites par l'organisation et le fonctionnement de la Caisse de l'Université prévue en l'article 9 de la loi sur l'Instruction publique.

Le Secrétaire d'État de l'Instruction publique,

Arrête :

Art. 1er. — La caisse de l'Université sera établie à la Secrétairerie d'État de l'Instruction publique.

Art. 2. — Un service spécial de comptabilité sera organisé en vue du fonctionnement de cette caisse.

Art. 3. — Un employé de la Secrétairerie d'État de l'Instruction publique sera institué caissier et aura la garde de la caisse avec charge d'effectuer les encaissements et les dépenses régulièrement autorisées. — Il sera, sauf cas de force majeure, responsable des deniers recouvrés et encaissés.

Art. 4. — Le caissier jouera le rôle de receveur et donnera tous récépissés et quittances nécessaires, lesquels seront visés par le chef de bureau, ainsi que les ordres de paiement et les bulletins de versement.

Art. 5. — L'étudiant ou l'élève qui voudra acquitter les droits auxquels il est soumis sera tenu de se munir d'un bulletin de versement que lui délivrera le Secrétaire de la Faculté, devant laquelle il devra se présenter. — Ce bulletin indiquera l'examen à passer, la somme à percevoir et l'École ou la Faculté à laquelle appartient le candidat.

Pour ce qui est des versements à faire en vertu de l'article 25 et de l'article 50 ci-dessus, le bulletin de versement serait délivré par le bureau de l'Inspection.

Art. 6. — Les parents ou personnes responsables, tuteurs ou autres, ont le droit d'effectuer personnellement les versements prévus, pour le candidat mineur dont ils ont la garde.

Ils remettront, en ce cas, la quittance au candidat qui la présentera au Secrétaire de la Faculté comme justification du paiement des droits.

Art. 7. — Dans les arrondissements autres que celui de Port-au-Prince, et quand il y aura lieu, le Secrétaire d'État de l'Instruction publique pourra autoriser l'Inspecteur des écoles de la circonscription à percevoir les droits dus, pour les transmettre immédiatement au caissier-receveur à Port-au-Prince.

L'étudiant de province qui fait ses études à la Capitale enverra son bulletin de versement à sa famille, si celle-ci désire acquitter directement les droits.

Art. 8. — Les Secrétaires de Faculté et les Inspecteurs qui auront délivré des bulletins de versement en exécution de l'article 5 *in fine*, seront tenus d'adresser au Secrétaire d'État de l'Instruction publique un état détaillé des bulletins par eux délivrés.

Les Secrétaires enverront, en outre, un état des quittances présentées.

Art. 9. — Les fonds universitaires seront employés suivant les prévisions de l'article 10 de la loi du 7 décembre 1860.

Ceux perçus pour frais d'examens dans les écoles supérieures ou facultés seront attribués pour moitié aux professeurs qui auront fait passer les examens à propos desquels la perception aura eu lieu.

Art. 10. — Les dépenses à faire en conformité de l'article précédent seront ordonnées par le Secrétaire d'État de l'Instruction publique qui, tous les trois mois, rendra compte au Président d'Haïti, et tous les ans aux Chambres législatives de l'emploi des fonds recouvrés.

Donné à la secrétairerie d'État de l'Instruction publique, le 22 mai 1894, an XCI de l'Indépendance.

Le secrétaire d'État de l'Instruction publique,
P.-M. Apollon.

ARRÈTÉ

Le Secrétaire d'État au Département de l'Instruction publique :

Attendu qu'il y a lieu de généraliser à tous les diplômes et certificats délivrés par l'Université d'Haïti les droits universitaires prévus dans la loi sur l'Instruction publique;

Attendu que, par suite de l'obligation faite à tous les Haïtiens de recevoir l'instruction primaire, il est juste d'exempter de tous droits le certificat d'études primaires destiné à sanctionner cette obligation,

Arrête ce qui suit :

Art. 1er. — Par assimilation aux droits fixés pour les degrés universitaires, il sera perçu :

Pour le diplômé de pharmacien.	40 g.
Pour le diplôme de sage-femme.	30 »
Pour le certificat d'études secondaires (spéciales et classiques).	15 »

Toutes ces valeurs tomberont dans la caisse de l'Université et les dispositions de la loi et des règlements concernant l'organisation de cette caisse leur seront applicables.

Art. 2. — Le certificat d'études primaires sera délivré sans frais à tous ceux qui, après avoir parcouru le programme complet des écoles primaires urbaines, auront satisfait aux conditions des examens.

Fait à la secrétairerie d'État de l'Instruction publique, le 28 août 1894.

Le secrétaire d'État,
P.-M. Apollon.

ARRÊTÉ

PORTANT CRÉATION DU BULLETIN OFFICIEL DE L'INSTRUCTION PUBLIQUE

Le Secrétaire d'État au Département de l'Instruction publique,

Considérant qu'il est indispensable pour la bonne marche du service de ce Département, que les documents officiels puissent être portés à la connaissance des intéressés par un organe spécial de publicité;

Considérant que l'article 10 de la loi sur l'Instruction publique permet d'affecter une partie des fonds universitaires à encourager de toutes manières le développement de l'Instruction publique,

Arrête :

Art. 1er. — Il est créé un bulletin officiel de l'Instruction publique.

Art. 2. — Ce bulletin comprendra deux parties :

A. Partie officielle.

B. Partie non officielle.

Dans la partie officielle seront publiés tous les documents intéressant l'enseignement public et privé : lois, arrêtés, règlements, circulaires, avis, nominations, etc.

La partie non officielle comprendra : une chronique du mois où seront rapportés les principaux faits concernant les écoles ; — les rapports des Inspecteurs avec analyses et appréciations ; — une partie pédagogique ; développement des diverses parties des programmes, modèles de leçons, notions théoriques de pédagogie ; — une partie littéraire, scientifique, artistique et récréative.

Art. 3. — Le Bulletin paraîtra le 2 de chaque mois.

Art. 4. — Le prix de l'abonnement au bulletin est fixé à 4 gourdes par an, plus les frais de poste pour les Départements et l'Etranger.

L'abonnement sera servi gratuitement aux divers Inspecteurs des Écoles de la République.

Art. 5. — Jusqu'à ce que le bulletin soit en mesure de se suffire à lui-même une partie des fonds de la caisse de l'Université servira à couvrir les frais de publication.

Art. 6. — Le bulletin sera administré, sous l'autorité et la surveillance du Département de l'Instruction publique.

Fait à la secrétairerie d'État de l'Instruction publique, le 26 mai 1894,

Le secrétaire d'État,
P.-M. Apollon.

RÈGLEMENT

POUR LES LYCÉES NATIONAUX DE LA RÉPUBLIQUE

CHAPITRE PREMIER

Des fonctionnaires des lycées.

§ 1er. — Du directeur

Art. 1er. — Le directeur a sous ses ordres immédiats tous les employés du lycée qu'il dirige, et ils sont tenus de se conformer entièrement à ce qu'il leur prescrit pour le bien du service auquel ils doivent leur concours.

Art. 2. — Il départit entre les professeurs, selon qu'il le juge convenable à la prospérité de l'instruction, les différentes branches d'enseignement, et détermine la manière dont chacun d'eux doit s'acquitter de ses fonctions.

Art. 3. — Il règle la distribution des heures qu'ils sont dans l'obligation de consacrer aux élèves, l'emploi du temps de ces derniers et leur classification pour tous les cours qu'ils doivent suivre.

Art. 4. — Il a soin que les employés du lycée y arrivent et en sortent exactement aux heures prescrites.

Art. 5. — Il veille particulièrement à ce qu'ils ne donnent que les bons exemples à leurs élèves et ne leur enseignent qu'une morale pure, basée sur les principes de la religion chrétienne.

Art. 6. — Il est dans l'obligation rigoureuse de faire au Secrétaire d'État de l'Instruction publique des rapports sur toutes les irrégularités de conduite qu'on peut avoir à reprocher aux dits employés, soit dans l'exercice de leurs fonctions, soit hors de cet exercice, et qui seraient de nature à diminuer la considération et la confiance qu'ils doivent inspirer au Gouvernement et aux parents des élèves, ou à produire une influence fâcheuse sur ces derniers.

Art. 7. — Il présente aussi tous les mois au Secrétaire

d'État de l'Instruction publique, l'exposé de la situation générale du lycée, et lui envoie en même temps un résumé des notes qu'il a reçues des professeurs dans le cours du trimestre.

Art. 8. — Il a la police générale de l'établissement et prend en conséquence toutes les mesures propres à y faire régner l'ordre, la discipline et l'harmonie ; la police particulière des classes, attribuée aux professeurs, est néanmoins soumise à sa surveillance et à son autorité.

Art. 9. — L'administration du directeur, à l'égard des fonctionnaires chargés de le seconder, doit toujours se régler sur la plus stricte équité.

Art. 10. — Les moyens de répression dont il peut disposer contre eux sont : l'admonition et la censure.

Il peut aussi demander au Secrétaire d'État de l'Instruction publique qu'ils soient suspendus de leurs fonctions, et même remplacés, s'il y a lieu. La suspension entraînera toujours, pour le temps qu'elle durera, la perte des appointements de celui qui l'aura encourue.

Art. 11. — Le directeur veille surtout à ce que les élèves soient initiés de bonne heure à la connaissance des devoirs qu'ils auront à remplir un jour dans la société.

§ 2. — Des professeurs

Art. 12. — Le directeur a la faculté de prendre au lycée des professeurs à ses frais, moyennant qu'ils soient agréés par la Commission de l'Instruction publique, ou par les inspecteurs des écoles du Gouvernement. Ces professeurs porteront l'uniforme déterminé pour les employés du lycée.

Art. 13. — Les professeurs qui reçoivent un traitement du Trésor public doivent, tous les jours, quatre heures d'enseignement au Lycée national.

Art. 14. — Ils sont tenus d'y arriver dix minutes avant l'heure fixée pour l'ouverture des classes, et apposent leurs signatures sur un registre de présence ouvert à cet effet au bureau du directeur.

En cas de retard, l'heure de l'arrivée du professeur est mentionnée sur ledit registre, dont un extrait est expédié tous les quinze jours, par le directeur, au Secrétaire d'État de l'Instruction publique.

En cas de retard répété, le directeur rappelle le professeur au devoir par une lettre qui doit être considérée comme un avertissement.

Art. 15. — A l'ouverture des classes, chaque professeur fait l'appel nominal de ses élèves et remet au maître d'étude la note des absents.

Art. 16. — Les professeurs porteront attention particulière à la tenue et au maintien de leurs élèves, réprimeront avec soin tout ce qu'ils diront ou feront de contraire aux bienséances, et s'attacheront à leur donner l'habitude des manières polies et convenables.

Art. 17. — Ils peuvent faire rester les élèves debout durant la leçon, leur donner des pensums, les mettre en retenue pour le temps des récréations et les jours de congé, et, enfin, les renvoyer de la classe, s'il y a lieu; dans ce dernier cas, ils sont consignés à la salle de discipline.

Art. 18. — L'équité et le calme devront toujours présider aux punitions qu'ils infligeront; néanmoins, il ne leur est pas interdit de relever vivement les fautes de leurs élèves, et de leur remontrer les conséquences fâcheuses qui peuvent résulter de leurs défauts.

Art. 19. — Tous les lundis, les professeurs remettront au directeur des notes sur les travaux et la conduite de chacun de leurs élèves pendant la semaine qui vient de s'écouler, et à la fin du mois, ils lui feront, sur les mêmes objets, un rapport détaillé auquel ils joindront toutes les observations dignes d'intérêt qu'ils auront eu occasion de faire, tant sur l'enseignement auquel ils se sont livrés, que sur l'intelligence et le caractère de leurs élèves. Dans les deux circonstances, ils désigneront des places d'honneur à ceux dont la conduite aura été la plus satisfaisante.

Art. 20. — Ils feront composer les élèves, dans les classes de grammaire et d'humanité, tous les huit jours, en alternant les facultés, et dans les autres classes, tous les quinze jours. Chaque composition est corrigée dans la huitaine au plus tard.

Art. 21. — Au commencement de chaque semaine, la leçon du professeur sera, autant que possible, un résumé de ce qu'il aura enseigné la semaine précédente; après quoi, il fera subir des examens individuels à une partie de ses élèves, de manière qu'au bout du mois la classe entière ait passé par cette épreuve, et qu'il puisse savoir ainsi, avec certitude, si chacun des élèves qui la composent a profité de ses leçons.

Art. 22. — La première semaine de chaque mois sera consacrée aux exercices en présence du directeur.

Art. 23. — Si, par un motif légitime quelconque, un professeur se trouve dans la nécessité d'interrompre ses fonctions au lycée, il est tenu de les faire remplir, à ses frais, par une personne d'une moralité irréprochable, et d'une capacité suffisante pour le suppléer, et qu'il propose préalablement au directeur. Celui-ci l'accepte ou la refuse, selon qu'il le juge convenable ; et, en cas d'acceptation (acceptation qui doit être ratifiée par la Commission ou les inspecteurs de l'Instruction publique), la personne agréée est soumise aux dispositions du présent règlement qui concernent les employés du lycée. Cependant, pour le cas de maladie non prolongée, le professeur sera remplacé par un de ses collègues ou par un répétiteur.

Art. 24. — Les professeurs ne pourront interrompre leurs fonctions dans l'établissement sans l'autorisation du directeur; et, en cas de maladie, ils devront immédiatement lui donner avis.

Art. 25. — L'absence prolongée d'un professeur ne peut être autorisée que par la Commission de l'Instruction publique, ou par les inspecteurs du lieu, sur la demande du directeur.

Art. 26. — Les professeurs se réuniront en grand costume au lycée, pour aller avec les élèves assister aux fêtes nationales et aux cérémonies publiques.

§ 3. — Des maîtres d'étude

Art. 27. — Les devoirs du maître d'étude, ou de celui qui le remplace, consistent principalement dans tout ce qui intéresse le maintien de l'ordre, de la discipline et des bonnes mœurs parmi les élèves, et dans la surveillance assidue de leurs études, de leurs récréations et de leur conduite hors des classes tenues par les professeurs. En conséquence, tant que ces derniers ne sont pas dans l'établissement, il est rigoureusement obligé de s'y trouver toujours, afin que les élèves ne soient jamais livrés à eux-mêmes ; sa vigilance doit être telle que la moindre action de chacun d'eux ne puisse lui échapper.

Art. 28. — Il couche au dortoir avec les pensionnaires, et préside à leurs repas.

Art. 29. — Le matin à onze heures, et l'après-midi à cinq, il reçoit des professeurs, sur un cahier à ce destiné, la liste des élèves absents de leurs classes, et la remet au directeur : et, le samedi de chaque semaine, il s'enquiert des motifs des absences, afin d'en rendre compte au directeur.

ART. 30. — Quand les élèves seront à l'étude, il visitera souvent leurs cahiers et leurs livres, et s'assurera de ce qu'ils font, afin d'empêcher qu'ils ne perdent leur temps ou ne l'emploient à des occupations auxquelles ils ne doivent pas se livrer.

ART. 31. — Il dispose des mêmes moyens de répression que les professeurs, et assure l'exécution des peines que les élèves doivent subir hors des classes.

ART. 32. — Ils accompagnent les élèves partout où ceux-ci se rendent en corps ou par détachement.

ART. 33. — Les dispositions de l'article 12 s'appliquent aux fonctions de maître d'étude, comme à celles de professeur, et les articles 16, 18, 23, 24, 25 et 26 s'appliquent également à ces deux ordres de fonctionnaires.

§ 4. — DES RÉPÉTITEURS

ART. 34. — Les répétiteurs doivent être présents à l'étude dès sept heures, le matin, et dès une heure, l'après-midi. Ils font réciter les leçons par les élèves avant l'arrivée des professeurs.

ART. 35. — Ils partagent la surveillance avec les maîtres d'étude.

Ils s'assurent si les élèves ont fait leurs devoirs et savent leurs leçons.

Ils donnent des leçons particulières aux élèves arriérés que leur désigne le directeur.

ART. 36. — Ils peuvent s'absenter avec l'autorisation du directeur, lorsqu'ils ne sont pas appelés à suppléer les professeurs ou à remplacer les maîtres d'étude.

ART. 37. — Lorsqu'ils remplacent les maîtres d'étude, ils doivent tout leur temps à l'établissement, de nuit comme de jour, et partagent la vie commune.

ART. 38. — Sont applicables aux répétiteurs les dispositions des articles 12, 16, 18, 24, 25 et 26 du présent règlement, relatives aux professeurs.

Leur sont également applicables, les dispositions concernant la tenue des classes et l'emploi des moyens disciplinaires, lorsqu'ils remplacent les professeurs.

CHAPITRE II

Des élèves.

§ 1er. — Dispositions générales

Art. 39. — Chaque enfant qui entre au lycée doit avoir un certificat de vaccination; faute de quoi, il sera vacciné le plus tôt possible, à la diligence du directeur.

Art. 40. — Tout élève atteint d'une maladie contagieuse sera remis à ses parents ou à celui qui en tient lieu jusqu'à son entière guérison.

Art. 41. — Le directeur surveille particulièrement la nourriture des élèves, qui doit être saine et abondante; et il pourvoit à tous autres soins hygiéniques que réclame leur santé.

Art. 42. — Ils doivent être toujours dans une tenue simple, décente et d'une grande propreté; les vêtements déchirés sont interdits et l'uniforme prescrit est de vigueur dans les circonstances indiquées à l'article 26, et lorsqu'ils vont à la messe.

Art. 43. — Les élèves doivent le plus grand respect et une obéissance absolue au directeur du Lycée, ainsi qu'aux professeurs, maîtres d'étude et répétiteurs qui y sont employés aux frais de l'État ou autrement. La moindre insubordination manifestée de n'importe quelle manière sera sévèrement punie; la menace encourra toujours une des plus fortes peines de l'établissement.

Art. 44. — Tout le temps que les élèves se trouvent dans le local du lycée ou réunis sous la conduite des professeurs et autres employés de l'établissement, ils sont soumis à la discipline immédiate et exclusive de l'institution; et l'autorité des parents, à cet égard, cesse entièrement.

Art. 45. — L'élève en retard, celui qui a été absent, ne sont point reçus en classe sans l'autorisation du directeur.

Art. 46. — Toute absence des élèves doit être justifiée par les parents.

Les élèves qui s'absentent fréquemment, ou dont les absences ne sont pas justifiées, sont renvoyés de l'établissement.

§ 2. — Distribution du temps

Art. 47. — Les études ont lieu tous les jours, excepté le samedi et le dimanche de chaque semaine ; le temps des vacances prononcées par la Commission de l'Instruction publique les jours de fêtes nationales, le jeudi et le vendredi saints, la Saint-Jean-Baptiste, la Fête-Dieu, l'Assomption, la Toussaint, le jour des Morts et les trois premiers jours de la semaine de carnaval.

Art. 48. — Tous les matins, à cinq heures, du premier au second équinoxe, et à cinq heures et demie, du second au premier, le son de la cloche éveillera les pensionnaires qui, sur-le-champ, quittent leurs lits et s'habillent; cinq minutes leur sont accordées pour cela.

Art. 49. — Ils emploient ensuite vingt-cinq minutes à faire leurs lits et leur toilette : le maître d'étude de service au dortoir sera très attentif à ce qu'ils ne négligent aucun des soins qu'exige une extrême propreté.

Art. 50. — Immédiatement après la toilette, le maître d'étude désigne un élève, qui fait à haute voix la prière du matin. Tous les élèves suivent avec le plus grand recueillement.

Art. 51. — Ensuite, le temps est employé de la manière suivante :

De la prière du matin à sept heures, étude pour les pensionnaires ;

A sept heures, premier déjeuner et récréation pour les pensionnaires, jusqu'à sept heures et demie ;

De sept heures à huit, étude pour les externes ;

De sept heures et demie à huit, étude pour les pensionnaires ;

Les répétiteurs font réciter les leçons ;

A huit heures, classes jusqu'à onze heures.

A huit heures moins dix minutes, le son de la cloche annonce l'ouverture des classes. Les maîtres d'étude y conduisent les élèves et les remettent aux professeurs. Si ces derniers ne sont pas alors dans leurs classes, les élèves sont reconduits à l'étude, où ils restent, jusqu'à ce que les professeurs viennent les demander.

Les prescriptions du paragraphe précédent sont observées pour les classes de l'après-midi, dont l'ouverture est annoncée à deux heures moins dix minutes.

De onze heures à onze heures et demie, étude pour les externes ;

A onze heures et demie, renvoi des externes ;

De onze heures à onze et demie, récréation pour les pensionnaires et demi-pensionnaires ;

De onze heures et demie à midi, étude pour les mêmes.

A midi, dîner au réfectoire, suivi de récréation jusqu'à une heure ;

De une heure à deux heures, étude pour tous les élèves ;

A deux heures, classes jusqu'à cinq heures ;

A cinq heures, goûter pour les pensionnaires et exercices gymnastiques pour tous les élèves jusqu'à cinq heures trois quarts ;

A cinq heures trois quarts, renvoi des externes et des demi-pensionnaires, et récréation pour tous les pensionnaires jusqu'à six heures ;

A six heures, souper au réfectoire et récréation jusqu'à sept heures. Le souper, ainsi que le dîner, ne dure qu'un quart d'heure environ ;

A sept heures, étude jusqu'à huit heures et demie ;

A huit heures et demie, prière du soir et coucher.

Art. 52. — Les élèves se rendent aux dortoirs accompagnés des maîtres d'étude de service. La prière se fait par un élève, et comme il est dit pour le matin.

Art. 53. — Un maître reste à l'étude avec les élèves qui ont obtenu du directeur la permission de veiller, lesquels ne peuvent travailler que jusqu'à dix heures. Le maître d'étude les conduit alors au dortoir, et ils se couchent immédiatement.

Art. 54. — Les punitions, que le directeur seul peut ordonner, sont le cachot et la remise de l'élève à ses parents.

Art. 55. — Tout élève qui apportera sciemment au lycée un ouvrage irréligieux ou immoral sera passible d'une des plus fortes peines de l'établissement.

Il en sera ainsi de tout élève qui entretiendra ses condisciples de sujets contraires à la religion et aux mœurs.

Art. 56. — Tout élève d'une insubordination habituelle sera rayé du tableau des élèves du lycée.

Art. 57. — Les élèves condamnés à la retenue sont consignés dans la salle de discipline avec tâche extraordinaire.

La retenue a lieu pour le temps de récréation et pour les jours de congé.

Tout élève externe, condamné à la retenue pour un jour de

congé, est tenu de se rendre au lycée ce jour, sur l'injonction qui lui en est faite par le maître d'étude.

Art. 58. — La peine du cachot ne peut être ordonnée que par le directeur, sur la demande motivée des professeurs, des maîtres d'étude et des répétiteurs.

L'élève condamné au cachot y est conduit par un maître d'étude ou par un garçon de classe.

Art. 59. — Le temps de la réclusion au cachot devra être toujours assez long pour que cette punition soit efficace et inspire une crainte salutaire aux élèves.

Art. 60. — Tout élève qui tentera de se soustraire à une punition, ou refusera de la subir sera condamné à une peine plus forte.

En cas de résistance réitérée, l'élève sera renvoyé du lycée pour cause d'insubordination.

Art. 61. — En punissant un élève, on aura toujours égard à sa conduite habituelle, pourvu que cette considération ne l'ait point déterminé à mal faire ; et la gravité de la peine se mesurera aussi sur le plus ou moins de préméditation qui aura accompagné la faute commise.

Art. 62. — Il y aura au lycée, dans chaque classe, et dans l'étude, un banc spécial, dit banc d'avertissement, où l'on enverra les élèves qui se négligent, et sont sur le point d'encourir une punition ; ils sauront ainsi qu'ils se trouvent, en quelque sorte, sur la limite du mal, et que, pour échapper aux moyens ordinaires de répression qui les menacent et qui sont un acheminement aux plus fortes peines mentionnées à l'article 54, ils doivent promptement se réformer.

Art. 63. — Il y aura aussi des bancs d'honneur qui ne seront occupés que par les élèves dont la conduite donnera le plus de satisfaction ; chaque semaine, on leur assignera les places qu'ils auront méritées ; et, tous les mois, ils recevront solennellement, de la main du directeur, une marque de distinction qu'ils garderont jusqu'à ce que d'autres élèves l'emportent sur eux pour la sagesse et l'application aux études.

Art. 64. — Il y a pour chaque classe un cahier cartonné, dit cahier d'honneur, sur lequel sont inscrits les meilleurs devoirs, revus par les professeurs. Cette récompense du travail doit être accordée aux élèves avec une grande circonspection.

Le cahier d'honneur est déposé au bureau du directeur, et peut être parcouru par les parents des élèves et par les autres visiteurs. Il est présenté en temps utile aux examinateurs.

Art. 65. — Il y a aussi un tableau d'honneur appendu au bureau du directeur. On inscrit les noms des élèves qui ont obtenu les meilleures places dans les compositions. Ces noms sont proclamés à la distribution des prix.

Art. 66. — Dans chaque classe, lorsque le professeur a corrigé une composition, il proclame les places dont la liste est affichée dans la salle de la classe. Les résultats des compositions sont aussi transcrits par les professeurs sur un journal particulier qui est déposé au bureau du directeur et dans les archives du lycée.

Art. 67. — L'élève qui a obtenu la première place apporte un duplicata de cette liste, avec les copies, au directeur. Celui-ci lui adresse des paroles de félicitations et d'encouragement, et lui donne une exemption de place de premier.

Douze de ces exemptions valent un prix.

Art. 68. — L'élève qui a la seconde place reçoit une exemption qui vaut la moitié de la précédente. L'une ou l'autre exemption est accordée aussi pour un bon devoir, pour un devoir extraordinaire.

Art. 69. — Outre les prix ordinaires accordés aux élèves qui ont obtenu le plus de succès dans leurs études pendant l'année, il y a un prix d'honneur et un prix de sagesse.

Art. 70. — Le prix d'honneur est décerné à l'élève qui, non seulement a eu plus de succès dans les compositions, mais encore aura fait preuve, tant au lycée et dans sa famille que partout ailleurs, du meilleur caractère, de la conduite la plus digne d'éloges, et aura montré le plus de belles qualités dans le cours de l'année.

Art. 71. —Le prix de sagesse se donne à l'élève qui, n'ayant pas été heureux dans les compositions, sans qu'il y ait eu de sa faute, aura néanmoins rempli entièrement la seconde condition exprimée dans l'article précédent.

§ 4. — Dispositions particulières aux élèves de l'État

Art. 72. — Les dispositions de la loi sur l'instruction publique, concernant le renvoi des enfants pour cause d'insubordination, ne s'appliquent qu'aux élèves du Gouvernement.

Art. 73. — Lorsque le directeur trouvera nécessaire qu'un

de ces élèves, pensionnaire ou externe, soit remis à ses parents, il en fera part à la Commission de l'Instruction publique, et lui exposera ses motifs.

Le présent règlement est obligatoire pour tous les lycées nationaux de la République.

Port-au-Prince, le 12 avril 1860.

Le Secrétaire d'État de la Justice et des Cultes,
chargé du portefeuille de l'Instruction publique.

F.-E. DUBOIS.

RÈGLEMENT

ADDITIONNEL AU RÈGLEMENT DES LYCÉES NATIONAUX

Art. 1er. — Les élèves des écoles primaires ayant parcouru le programme officiel pourront être admis dans les lycées nationaux, en tenant compte de la limite d'âge fixée pour chaque classe dans les programmes officiels secondaires classiques.

Art. 2. — La personne responsable de l'enfant devra, au moment où elle en sollicite l'admission dans un lycée, soumettre à l'Inspection scolaire : 1° l'acte de naissance de l'enfant ; 2° son certificat de vaccination ; 3° son certificat d'études primaires.

A défaut de cette pièce, l'enfant sera examiné sur le programme de la dernière année de l'étude primaire.

L'examen a lieu dans l'établissement où l'on désire faire entrer l'enfant.

Avant d'y procéder, le Directeur devra exiger la représentation des pièces ci-dessus mentionnées.

Art. 3. — L'admission dans les lycées des élèves ayant seulement l'instruction primaire, ne pourra avoir lieu que dans le mois de la rentrée des classes, après les grandes vacances de fin d'année scolaire.

Dans le cours de l'année scolaire, aucun élève ne pourra entrer dans un lycée s'il n'a déjà abordé les écoles secondaires classiques, soit dans un établissement de ce degré, soit dans la famille.

Art. 4. — Le nombre maximum des élèves de chaque classe est fixé dans les lycées à trente-cinq.

Art. 5. — Le présent règlement abroge tous ceux qui lui sont contraires et sera exécuté à la diligence des Inspecteurs de l'Instruction Publique.

Il entrera immédiatement en vigueur.

Fait à Port-au-Prince, ce 28 janvier 1898.

Le Secrétaire d'État de l'Instruction publique,

Jh.-C. ANTOINE.

ARRÊTÉ

SUR LES EXAMENS DE PASSAGE

Le Secrétaire d'État de l'Instruction Publique.

Vu l'article 15 de l'arrêté du 26 juillet 1893.

Considérant la nécessité d'organiser les examens de passage dans les Lycées et Écoles secondaires de garçons et de filles ;

Arrête :

Art. 1er. — Aucun élève ne peut passer d'une classe dans une autre sans avoir justifié de son aptitude à suivre les cours de la classe dans laquelle il doit entrer.

Art. 2. — Au commencement du mois de juillet, chaque professeur dresse une liste de ses élèves par ordre de mérite, en attribuant à chacun d'eux une note spéciale. Les notes sont exprimées en chiffres de 0 à 20. Toute note égale ou supérieure à 11 dans une faculté dispense de l'examen pour cette faculté.

Art. 3. — L'examen est fait par les professeurs de l'établissement, sous la présidence de l'Inspecteur, dans la deuxième quinzaine de juillet. Dans chaque classe, les professeurs se divisent en deux groupes : A. *lettres* (français, latin, grec, histoire, géographie, langues vivantes) ; B. *sciences* (mathématiques, sciences physiques et naturelles, dessin). Le professeur de français et celui de mathématiques de la classe immédiatement supérieure, font partie du jury d'examen. L'examen porte sur toutes les matières du programme officiel.

Art. 4. — Pour passer dans la classe immédiatement supérieure, l'élève devra avoir une moyenne dans chaque groupe au moins égale à 11. La nullité absolue d'une épreuve entraîne nécessairement l'ajournement.

Art. 5. — En principe, la compensation n'est pas admise d'un groupe à l'autre. Néanmoins, l'élève qui aura obtenu, dans un groupe, une moyenne supérieure à 15, et dans l'autre une moyenne au moins égale à 6, pourra être admis à changer de classe, après délibération des professeurs formant les deux groupes d'examen réunis sous la présidence de l'Inspecteur, lequel a voix délibérative.

Art. 6. — L'élève ajourné en juillet pourra passer un nouvel examen à la rentrée d'octobre.

Art. 7. — Les élèves qui subissent l'examen avec succès reçoivent un bulletin d'étude délivré par le Directeur.

Art. 8. — Les familles sont avisées avant la rentrée des classes de la décision qui intéresse leurs enfants.

Art. 9. — Les élèves nouveaux qui se présentent en octobre sont soumis à l'examen à moins qu'ils ne soient porteurs d'un bulletin d'études délivré par un établissement public du même ordre.

Art. 10. — Le présent arrêté sera exécuté à la diligence des Inspecteurs, dès la présente année scolaire.

Donné à la secrétairerie d'État de l'Instruction publique, le 27 avril 1903, an 100e de l'Indépendance.

A. BONAMY.

ARRÊTÉ

SUR L'ENSEIGNEMENT CIVIQUE ET MORAL DANS LES LYCÉES ET COLLÈGES DE LA RÉPUBLIQUE

LE SECRÉTAIRE D'ÉTAT au Département de l'Instruction publique,

Voulant que l'enseignement donné dans les Lycées et Collèges de la République soit fortifié par une solide éducation morale et civique;

ARRÊTE :

ART. 1er. — Une heure sera consacrée chaque semaine, dans les classes de sixième, de cinquième et de quatrième des Lycées et Collèges de la République, à l'instruction civique et morale.

ART. 2. — Dans les Lycées et Collèges où il n'y a pas de professeur spécial d'instruction civique et morale, cet enseignement sera donné, selon que le jugera convenable le directeur de l'établissement, par le professeur de lettres ou le professeur d'histoire.

ART. 3. — Le programme des matières à étudier dans chacune des trois classes sera déterminé et publié séparément.

ART. 4. — Les Inspecteurs et sous-Inspecteurs sont spécialement chargés de veiller à la stricte exécution du présent arrêté.

Fait à la secrétairerie d'État de l'Instruction publique, le 22 septembre 1904.

Le Secrétaire d'État,
M. FÉRÈRE.

PROGRAMME

DU COURS D'INSTRUCTION CIVIQUE DANS LES CLASSES DE 6e, DE 5e ET DE 4e DES LYCÉES ET COLLÈGES DE LA RÉPUBLIQUE

Classe de 6e

I. *Quelques préceptes de morale individuelle et sociale.* — L'homme. La raison humaine. — Dignité de l'homme. — Liberté morale. — La loi morale. — La conscience morale. — Devoir. — Droit. — Responsabilité. — Sanction morale.

II. *La famille.* — Les avantages de la famille. — Les devoirs domestiques. — Le mari et la femme. — Devoirs des parents envers leurs enfants. — L'autorité paternelle. — Devoirs des enfants envers leurs parents. — Devoirs des enfants entre eux. — L'esprit de famille. — Devoirs de l'amitié.

III. *L'homme dans la société.* — Comment il peut conserver sa dignité. — Justice. — Charité. — Fraternité. — Solidarité.

IV. *La patrie haïtienne.* — *La Constitution.* — Instruction civique. — La patrie haïtienne. — Haïti libre et indépendante. — Le drapeau. — La loi. — Nationalité. — Naturalisation. — Qualité de citoyen haïtien. — Souveraineté nationale. — La république. — Liberté. — Liberté individuelle. — Liberté du travail. — Liberté de réunion et d'association. — Liberté de la presse. — Liberté religieuse. — La tolérance. — Conséquences de la liberté individuelle : l'abolition de l'esclavage ; l'inviolabilité du domicile ; le secret des lettres. — Égalité devant la loi et égalité des conditions. — La Constitution de 1889.

V. *L'État.* — Organisation et fonctionnement. — Divisions du territoire haïtien. — Suffrage universel. — Arrondissement. — Commune. — Conseil communal : ses attributions. — Le Magistrat communal. — Ressources de la commune. — Quartier. Officier de l'état civil. — Acte de mariage. — Acte de décès. — Poste militaire. — Section rurale.

VI. *Les trois pouvoirs de l'État.* — Assemblées primaires. — Élection des députés. Collèges électoraux : élection des sénateurs. — Corps Législatif. Assemblée nationale. — Le Président de la République. — Les Secrétaires d'État. — Pouvoir législatif, pouvoir exécutif, pouvoir judiciaire. — Rapports entre les Pouvoirs législatif et exécutif. — Le contrôle législatif. — Question. — Interpellation.

Classe de 5e

Revision du cours précédent

I. *Organisation administrative d'Haïti.* — Ministres et départements ministériels. *Ministère de l'Intérieur.* — Rôle de la police. — Police communale. — Police administrative. — Police sanitaire. — Le jury médical. — *Ministère de l'Agriculture.* — Police rurale. — *Ministère des Travaux publics.* — Modes d'exécution des travaux publics.

II. *Ministère des Relations Extérieures.* — État de nos relations avec les puissances étrangères : France, États-Unis, Angleterre, Dominicanie. — Agents diplomatiques et consulaires. — Haïti et l'Union postale universelle. — *Ministère des Cultes.* — Le Concordat. — Organisation de l'Église catholique en Haïti. — Évêchés et paroisses. — Conseil de fabrique. — Les missions protestantes.

III. *Organisation judiciaire d'Haïti.* — Ministère de la Justice. — Police judiciaire. — Justice de paix. — Appel. — Tribunal civil. — Tribunal de commerce. — Tribunal correctionnel. — Tribunal criminel. — Jury. — Tribunal de Cassation. — Inamovibilité des juges. — Ministère public. — Tribunaux militaires. — Haute Cour de justice. — Avocat. — Huissiers.

IV. *Instruction publique.* — Ministère de l'Instruction publique. — Diverses catégories d'écoles. — Degrés d'enseignement. — L'enseignement primaire obligatoire et gratuit. — Enseignement professionnel. — Bourses. — Circonscriptions scolaires. — Inspecteurs. — Commissions locales.

V. *Ministère de la Guerre et de la Marine.* — Organisation de l'armée. — Effectif. — Garde nationale. — Le recrutement. — Les devoirs du soldat.

Classe de 4e

Revision du cours précédent

I. *Les finances publiques d'Haïti.* — *Ministère des Finances.* — Budget de l'État. — Impôt. — Division des impôts. — L'impôt en Haïti. — Les ressources de l'État haïtien. — Les douanes. —

Arrondissements financiers. — L'administrateur des finances. — Le directeur de la douane. — La Banque nationale d'Haïti. — La Chambre des Comptes. — Responsabilité des fonctionnaires. — Dette publique. — Dette flottante. — Dette consolidée.

II. *Ministère du Commerce.* — *Le commerce.* — Liberté du commerce et protectionnisme. — Importation et exportation. — Notre situation commerciale. — Condition des commerçants et industriels étrangers en Haïti. — L'article 6 de la Constitution. — Privilège de la Banque et des sociétés commerciales.

III. *Quelques notions d'économie politique.* — L'homme et ses besoins. — La richesse. — Le travail. — L'industrie. — Les machines. — La monnaie. — L'échange. — Le crédit. — La concurrence. — L'offre et la demande. — Le salaire. — Les voies de communications. — Puissance de l'association. — Institutions de prévoyance.

IV. *Les devoirs du citoyen.* — Conditions de prospérité de la patrie. — Devoir de respect et d'obéissance aux lois. — Comment les lois peuvent être améliorées. — Devoir de s'instruire. — Devoir de s'intéresser aux affaires publiques. — Devoir de voter. — Devoir de payer l'impôt. — Devoir militaire.

V. *Les droits du citoyen.* — Droits publics. — Droits politiques. Comment on perd la qualité de citoyen haïtien. — Égalité politique. — Recours contre l'arbitraire et les abus de pouvoir. — Moyens pacifiques de corriger les abus. — Le courage civique.

N. B. — Le professeur devra se contenter de notions brèves et claires. Il recourra souvent aux exemples les plus propres à frapper fortement l'esprit de l'élève. Ces exemples seront tirés autant que possible de notre milieu et de l'histoire nationale.

RÈGLEMENT

POUR LES ÉCOLES PRIMAIRES DE LA RÉPUBLIQUE

Le Secrétaire d'État de l'Instruction publique,

Considérant que l'ordre et la discipline, unis à une bonne distribution du temps et du travail, sont indispensables pour assurer le succès du programme des études auquel sont assujettis les établissements de l'Instruction publique;

A établi le règlement suivant dont il ordonne la stricte exécution aux directeurs de toutes les écoles primaires de la République.

CHAPITRE PREMIER

Des fonctionnaires des écoles primaires.

§ 1er. — Du directeur

Art. 1er. — Le directeur a sous ses ordres immédiats tous les employés de l'école qu'il dirige et ils sont tenus de se conformer entièrement à ce qu'il leur prescrit pour le bien du service et de l'établissement.

Art. 2. — Il répartit entre les professeurs, selon qu'il le juge convenable à la prospérité de l'institution, les différentes branches d'enseignement, et détermine la manière dont chacun d'eux doit s'acquitter de ses fonctions.

Art. 3. — Il règle la distribution des heures qu'ils sont dans l'obligation de consacrer aux élèves, l'emploi du temps de ces derniers et leur classification pour tous les cours qu'ils doivent suivre.

Art. 4. — Il a soin que les employés chargés de le seconder dans l'établissement y arrivent et en sortent exactement aux heures prescrites.

Art. 5. — Il veille particulièrement à ce qu'ils ne donnent que de bons exemples à leurs élèves et ne leur enseignent qu'une morale pure, basée sur les principes de la religion chrétienne.

Art. 6. — Il a la police générale de l'établissement et prend en conséquence toutes les mesures propres à y faire régner l'ordre, la discipline et l'harmonie; la police particulière des classes attribuée aux professeurs est néanmoins soumise à sa surveillance et à son autorité; il fait, en outre, quatre heures de classe chaque jour.

Art. 7. — Les rapports des directeurs avec les professeurs chargés de le seconder doivent toujours se baser sur la plus stricte équité.

Art. 8. — Le directeur peut demander au Secrétaire d'État de l'Instruction publique qu'ils soient suspendus de leurs fonctions et même remplacés s'il y a lieu. La suspension entraînera toujours, pour le temps qu'elle durera, la perte des appointements de celui qui l'aura encourue.

Art. 9. — Il veille à ce que les élèves soient initiés de bonne heure à la connaissance des devoirs qu'ils auront à remplir un jour dans la société.

Art. 10. — Dans l'intérêt de l'ordre et de la marche régulière de l'établissement, le directeur est tenu d'avoir trois cahiers-registres: l'un destiné à constater l'entrée, les noms, âge, demeure et la sortie des élèves, d'après les lettres d'admission émanées du Secrétaire d'État de l'Instruction publique ou d'une autorité compétente; le second sert à inscrire les résultats des appels faits chaque jour; le dernier doit renfermer la correspondance du directeur avec les autorités de l'Instruction publique, sur ce qui concerne l'administration intérieure de son école.

Art. 11. — Il conduit ses élèves à l'église ou les fait conduire par un des professeurs de l'établissement, tous les dimanches et les jours de fêtes, mentionnés à l'article 27 du présent règlement.

§ 2. — Des professeurs

Art. 12. — Les professeurs doivent, tous les jours, quatre heures d'enseignement à l'école primaire où ils sont employés.

Art. 13. — Ils sont tenus d'y arriver dix minutes avant l'heure fixée pour l'ouverture des classes.

En cas de retard répété, le directeur rappelle le professeur au devoir, par une lettre qui doit être considérée comme un avertissement.

ART. 14. — A l'ouverture des classes, chaque professeur fait l'appel nominal de ses élèves et constate les absences sur un cahier à ce destiné.

ART. 15. — Les professeurs porteront attention particulière à la tenue et au maintien de leurs élèves, réprimeront avec soin tout ce qu'ils diront et feront de contraire aux bienséances, et s'attacheront à leur donner l'habitude des manières polies et convenables.

ART. 16. — Ils peuvent faire rester les élèves debout durant les leçons, leur donner des pensums, les mettre en retenue pour le temps des récréations et les jours de congé, et enfin, les renvoyer de la classe, s'il y a lieu ; dans ce dernier cas, ils sont consignés à la salle de discipline.

ART. 17. — L'équité et le calme devront toujours présider aux punitions qu'ils jugeront nécessaires d'infliger aux élèves.

ART. 18. — Tous les lundis, les professeurs présenteront au directeur leurs cahiers de classe où ils auront fait les observations nécessaires sur le travail et la conduite de leurs élèves.

ART. 19. — Ils feront composer leurs élèves tous les quinze jours, en alternant les facultés, et s'empresseront de corriger les compositions, afin de désigner à chaque élève la place qu'il a obtenue.

ART. 20. — Si, par un motif légitime quelconque, un professeur se trouve dans l'impérieuse nécessité de suspendre ses fonctions à l'école, il est tenu de se faire remplacer à ses frais par un de ses collègues. Pour le cas de maladie non prolongée il est remplacé gratuitement.

CHAPITRE II

Des élèves.

§ 1er. — DISPOSITIONS GÉNÉRALES

ART. 21. — Chaque enfant qui entre à l'école primaire doit avoir un certificat de vaccination; faute de quoi, il sera vacciné le plus tôt possible, à la diligence du directeur.

ART. 22. — Tout élève atteint d'une maladie contagieuse sera remis à ses parents ou à celui qui en tient lieu, jusqu'à son entière guérison.

ART. 23. — Les élèves doivent toujours être dans une tenue simple, décente et d'une grande propreté ; les vêtements déchirés leur sont interdits, mais le manque de chaussures n'est pas une excuse pour ne pas se rendre aux classes.

Art. 24. — Les élèves doivent le plus grand respect et obéissance absolue au directeur et aux professeurs. La moindre insubordination manifestée de n'importe quelle manière sera sévèrement punie ; la menace encourra toujours une des plus fortes peines de l'établissement.

Art. 25. — Tout le temps que les élèves se trouveront dans le local de l'école ou réunis sous la conduite des employés de l'établissement, ils sont soumis à la discipline immédiate et exclusive de l'institution, et l'autorité des parents, à cet égard, cesse entièrement.

Art. 26. — Toute absence des élèves doit être justifiée par les parents. Les élèves qui s'absentent fréquemment, ou dont les absences ne sont pas justifiées, sont renvoyés de l'établissement avec l'autorisation du Secrétaire d'État de l'Instruction publique.

§ 2. — Distribution du temps

Art. 27. — Les études ont lieu tous les jours, excepté le samedi et le dimanche de chaque semaine, le temps des vacances prononcées par la Commission de l'Instruction publique, les jours de fête nationale, la Noël, le jeudi et le vendredi saints, la Saint-Jean-Baptiste, la Fête-Dieu, l'Assomption, la Toussaint, le jour des Morts et les trois jours de la semaine du carnaval.

Art. 28. — Les enfants entrent à l'école le matin à sept heures et en sortent à onze heures ; le soir, ils entrent à une heure et s'en vont à cinq.

Art. 29. — De sept heures à sept heures et demie, inspection de propreté, prière, appel et compte rendu ;

De sept heures et demie à huit heures et quart, lecture d'après le système de l'enseignement mutuel ;

De huit heures et quart à neuf heures, écriture ;

De neuf heures à onze heures, enseignement des autres branches de l'instruction primaire ;

D'une heure à une heure et demie, classe de lecture pour les moniteurs.

D'une heure et demie à deux heures et demie, classe de lecture générale par les moniteurs ;

De deux heures et demie à quatre heures et demie, reprise des autres branches de l'instruction primaire ;

De quatre heures et demie à cinq heures, appel et prière.

Art. 30. — A la fin de la séance du soir des mercredi et vendredi de chaque semaine, le directeur fait lire à haute voix par le moniteur dont il a été le plus satisfait la semaine précédente, les règles de conduite suivantes, afin de les graver dans la mémoire de tous les élèves.

Art. 31. — Les élèves sont tenus :

1° D'entrer tous les jours dans la salle des études le matin à sept heures, et l'après-midi à une heure, en observant le plus grand silence ;

2° De dire la vérité dans toutes les circonstances de la vie ;

3° D'être bons et humains envers tout le monde, et même envers les animaux ;

4° D'éviter les mauvaises compagnies ;

5° D'observer un recueillement religieux en lisant les saintes Écritures ;

6° De ne jamais proférer des mots indécents et malhonnêtes ;

7° De ne jamais se moquer de personne, et particulièrement des malades et des infirmes ;

8° D'observer un profond silence dans le lieu saint, et d'assister assidûment aux cérémonies religieuses le dimanche et les jours de fêtes mentionnées à l'article 27 du présent règlement ;

9° D'obéir à toutes les règles de l'institution ;

10° D'être soumis et respectueux envers leurs parents et leurs supérieurs ;

11° De ne jamais se quereller, mais d'agir amicalement et comme des frères.

§ 3. — Punitions et récompenses

Art. 32. — Un système de punitions et de récompenses sagement établi, étant l'âme du progrès et de la discipline, le directeur et les professeurs doivent les appliquer avec mesure, discernement et justice, et les proportionner toujours à la faute ou l'acte méritoire qui en détermine l'emploi.

Art. 33. — Tout élève qui apportera sciemment à l'école un ouvrage irréligieux ou immoral sera passible d'une des plus fortes peines de l'établissement.

Il sera ainsi de tout élève qui entretiendra ses condisciples de sujets contraires à la religion et aux mœurs.

Art. 34. — Les différentes espèces de punitions applicables aux élèves des écoles primaires sont : la retenue et le cachot dans les jours de classes, les pensums, la réprimande, et, dans le cas d'insubordination habituelle, la remise de l'élève à ses parents. C'est au maître à savoir les distribuer de manière à les rendre efficaces contre la paresse, l'insubordination et tous les autres vices auxquels les enfants sont sujets.

Art. 35. — Cependant, lorsque le directeur trouvera nécessaire qu'un de ses élèves soit remis à ses parents, il en fera part aux autorités préposées à la surveillance des écoles en leur exposant ses motifs.

Art. 36. — Les récompenses sont accordées aux élèves qui se distinguent par leur travail et leur conduite. Elles consistent dans les bonnes notes et autres encouragements que le directeur jugera à propos de leur donner.

Art. 37. — A la fin des examens annuels, une distribution de prix aura lieu pour récompenser les élèves qui auront fait le plus de progrès dans leurs études, et qui se seront fait remarquer par une conduite régulière.

Le présent règlement est obligatoire pour toutes les écoles primaires de la République.

Le secrétaire d'État de la Justice et des Cultes, chargé du portefeuille de l'Instruction publique,

F.-E. Dubois.

6 octobre 1860.

SANCTION DES ÉTUDES

RÈGLEMENTS

SUR L'OBTENTION DES CERTIFICATS D'ÉTUDES SECONDAIRES

Sont communes aux certificats d'études secondaires spéciales pour les garçons et pour les filles et au certificat d'études secondaires classiques, les prescriptions suivantes :

ART. 1er. — Jusqu'à l'organisation d'une Faculté des lettres et des sciences et d'un Conseil supérieur de l'Instruction publique, les examens pour l'obtention des certificats d'études secondaires se feront au siège de l'Inspection scolaire de Port-au-Prince, à la suite des examens de fin d'année.

ART. 2. — Les jurys d'examens seront composés de l'Inspecteur de Port-au-Prince ou d'un membre délégué de l'Inspection et de quatre instituteurs choisis par l'Inspection avec l'approbation du Secrétaire d'État.

Une session extraordinaire pourra être autorisée dans le cours de l'année par le Secrétaire d'État, sur la demande des jurys d'examens, pour les candidats refusés à la session ordinaire.

ART. 3. — Pour se présenter à l'examen du certificat d'études secondaires spéciales ou classiques, tout candidat doit se faire inscrire au bureau de l'Inspection scolaire de Port-au-Prince, huit jours au moins avant la date fixée pour l'examen, et déposer : 1° une demande d'inscription, signée par lui ou par le chef de l'institution à laquelle il appartient ; 2° un extrait de son acte de naissance ou tout autre acte justifiant de son identité ; 3° son certificat d'études primaires ; 4° la quittance de la caisse de l'Université, attestant qu'il a versé la moitié du droit d'examen réglementaire.

ART. 4. — L'examen comprend : des épreuves écrites qui sont éliminatoires, des épreuves orales, et, pour le certificat d'études secondaires des jeunes filles, une épreuve pratique.

Ces épreuves ne doivent, dans aucun cas, dépasser le niveau moyen des programmes d'enseignement auxquels s'applique le certificat.

Les épreuves orales ne sauraient, pour le même candidat, excéder la durée d'une heure.

ART. 5. — Les épreuves écrites ont lieu sous la surveillance du jury d'examen.

Les textes et sujets de composition, choisis par le Secrétaire d'État de l'Instruction publique, sont décachetés à l'ouverture des épreuves par le président du Jury.

ART. 6. — Les épreuves orales sont publiques et se passent devant les mêmes examinateurs.

ART. 7. — L'échelle des notes est la même que pour le certificat d'études primaires.

La moyenne des notes nécessaires à l'admission est aussi la même.

La nullité d'une épreuve entraîne l'élimination.

ART. 8. — Après la clôture des examens, le jury dresse, par ordre alphabétique, la liste des candidats jugés dignes d'obtenir le certificat, liste qui est ensuite affichée au siège de l'Inspection.

Le procès-verbal des examens est transmis avec le dossier de chaque candidat, au Secrétaire d'État, qui délivre les diplômes.

ART. 9. — Le candidat refusé à une session peut toujours se présenter à la session suivante.

ART. 10. — Le droit d'examen est de G. 15.

La moitié de la rétribution est exigible avant l'examen, l'autre moitié ne l'est qu'au moment de la délivrance du diplôme.

Si le candidat ne satisfait pas à l'examen, la moitié versée reste acquise à la caisse de l'Université.

Pour le certificat d'études secondaires spéciales
(jeunes filles).

ART. 11. — Les épreuves écrites sont au nombre de trois: 1° une composition de sciences, comprenant un problème de calcul et une question sur les applications usuelles des sciences physiques et naturelles à l'hygiène, à l'industrie, à l'agriculture, à l'horticulture; 2° une composition française (littérature ou morale); 3° une composition de langues vivantes consistant en une version facile, avec lexique (section Anglaise ou section Espagnole au choix de l'élève).

Il est donné deux heures pour chaque composition.

ART. 12. — Les épreuves orales sont réparties en sept groupes : 1° lecture expliquée d'un auteur français choisi par l'élève parmi ceux qui sont portés au programme des écoles secondaires de jeunes filles, avec interrogation sur l'histoire littéraire ; 2° époques mémorables, grands noms, faits essentiels de l'histoire générale et de l'histoire d'Haïti ; 3° géographie d'Haïti et notion de géographie générale ; 4° arithmétique avec application aux opérations pratiques, tenue des livres ; 5° notions élémentaires de physique, de chimie et d'histoire naturelle ; 6° question sur la morale et l'économie domestique ; 7° thème oral de langues vivantes.

ART. 13. — L'épreuve pratique se réduit à un ouvrage de couture ou de broderie, exécuté sous le contrôle d'une des institutrices composant le jury.

ART. 14. — Les autres matières du programme d'études, telles que le dessin et la musique, seront l'objet d'épreuves facultatives sur la demande de l'élève. — Les notes obtenues à ce propos compteront pour la mention portée au diplôme, mais non pour l'admission.

Pour le certificat d'études secondaires spéciales (garçons).

ART. 15. — Outre les matières prévues par le certificat d'études secondaires des jeunes filles, les épreuves écrites comprendront une question de géométrie et d'algèbre.

Les épreuves orales sont les mêmes, mais plus approfondies.

Il y sera ajouté des questions sur le calcul algébrique et la géométrie, et, à la place de l'économie domestique, des questions sur l'instruction civique.

Pour le certificat d'études secondaires classiques.

ART. 16. — Les épreuves écrites comprennent :

1° Une version latine ; 2° une composition française sur un sujet de littérature, d'histoire ou de philosophie ; 3° une composition de sciences mathématiques, physiques ou naturelles ; 4° une version anglaise ou espagnole.

Il est donné trois heures pour chaque composition.

ART. 17. — Les épreuves orales comprennent : des interrogations et des explications portant sur les textes d'auteurs français, grecs, latins, anglais ou espagnols prescrits pour les classes de troisième, et seconde, rhétorique et de philosophie, et sur les matières de littérature, de philosophie, de sciences, d'histoire et de géographie, de droit usuel et d'économie politique enseignées dans ces classes.

Fait à la secrétairerie d'État de l'Instruction publique, le 28 août 1894, an XCI de l'Indépendance.

Le secrétaire d'État,
P.-M. APOLLON.

RÈGLEMENT

SUR L'OBTENTION DU CERTIFICAT D'ÉTUDES PRIMAIRES

ART. 1er. — Le certificat d'études primaires sera décerné après un examen public auquel pourront se présenter les enfants des deux sexes dès l'âge de onze ans.

Ceux qui, à partir de cet âge, subiront avec succès l'examen ci-dessus prévu, seront dispensés du temps de scolarité obligatoire qui leur restait à passer.

ART. 2. — L'examen public auquel doivent se présenter les candidats au certificat d'études primaires, aura lieu à la même époque que les examens dits de fin d'année, à l'expiration de l'année scolaire.

Une session extraordinaire pourra être autorisée dans le cours de l'année par le Secrétaire d'État pour les candidats refusés à la session ordinaire.

ART. 3. — Il sera fait dans les écoles primaires urbaines, publiques ou privées, sous le contrôle des membres de l'inspection et de toutes autres personnes instruites qu'ils croiront utiles de s'adjoindre avec l'approbation du Secrétaire d'État.

ART. 4. — A l'époque et dans les délais prescrits par l'Inspection, chaque directeur ou directrice dresse pour son école l'état des aspirants ou aspirantes au certificat d'études primaires. Cet état porte : les noms et prénoms, la date et le lieu de naissance, la demeure de la famille et la signature de chaque aspirant ou aspirante.

ART. 5. — Les enfants qui auront reçu l'instruction dans les familles devront se présenter, pour subir l'examen, à l'une des écoles primaires urbaines de leur choix, appartenant à la commune où ils résident, à l'époque fixée pour l'examen des élèves mêmes de cette école.

Quinze jours au plus tard avant la présentation à l'examen, avis en sera donné par les parents ou tuteur de l'enfant, tant au directeur ou à la directrice de l'école qu'à l'inspecteur.

Art. 6. — Les épreuves de l'examen sont de deux sortes : écrites et orales.

Art. 7. — Les épreuves écrites ont lieu à huis clos, sous la surveillance des membres de l'Inspection.

Elles comprennent : 1° une dictée d'orthographe de quinze lignes au plus, servant en même temps d'épreuve d'écriture courante ; 2° deux questions d'arithmétique, portant sur les applications du calcul avec solution raisonnée.

Les jeunes filles ont, en outre, à exécuter un travail de couture, sous la surveillance d'une dame désignée à cet effet par l'Inspection.

Il est accordé une heure pour chaque composition.

Art. 8. — Les textes et sujets de composition, choisis par le Secrétaire d'État de l'Instruction publique, sont remis, le jour de l'ouverture des épreuves, sous pli cacheté, à l'inspecteur des écoles. Ils ne sont décachetés qu'au moment de l'examen.

Art. 9. — Les candidats peuvent présenter aux examinateurs, à titre de renseignements, un cahier de devoirs mensuels, ou, à défaut de ce cahier, un cahier de devoirs courants.

Art. 10. — Les épreuves orales sont publiques et se passent devant les mêmes examinateurs.

Elles sont tirées du programme d'enseignement des écoles primaires urbaines.

Elles comprennent : 1° une lecture expliquée, accompagnée de la récitation d'un morceau choisi par le candidat dans les *Recueils* à l'usage des écoles ; 2° des questions sur l'histoire et la géographie, et spécialement sur l'histoire et la géographie d'Haïti ; 3° des questions sur les éléments du calcul ; 4° des questions sur l'instruction morale et civique.

L'examen peut, en outre, comprendre, sur la demande du candidat, un exercice de dessin, la lecture expliquée du latin, et des interrogations sur les autres matières du programme d'enseignement des écoles primaires urbaines, notamment l'instruction religieuse, les éléments des sciences physique et naturelle, l'agriculture théorique.

On inscrira au procès-verbal et sur le certificat les matières complémentaires sur lesquelles le candidat aura répondu d'une manière satisfaisante ; et il en sera tenu compte pour la mention accordée au candidat. Mais les notes obtenues pour les matières complémentaires ne compteront pas pour l'admission.

Art. 11. — L'échelle des notes est établie comme suit :

10 =	Parfaitement bien ;
9 =	Très bien ;
8 =	Bien ;
7 =	Assez bien ;
6 =	Passable ;
5 = 4 =	Médiocre ;
3 = 2 =	Mal ;
1 = 0 =	Entièrement nul.

Art. 12. — Pour être jugé apte à obtenir le certificat d'études primaires, il faut réunir une moyenne de notes correspondant au moins à la note 6. La note 0, obtenue à l'une des épreuves obligatoires, entraîne de droit l'élimination.

Dix fautes d'orthographe à la dictée entraînent aussi de droit l'élimination.

Art. 13. — Le candidat refusé à une session peut toujours se présenter à la session suivante.

Art. 14. — Le certificat d'études primaires est délivré sans frais, conformément au procès-verbal d'examen et au rapport de l'Inspection, à la Secrétairerie d'État de l'Instruction publique.

Fait à la secrétairerie de l'Instruction publique, le 28 août 1894.

Le secrétaire d'État,
P.-M. Apollon.

INSTRUCTIONS MINISTÉRIELLES

SUR

L'OBTENTION DU CERTIFICAT D'ÉTUDES SECONDAIRES CLASSIQUES

(16 Mars 1907)

Sessions d'examens.

L'Inspection scolaire procédera chaque année en deux sessions, une session ordinaire et une session extraordinaire, aux examens du certificat d'études secondaires classiques.

La session ordinaire aura lieu dans la deuxième quinzaine du mois de juillet et la session extraordinaire au mois d'octobre, à la rentrée des classes.

Des Jurys.

Les Jurys seront composés : 1° de l'Inspecteur des écoles ou d'un membre délégué de l'Inspection scolaire ; 2° de quelques professeurs de l'enseignement secondaire désignés par le Secrétaire d'État de l'Instruction publique.

Conditions d'admissibilité aux examens.

Tout candidat devra déposer ou faire déposer au bureau de l'Inspection scolaire, huit jours au moins avant la date fixée pour l'examen :

1° Un extrait de son acte de naissance ou tout autre acte justifiant de son identité ; 2° une demande d'inscription indiquant la partie de l'examen qu'il doit subir. Si c'est la première, il désignera l'une des deux langues vivantes sur laquelle il veut être interrogé (les deux langues admises sont l'anglais et l'espagnol).

Pour l'inscription de la seconde partie, le candidat devra justifier qu'il s'est écoulé une année depuis son admission à la première.

Cette justification se fera par un certificat délivré par l'Inspecteur au candidat attestant qu'il a subi avec succès la première partie de l'examen.

S'il a suivi les cours de sciences de la classe de philosophie, il pourra demander à être examiné sur les matières scientifiques du programme.

Des épreuves.

Les épreuves du certificat d'études secondaires classiques sont divisées en deux parties.

Nul ne pourra se présenter aux épreuves de la seconde partie qu'un an après avoir subi avec succès celles de la première. Cependant, un candidat admis à la première partie de l'examen de la session extraordinaire aura le droit de se présenter à la session ordinaire suivante de l'examen de la deuxième partie. L'intervalle compris entre la session d'octobre et celle de juillet comptera pour une année.

Les épreuves de chaque partie du certificat d'études secondaires classiques sont les unes écrites, les autres orales.

Les épreuves écrites sont éliminatoires.

L'admissibilité, l'admission ou l'ajournement seront prononcés après délibération du jury.

Le candidat déclaré admissible, mais refusé après les épreuves orales jouira du bénéfice de l'admissibilité pendant une année entière.

A la répétition des épreuves orales, il conservera pour les épreuves écrites les notes qu'il avait obtenues lors de son admissibilité.

Si, dans l'espoir d'obtenir de meilleures notes, il voulait renoncer au bénéfice de l'admissibilité et faire de nouvelles épreuves écrites, il en serait entièrement libre.

Première partie de l'examen.

Les épreuves de la première partie sont :

Épreuves écrites :

1° Une composition française sur un sujet de littérature ou d'histoire d'Haïti ;

2° Une version latine.

3° Une version de langue anglaise ou de langue espagnole. Les candidats pourront se servir de dictionnaire pour faire la version latine et la version anglaise ou espagnole.

4° Une composition de mathématiques roulant sur le programme de la classe de Rhétorique.

Épreuves orales :

1° Une interrogation de langue française.

L'épreuve consistera en une explication d'un passage des auteurs inscrits dans les programmes des classes de troisième, de seconde et de rhétorique et choisis par les candidats.

A cette explication se rattacheront quelques questions d'histoire littéraire ;

2° Une interrogation de langue latine et de langue grecque.

Pour l'examen oral de latin et de grec, l'épreuve portera sur l'explication d'un passage des auteurs indiqués dans les programmes des classes de troisième, seconde et rhétorique, au choix des candidats ;

3° Une interrogation d'histoire générale et de géographie générale, d'après le programme de la classe de rhétorique :

4° Une interrogation d'Histoire d'Haïti et de géographie d'Haïti roulant sur les programmes des classes de seconde et rhétorique ;

5° Une interrogation sur les mathématiques enseignées dans la classe de rhétorique ;

6° Une interrogation d'histoire naturelle dans les limites du programme de la classe de rhétorique ;

7° Une interrogation sur les notions du Droit usuel et d'économie politique enseignées dans la même classe ;

8° Une explication de langue anglaise ou de langue espagnole.

Les textes de langues vivantes seront choisis par les candidats dans les ouvrages inscrits aux programmes des classes de troisième, seconde et rhétorique.

Les candidats pourront, sur leur demande, être interrogés sur les autres matières du programme.

Deuxième partie de l'examen.

Épreuves écrites :

1° Une dissertation française sur un sujet de philosophie.

2° Une composition de mathématiques ou de sciences physiques d'après le programme de la classe de philosophie pour ceux qui ont suivi les cours de la section des sciences.

Cette composition est donc facultative.

Le candidat qui aurait fait une bonne composition scientifique pourrait, après délibération du jury, être déclaré admissible, même si sa dissertation philosophique n'était pas suffisante.

Épreuves orales :

1° Une interrogation sur la philosophie et sur les auteurs philosophiques, d'après le programme de la classe de philosophie ;

2° Une interrogation sur les parties de l'histoire et de la géographie enseignées dans la même classe ;

3° Une explication de langue anglaise ou de langue espagnole (les textes de langues vivantes seront choisis par les candidats dans les ouvrages inscrits au programme de la même classe) ;

4° Une interrogation sur l'hygiène (cours de philosophie) ;

5° Une interrogation sur les mathématiques et les sciences physiques dans les limites du programme de la classe de philosophie (section sciences).

Le candidat ayant satisfait à l'examen sur la partie scientifique aura droit à une mention spéciale. Cette mention sera inscrite sur le diplôme qui lui sera délivré par le Secrétaire d'État de l'Instruction publique.

Formes des examens.

Chaque épreuve écrite aura lieu sous la surveillance d'un membre du jury délégué par l'Inspecteur. Les sujets de composition écrite seront choisis par le Secrétaire d'État de l'Instruction publique et envoyés sous enveloppe cachetée à l'Inspecteur.

A l'ouverture des épreuves, l'Inspecteur décachettera l'enveloppe et dictera les textes au candidat. Les candidats ne pourront avoir aucune communication avec le dehors ou entre eux, sous peine d'exclusion.

Il leur sera interdit d'apporter aucune note, aucun cahier, aucun livre.

Il sera remis à chacun d'eux des feuilles de papier à entête imprimée sur lesquelles ils devront écrire leurs compositions.

La durée des compositions est fixée ainsi qu'il suit :

Première partie :

1° Composition française, 3 heures.

2° Version latine, 3 heures (non compris le temps de la dictée, s'il n'est pas remis de textes autographiés aux candidats).

3° Mathématiques, 3 heures.

4° Version de langue vivante, 2 heures.

Deuxième partie :

1° Composition de philosophie, 4 heures.

2° Composition de mathématiques ou de sciences physiques, 4 heures.

Chaque composition devra se faire en une journée différente.

Les épreuves orales sont publiques.

La valeur de chaque épreuve sera exprimée par une note variant de 0 à 10.

Voici quelle sera l'échelle des notes :

0 nul; — 1 mal, — 2 mal; — 3-4 médiocre; — 5 passable; — 6 assez bien; — 7-8 bien; — 9 très bien; — 10 parfait.

Pour être jugé apte à obtenir le certificat d'études secondaires, il faut réunir une moyenne de notes correspondant au moins à la note 5.

Tout examen entaché de fraude ou de tentative de fraude sera déclaré nul.

Après la clôture des examens, le jury dressera par ordre alphabétique la liste des candidats jugés dignes d'obtenir le certificat.

Le procès-verbal des examens sera transmis avec le dossier de chaque candidat au Secrétaire d'État de l'Instruction publique.

Les candidats actuellement en philosophie seront dispensés de la première partie de l'examen, pourvu que les notes obtenues à la fin de leur année de rhétorique aient été satisfaisantes. Ces notes devront être soumises au jury d'examen par les chefs des Institutions où les candidats auront fait leurs études. Ils seront en outre libres de demander à être examinés sur les autres matières du programme.

PLAN D'ÉTUDES ET PROGRAMMES

D'ENSEIGNEMENT DES ÉCOLES PRIMAIRES RURALES

DE LA RÉPUBLIQUE D'HAÏTI

EMPLOI JOURNALIER DU TEMPS

DANS LES ÉCOLES PRIMAIRES RURALES

DE ? A ?

Travaux manuels.

DE 10 HEURES A 10 HEURES ET DEMIE

Enseignements religieux *.
Enseignement moral * ou civique *.

DE 10 HEURES ET DEMIE A 11 HEURES ET DEMIE

Lecture.
Exercices de calcul; premières définitions de géométrie *.

DE 11 HEURES ET DEMIE A 11 HEURES TROIS QUARTS

Repos.

DE 11 HEURES TROIS QUARTS A 12 HEURES ET DEMIE

Langue française : exercices variés de langage et de grammaire ; exercices de mémoire *.

DE 12 HEURES ET DEMIE A 1 HEURE

Écriture.

DE 1 HEURE A 1 HEURE ET DEMIE

Lecture ; exercices de mémoire * ; entretiens sur l'histoire et la géographie *.

DE 1 HEURE ET DEMIE A 2 HEURES

Leçons de choses ; notions d'agriculture * et d'horticulture *.

DE ? A ?

Travaux manuels.

N. B. — Les exercices marqués d'un * alternent suivant des convenances et des besoins dont le maître est juge.

ÉCOLES PRIMAIRES RURALES

PREMIER COURS

ÉDUCATION INTELLECTUELLE ET MORALE

PROGRAMMES

Lecture.

Premiers exercices de lecture : lettres, syllabes, mots.

Écriture.

Premiers éléments d'écriture.

Langue française.

Exercices combinés de langage, de lecture et d'écriture préparant à l'orthographe.

1° Exercices oraux :

Questions très familières ayant pour objet d'apprendre aux enfants à s'exprimer nettement ; corriger les défauts de prononciation ou d'accent local.

2° Exercices de mémoire :

Récitations de très courtes poésies.

3° Exercices écrits :

Premières dictées d'un mot, puis de deux ou trois, puis de très petites phrases.

Géographie.

Les points cardinaux (trouvés sur le terrain, dans la cour, dans les promenades, d'après la position du soleil).

Exercices d'observation : les saisons, les principaux phénomènes atmosphériques, l'horizon, les accidents du sol, etc.

Instruction religieuse.

Prière et petit catéchisme.

Instruction morale.

(CAUSERIES TRÈS SIMPLES, MÊLÉES A TOUS LES EXERCICES DE LA CLASSE)

Petites poésies expliquées et apprises par cœur.

Historiettes morales racontées et suivies de questions propres à en faire ressortir le sens et à vérifier si les enfants l'ont compris.

Soins particuliers du maître à l'égard des enfants chez lesquels il a observé quelque défaut ou quelque vice naissant.

Calcul, arithmétique.

Premiers éléments de la numération orale et écrite. — Petits exercices de calcul mental. — Addition et soustraction sur des nombres concrets et ne dépassant pas la première centaine.

Étude des dix premiers nombres et des expressions : *demi*, *moitié*, *tiers*, *quart*.

Éléments usuels des sciences physiques et naturelles. Leçons de choses.

(RÉCITS, CAUSERIES, QUESTIONS)

Notions très élémentaires sur le corps humain; hygiène (petits conseils); petite étude comparée des animaux que l'enfant connaît; des plantes, des pierres, des métaux : quelques plantes alimentaires et industrielles du pays ; pierres et métaux d'usage ordinaire.

L'air, l'eau (vapeur, nuage, pluie).

Petites leçons de choses, autant que possible avec les objets mis sous les yeux et dans les mains des enfants.

Exercices et entretiens familiers ayant pour but de faire acquérir aux enfants les premiers éléments des connaissances usuelles (la droite et la gauche ; nom des jours et des mois ; distinctions d'animaux, de végétaux, de minéraux ; les saisons), et surtout de les amener à regarder, à observer, à comparer, à questionner et à retenir.

DEUXIÈME COURS

ÉDUCATION INTELLECTUELLE ET MORALE

PROGRAMMES

Lecture.

Lecture courante avec explication des mots, sur imprimés et sur manuscrits.

Écriture.

Écriture en gros, en moyen et en fin (sur tableau noir, sur ardoise, sur papier).

Langue française.

Notions premières données oralement sur le nom (le nombre, le genre), l'adjectif, le pronom, le verbe (premiers éléments de la conjugaison).

Idée de la formation du pluriel et du féminin ; de l'accord de l'adjectif avec le nom, du verbe avec le sujet.

Idée de la proposition simple.

1° Exercices oraux :

Questions et explications notamment au cours de la leçon de lecture, ou de la correction des devoirs. Interrogations sur le sens, l'emploi, l'orthographe des mots du texte lu. Épellation des mots difficiles.

Reproduction orale de petites phrases lues et expliquées, puis de récits ou de fragments de récits faits par le maître.

Exercices en vue d'augmenter le vocabulaire de l'enfant ;

2° Exercices de mémoire :

Récitations de poésies d'un genre très simple ;

3° Exercices écrits :

Dictées graduées d'orthographe usuelle et d'orthographe de règles.

Petits exercices grammaticaux de forme très variée.

Reproduction écrite (au tableau noir, sur l'ardoise, sur cahier) de quelques phrases expliquées précédemment.

Composition de petites phrases avec des éléments donnés ;

4° Exercices d'analyses :

Analyse grammaticale (orale).

Décomposition de la proposition en ses termes essentiels ;

5° Lecture à haute voix par le maître, deux fois par semaine, d'un morceau propre à intéresser les enfants.

Géographie.

Explication des termes géographiques (mornes, montagnes, rivières, fleuves, mers, golfes, îles, isthmes, détroits, etc.), en partant toujours d'objets vus par l'élève et en procédant par analogie.

Préparation à l'étude de la géographie, par la méthode intuitive et descriptive :

1° La géographie locale (maison, rue, hameau, commune, etc.) :

2° La géographie générale (la terre, sa forme, son étendue, ses grandes divisions, leurs subdivisions).

Globe terrestre : continents et océans.

Idée de la représentation cartographique : éléments de la lecture des cartes.

Instruction religieuse.

Prière et petit catéchisme.

Instruction morale.

(ENTRETIENS, LECTURES AVEC EXPLICATIONS, EXERCICES PRATIQUES)

1. *L'enfant dans la famille. — Devoirs envers les parents et les grands-parents.* — Obéissance, respect, amour, reconnaissance. — Aider les parents dans leurs travaux ; les soulager dans leurs maladies ; venir à leur aide dans leurs vieux jours.

Devoirs des frères et sœurs. — S'aimer les uns les autres ; protection des plus âgés à l'égard des plus jeunes : action de l'exemple.

Devoirs envers les serviteurs. — Les traiter avec politesse, avec bonté.

L'enfant dans l'école. — Assiduité, docilité, travail, convenance. — Devoirs envers l'instituteur. — Devoirs envers les camarades.

La Patrie. — Devoirs envers la patrie et la société. — Haïti, sa destinée.

Besoin d'union et de concorde. — Malheurs des guerres civiles. — Avantages de la paix.

2. *Devoirs envers soi-même.* — Le corps, propreté, sobriété et tempérance ; dangers de l'ivresse.

Les biens extérieurs. — Economie ; éviter les dettes ; funestes effets de la passion du jeu ; ne pas trop aimer l'argent et le gain ; prodigalité ; avarice. — Le travail (ne pas perdre de temps, obligation du travail pour tous les hommes, noblesse du travail manuel).

L'âme. — Véracité et sincérité ; ne jamais mentir. — Dignité personnelle, respect de soi-même.

Modestie : ne point s'aveugler sur ses défauts. — Éviter l'orgueil, la vanité, la frivolité. — Avoir honte de l'ignorance et de la paresse. — Courage dans le péril et dans le malheur ; patience, esprit d'initiative. — Dangers de la colère.

Traiter les animaux avec douceur ; ne point les faire souffrir inutilement.

Devoirs envers les autres hommes. — Justice et charité (ne faites pas à autrui ce que vous ne voudriez pas qu'on vous fît ; faites aux autres ce que vous voudriez qu'ils vous fissent). — Ne porter atteinte ni à la vie, ni à la personne, ni aux biens, ni à la réputation d'autrui.

Bonté, fraternité. — Tolérance, respect de la croyance d'autrui.

N. B. — Dans tout ce cours, l'instituteur prend pour point de départ l'existence de la conscience, de la loi morale et de l'obligation ; il fait appel au sentiment et à l'idée du devoir, au sentiment et à l'idée de la responsabilité ; il n'entreprend point de les démontrer par exposé théorique.

Devoirs envers Dieu. — L'instituteur laïque n'est pas chargé de faire un cours *ex professo* sur la nature et les attributs de Dieu ; l'enseignement qu'il doit donner à ses élèves se borne à deux points :

D'abord il leur apprend à ne pas prononcer légèrement le nom de Dieu ; il associe étroitement dans leur esprit à l'idée de la Cause première et de l'Être parfait un sentiment de respect et de vénération ; ensuite, l'instituteur s'attache à faire comprendre et sentir à l'enfant que le premier hommage qu'il doit à la Divinité, c'est l'obéissance aux lois de Dieu, telles que les lui révèlent sa conscience et sa raison.

Instruction civique.

Explications familières à propos de la lecture des mots pouvant éveiller une idée nationale, tels que : citoyen, soldat, armée, patrie, commune, arrondissement, département, nation, député, sénateur, président, tribunal, juge, loi, justice, force publique, etc.

Arithmétique.

Revision du cours précédent.

Les quatre opérations sur des nombres de deux ou trois chiffres. — Le mètre, la gourde, le litre. — Exercices de calcul mental.

Éléments usuels des sciences physiques et naturelles.

LEÇONS DE CHOSES

Notions élémentaires sur le corps humain. — Du temps et de ses parties. — De l'année. — Des saisons. — Des mois et des jours. — Du soleil. — Des étoiles, des planètes, des comètes. — De la lune. — De la terre. — Principaux phénomènes atmosphériques : l'atmosphère, les nuages, la pluie, le vent, l'ouragan, les éclairs, le tonnerre, le fluide électrique, le paratonnerre.

Des trois règnes de la nature. — Des ressources que l'homme trouve dans les trois règnes pour satisfaire à tous les besoins de la vie.

Arts et métiers.

TROISIÈME ANNÉE

ÉDUCATION INTELLECTUELLE ET MORALE

PROGRAMMES

Lecture.

Lecture courante avec explication (sur imprimés et sur manuscrits).

Écriture.

Écriture cursive ordinaire.

Langue française.

Grammaire française : Étude élémentaire des différentes espèces de mots. — Étude du substantif, de l'article, de l'adjectif. — Exercices de conjugaison régulière. — Exercices sur l'accord du genre et du nombre.

De la proposition simple.

1° Exercices oraux.

Élocution et prononciation.

Questions et explications, notamment au cours de la leçon de lecture, ou de la correction des devoirs. — Interrogations sur le sens, l'emploi, l'orthographe des mots du texte lu. — Épellation des mots difficiles.

Reproduction orale de petits récits ou de fragments de récits faits par le maître ou lus en classe.

Exercices en vue d'augmenter le vocabulaire de l'enfant;

2° Exercices de mémoire :

Récitations de fables, de petites poésies, de quelques morceaux de prose d'un genre très simple;

3° Exercices écrits :

Dictées graduées d'orthographe usuelle et d'orthographe de règles.

Petits exercices grammaticaux de forme très variée.

Reproduction écrite et non littérale (au tableau noir, sur l'ardoise, sur cahier) de quelques phrases expliquées précédemment.

Composition de petites phrases avec des éléments donnés;

4° Exercice d'analyse :

Analyse grammaticale (le plus souvent orale, quelquefois écrite).

Décomposition de la proposition en ses termes essentiels;

5° Lecture à haute voix par le maître, deux fois par semaine, d'un morceau propre à intéresser les enfants.

Histoire d'Haïti.

Récits et entretiens familiers par le maître sur les plus grands personnages et les faits principaux de notre histoire nationale.

Les noms des chefs de l'État, de Dessalines à nos jours.

(Il est laissé aux professeurs la faculté de choisir les sujets qui leur paraîtraient propres à captiver l'attention et à éveiller le patriotisme des enfants.)

Géographie d'Haïti.

Revision du cours précédent.

Notions sommaires de géographie d'Haïti.

Indiquer sur le globe ou sur la carte murale la position des départements, des arrondissements et des communes de la République d'Haïti. — Descriptions des sections rurales et de la commune où est l'école. — Petits récits de voyages d'un point à un autre de la commune.

Instruction religieuse.

Prière et petit catéchisme.

Instruction morale.

Revision du cours précédent.

L'enfant dans la famille. — L'enfant dans l'école. — La Patrie. — Devoirs envers soi-même. — Les biens extérieurs. — L'âme. — Devoirs envers les autres hommes. — Devoirs envers Dieu.

Instruction civique.

(ENTRETIENS ET LECTURES AVEC EXPLICATIONS ET QUESTIONS)

Notions très sommaires sur l'organisation d'Haïti.

Le citoyen, ses obligations et ses droits ; le service militaire, l'impôt, le suffrage universel. La section rurale, le chef de la section. — La commune, le magistrat communal et conseil communal. — L'officier de l'état civil. — La paroisse, le curé, le conseil de fabrique. — Le commandant de la commune. — Le juge de paix. — Le préposé d'administration. — L'arrondissement. — Le commandant de l'arrondissement. — L'administration des finances. — La constitution. — L'État, le pouvoir législatif, le pouvoir exécutif. — Le pouvoir judiciaire.

Arithmétique.

Principes de la numération parlée et de la numération écrite.

Calcul mental : les quatre règles appliquées intuitivement d'abord à des nombres de 1 à 10 ; puis de 1 à 20 ; puis de 1 à 100.

Étude de la table d'addition et de la table de multiplication.

Calcul écrit : l'addition, la soustraction, la multiplication ; règles générales des trois opérations sur les nombres entiers. La division bornée aux nombres de deux chiffres au diviseur.

Petits problèmes oraux ou écrits, portant sur les sujets les plus usuels ; exercices de raisonnement sur les problèmes et sur les opérations exécutés.

Notions du système métrique.

Géométrie.

Simples exercices pour faire reconnaître et désigner les figures régulières les plus élémentaires : carré, rectangle, triangle et cercle.

Différentes sortes d'angles.

Idée des trois dimensions.

Leçons de choses.

(RÉCITS, CAUSERIES, QUESTIONS, AUTANT QUE POSSIBLE AVEC LES OBJETS MONTRÉS AUX ENFANTS)

Comment les animaux et les plantes nous sont utiles. — Êtres vivants et corps bruts. — Animaux et plantes. — La campagne. — Utilité des animaux, utilité des plantes.

Les moutons. — Le chien de berger. — Tonte des moutons. — On carde et on file la laine.

La vache et le cabri. — La vache. — Le cabri ou la chèvre. — Le lait. — Le beurre. — Le fromage.

Les oiseaux de la basse-cour. — Canards et oies. — Pigeons, poules, pintades, dindons. — Les œufs. — Les poussins. — Couveuse.

Les poissons. — Les poissons d'eau douce et les poissons de la mer. — La pêche à la ligne. — La nasse, les filets.

Les abeilles et les vers à soie. — Les abeilles. — La ruche. — Le miel et la cire. — Usages du miel. — Usages de la cire. — Élevage des abeilles. — Apiculture. — La chenille et le papillon. — Le ver à soie.

Les plantes du potager. — Les racines qu'on mange. — Les feuilles qu'on mange. — Les grains qu'on mange.

Le verger. — Les fruits du verger. — Les arbres fruitiers. — Taille. — Greffe. — Le manguier, le caymillier, le sapotillier, l'oranger, le citronnier, la chadèque, le cirouellier, le mombin, la pomme d'acajou, le jambosier (pomme rose), l'icaquier, le cachiment, le corossolier, l'arbre à pain, l'arbre véritable, l'avocatier, le quénépier, le tamarinier, le cocotier, le palmier, le dattier, le goyavier, l'abricotier, etc., etc.

Boissons économiques et alcools de fruits.

Le labour et les semailles. — La charrue. — La herse. — Le rouleau. — Le maïs germe, le maïs lève, le maïs grandit et forme ses épis. La cueillette, égrenage (battage), moulin à égrener. — Moulin, mouture. — Farine de maïs, acassan, cornstarch. — Poudre de maïs. — Bière de maïs.

Les bananiers. — La banane : bananes vertes, farine de bananes, bananes mûres, bananes tapées. Conserve de bananes. — Figues-bananes : vin de bananes, vinaigre de bananes.

Les patates et les pommes de terre.

Les ignames.

Le manioc. — Jus et fécule de manioc, cassave.

La canne à sucre. — On passe la canne au moulin. Le sirop, le vésou, fermentation, distillation. — Le tafia. — Rapadou, sucre brut, sucre blanc.

Le latanier et le pitre. — Feuilles de latanier. — Blanchiment des feuilles. Teinture. — Tresse de latanier : chapeau, sacs, macoute, paniers, etc. — Rouissage du pitre. — Préparation de la filasse, cordes, têtières, fouets.

Le coton. — Plantation. — Récolte des gousses. — Moulin à coton. — Utilisation des graines de coton, huile de coton.

Le café. — Récolte des cerises. — Séchage. — Moulin à décortiquer.

Le cacao. — Récoltes des calabousses, séchage. — Fermentation des graines, chocolat.

Les arbres et les arbustes. — Les arbres du vallon (roseaux, bambou-jonc, le sucrin, etc.).

Les arbres des bois. — Les bois nous sont utiles. Travail du bois. — L acajou, le campêche, le chêne, le pin, le bois d'orme, le calebassier, le bayaonde, le mancenillier des montagnes (maximilien), le bois d'ortie, le frêne, le gayac, le mapou, le gommier, le tchiatchia, le bois de fer, le bois de lance, etc., etc.

Comment les pierres nous sont utiles. — Où l'on trouve les pierres. — La carrière. — Travail des pierres. — Comment on entretient un chemin.

Les murs de la maison. — Terre à briques. — Comment on fait les briques. — Le mortier. — Comment on fait le mortier. — Les murs de la maison, les fondations. — D'où vient la chaux.

Toiture de la maison. — Les poutres, les planches. — Les toits de tôle, d'ardoise, de tuiles, d'aissantes. — Les toits de chaume.

Les combustibles. — Corps qu'on brûle. — Comment on fait pour brûler une bûche. — L'air est nécessaire pour qu'un corps brûle. — L'air chaud est plus léger que l'air froid. — Lorsqu'un corps brûle, il se produit un courant d'air. — Ce qui reste après qu'un corps a été brûlé. — Combustibles produisant de la chaleur; combustibles éclairants.

Le feu de cuisine et l'éclairage. — Comment on fait du charbon de bois. — Le charbon de terre. — La chandelle et la bougie. — La lampe à huile. — La lampe à pétrole. — Le gaz d'éclairage. — La lumière électrique.

Le fer. — Fer, fonte, acier. — D'où vient le fer? — Les hauts fourneaux. — La coulée. — Le forgeron.

Le zinc, l'étain, le plomb. — L'arrosoir. — Les minces feuilles d'étain. — Les balles et grains de plomb. — Le fer se rouille. — Comment on empêche le fer de se rouiller. — L'étameur. — Les fils du télégraphe.

Le cuivre, le laiton, le bronze. — Le cuivre est moins dur que le fer. — Le cuivre peut empoisonner. — Vert-de-gris. — Étamage du cuivre. — Le cuivre brûle avec une flamme verte. — Laiton : chandeliers, boutons de porte, instruments de musique, etc. — Épingles. — La cloche.

L'argent, l'or et les monnaies. — Pourquoi on fait des objets en argent. — L'argent s'échauffe vite. — D'où s'extrait l'argent. — L'or ne s'altère pas à l'air. — Dorure. — Vermeil. — D'où l'on extrait l'or. — A quoi servent les monnaies. — Monnaie de cuivre et de bronze. — Monnaies d'argent. — Monnaies d'or. — Fabrication des monnaies. — Papier-monnaie.

La pluie et les nuages. — Nuages, pluie. — Torrents. — Eau d'infiltration. — Puits. — Sources. — Cours d'eau. — Formation des nuages. — L'eau de la bouillote.

L'eau. — Couleur, transparence de l'eau. — L'eau de mer est salée: l'eau de la pluie ne l'est pas. — Marais salants. — Emploi des chutes d'eau.

L'air. — Comment on prouve que l'air existe. — L'air est bleu. — L'air se déplace. — Comment se produisent les courants d'air. — Comment se produit le vent. Ouragan.

Propriétés de l'air. Pression qu'il exerce. — L'air est élastique. — L'air presse sur la surface de la terre.

Les orages. — Orage. — Eclair. — Tonnerre. — Comment on peut savoir à quelle distance est l'éclair. — Foudre, ses effets. — La foudre peut briser ou fondre les corps. — La foudre peut enflammer les corps combustibles. — La foudre peut blesser ou tuer les hommes et les animaux. — Paratonnerre. — Précautions à prendre en temps d'orage.

ÉDUCATION PHYSIQUE

ET PRÉPARATION A L'APPRENTISSAGE PROFESSIONNEL

(POUR LA TROISIÈME ANNÉE)

1. *Soins d'hygiène et de propreté.* — Inspection des enfants à leur arrivée. — Surveillance de leurs jeux au point de vue hygiénique. — Soins particuliers pour les plus faibles.

2. *Gymnastique.* — Jeux variés.

TRAVAIL MANUEL

Pour les garçons.

Petits ouvrages de tressage, chapellerie, vannerie et sparterie. Poterie.

Pour les filles.

Travaux de couture destinés à l'entretien et à la création d'un trousseau.

Assemblage et confection des chemises d'homme, de femmes et d'enfant, de pantalons, vareuses, camisoles, jupons, etc., soit à la main, soit à la machine à coudre, soit à la main et à la machine. Rapiéçage.

Pour élèves attachés à une ferme-école.

1° Travaux des champs.

Instruments usuels de culture : La manchette. — Le râteau. — La fourche. — Le sarcloir. — La houe. — La bêche. — La pioche. — Le piquoir. — La charrue. — Le hoyau. — La herse. — Le rouleau, etc. etc.

CULTURES DIVERSES (A CHOISIR)

Café. — Emplacement, terrain qui convient au café. Propagation. — Pépinières. — Préparation du sol. — Alignement. — Creusement des trous. — Plantation. — Protection des plants. — Sarclage. — Emondement et taille. — Amendement. — Cultures diverses en attendant la croissance du caféier. — Les ennemis du café. — Récolte. — Débarrasser le grain de sa pulpe. — Fermentation et lavage. — Vanner. — Cerises de café séchées au soleil.

Cacao. — Variétés. — Emplacement, terrain qui convient au cacaoyer. — Propagation. — Préparation du sol. — Alignement. — Creusement des trous. — Plantation. — Protection des plants. — Sarclage. — Taille. — Amendement. — Cultures diverses en attendant la croissance des cacaoyers. — Les ennemis du cacaoyer. — Récolte. — Fermentation. — Séchage.

Canne à sucre. — Emplacement, terrain qui convient à la canne. — Propagation. — Plantation. — Culture. — Maturité et récolte. — Amendement. — Fabrication du sucre.

Le coton. — Culture.

Orange. — Terrain qui convient à l'oranger. — Propagation. — Plantation. — Culture. — Amendement. — Cultures diverses en attendant la croissance des orangers. — Taille. — Récolte des fruits. — Les ennemis de l'oranger. — Comment emballer les fruits pour l'exportation.

Le citron. — Sol qui convient au citronnier. — Propagation. — Plantation. — Culture. — Récolte des fruits. — Préparation du jus, sa concentration.

La banane et la figue-banane. — Sol. — Propagation. — Préparation de la terre. — Plantation. — Culture. — Récolte.

Le cocotier. — Emplacement et sol. — Propagation. — Plantation. — Culture. — Les ennemis du cocotier. — Récolte. — L'amande, huile de coco. — Le péricarpe ou paille de coco.

L'ananas. — Emplacement, sol. — Propagation. — Culture. — Récolte. — Comment emballer les fruits pour l'exportation.

L'avocatier. — Culture. — Conservation de la pulpe. — Huile d'avocat.

La patate. — Emplacement et sol. — Culture. — Récolte.

L'igname. — L'igname blanche. — L'igname jaune. — L'igname cuscuch. — Emplacement et sol. — Culture.

Tuyaux.

Manioc. — Emplacement et sol. — Culture. — Récolte. — Cassave. — Fécule de manioc. — Tapioca. — Jus de manioc amer.

Arrowroot. — Culture. — Récolte. — Préparation de l'arrowroot.

Maïs. — *Riz ordinaire* (*Riz des montagnes*).

Millet. — Culture. — Récolte.

Tabac. — Emplacement. — Sol. — Propagation. — Pépinières. — Préparation de la terre. — Plantation. — Culture. — Émondement. — Taille. — Les ennemis du tabac. — Récolte. — Séchage. — Case à tabac. — Manipulation des feuilles.

Palma-Christi. — Culture. — Récolte. — Huile de ricin.

Pin et sapin. — Culture. — Essence de térébenthine. — Résine.

Gommier blanc. — Culture. — Encens.

Ben. — Culture. — Huile de ben.

Campêche. — Propagation. — Culture. — Coupe.

Gingembre. — *Cardamone.* — *Poivre.* — *Piment.* — *Pimento.* — *Giroflier.* — *Muscadier.* — *Vanillier.* — *Culture.*

Caoutchouc. — *Quinquina.* — Culture.

2° Travail de jardin.

Le jardin fruitier. — Conduite et tailles des arbres fruitiers. — Culture spéciale des variétés d'arbres fruitiers qui conviennent le mieux à la localité. — Conservation des fruits. — Emballage et transports des fruits.

Le jardin potager. — Variétés, culture et récolte des légumes. — Porte-graines, récolte, triage et conservation des grains.

Notions sur la culture des fleurs, — soit pour l'ornement, soit pour la fabrication des parfums.

3° Travaux de la ferme.

La ferme. — Vacherie et laiterie. — Fabrication du beurre et du fromage. — Entretien d'une bergerie et d'une porcherie. — La basse-cour. — Élevage et engraissement des volailles. — Conservation des œufs. — Pigeons. — Apiculture.

4° Métiers divers (se rattachant aux travaux agricoles).

PLAN D'ÉTUDES ET PROGRAMMES

D'ENSEIGNEMENT DES ÉCOLES PRIMAIRES URBAINES

DE LA RÉPUBLIQUE D'HAÏTI

EMPLOI JOURNALIER DU TEMPS

DANS LES ÉCOLES PRIMAIRES URBAINES

I. — COURS ÉLÉMENTAIRES

LES DEUX PREMIERS COURS

Classe du matin.

DE 9 HEURES A 9 HEURES ET DEMIE

Enseignement religieux*, moral * ou civique *.

DE 9 HEURES ET DEMIE A 10 HEURES

Lecture.

DE 10 HEURES A 10 HEURES ET DEMIE

Calcul *, premières notions de géométrie *.

DE 10 HEURES ET DEMIE A 11 HEURES

Ecriture.

Classe du soir.

DE 2 HEURES A 2 HEURES ET DEMIE

Lecture *; entretiens sur l'histoire * ou la géographie *.

DE 2 HEURES ET DEMIE A 3 HEURES UN QUART

Langue française *, exercices de langage et de grammaire ; exercices de mémoire *.

DE 3 HEURES UN QUART A 4 HEURES

Leçons de choses; travail manuel ou exercices physiques.

N. B. — Les exercices marqués d'un * alternent suivant les convenances ou les besoins dont le maître est juge.

II. — COURS COMPLÉMENTAIRES

LES DEUX DERNIERS COURS

Classe du matin.

DE 8 HEURES A 8 HEURES ET DEMIE

Instruction religieuse *, morale * ou civique *.

DE 8 HEURES ET DEMIE A 9 HEURES ET DEMIE

Calcul *, système métrique *, géométrie *.

DE 9 HEURES ET DEMIE A 9 HEURES TROIS QUARTS

Repos.

DE 9 HEURES TROIS QUARTS A 10 HEURES ET DEMIE

Français * ; exercices de mémoire *.

DE 10 HEURES ET DEMIE A 11 HEURES

Ecriture * ou rédaction d'un devoir *.

Classe du soir.

DE 2 HEURES A 3 HEURES

Histoire *, géographie *.

DE 3 HEURES A 3 HEURES ET DEMIE

Lecture * ; exercices de mémoire *.

DE 3 HEURES ET DEMIE A 3 HEURES TROIS QUARTS

Repos.

DE 3 HEURES TROIS QUARTS A 4 HEURES ET DEMIE

Dessin * ; chant * ; travail manuel * ; gymnastique * ; exercices militaires.

DE 4 HEURES ET DEMIE A 5 HEURES

Sciences physiques et naturelles (leçons de choses) ; notions d'agriculture et d'horticulture *.

N. B. — Les exercices marqués d'un * alternent suivant des convenances et des besoins, dont le maître ou la maîtresse sont juges.

PREMIER COURS

ÉDUCATION INTELLECTUELLE ET MORALE

PROGRAMMES

Lecture.

Premiers exercices de lecture : lettres, syllabes, mots. — Lecture courante avec explication des mots, sur imprimés et sur manuscrits.

Écriture.

Premiers éléments d'écriture. — Écriture en gros, en moyen et en fin (sur tableau noir, sur ardoise, sur papier).

Langue française.

Exercices combinés de langage, de lecture et d'écriture préparant à l'orthographe.

Notions premières données oralement sur le nom, le nombre, le genre, l'adjectif, le pronom, le verbe (premiers éléments de la conjugaison).

Idée de la formation du pluriel et du féminin ; de l'accord de l'adjectif avec le nom, du verbe avec le sujet.

Idée de la proposition simple.

1° Exercices oraux :

Questions très familières ayant pour objet d'apprendre aux enfants à s'exprimer nettement ; corriger les défauts de prononciation ou d'accent local.

Questions et explications notamment au cours de la leçon de lecture, ou de la correction des devoirs. Interrogations sur le sens, l'emploi, l'orthographe des mots du texte lu. — Epellation des mots difficiles.

Reproduction orale de petites phrases lues et expliquées, puis de récits ou de fragments de récits faits par le maître.

Exercices en vue d'augmenter le vocabulaire des enfants.

2° Exercices de mémoire :

Récitation de poésies courtes et d'un genre très simple.

3° Exercices écrits :

Premières dictées d'un mot, puis de deux ou trois, puis de très petites phrases.

Dictées graduées d'orthographe usuelle et d'orthographe de règles.

Petits exercices gradués de forme très variée.

Reproduction écrite (au tableau noir, sur l'ardoise, sur cahier), de quelques phrases expliquées précédemment.

Composition de petites phrases avec des éléments donnés.

4° Exercices d'analyse :

Simples exercices oraux d'analyse grammaticale.

Décomposition de la proposition en ses termes essentiels.

5° Lecture à haute voix par le maître, deux fois par semaine, d'un morceau propre à intéresser les enfants.

Instruction religieuse.

Prières. — Petit catéchisme.

Histoire.

Récits et entretiens familiers par le maître sur les plus grands personnages et les faits principaux de notre histoire nationale.

Les noms des chefs de l'État, de Dessalines à nos jours.

Géographie.

Les points cardinaux (trouvés sur le terrain, dans la cour, dans les promenades, d'après la position du soleil).

Explication des termes géographiques (mornes, montagnes, rivières, fleuves, mers, golfes, isthmes, détroits, etc.), en partant toujours d'objets vus par l'élève et en procédant par analogie.

Préparation à l'étude de la géographie, par la méthode intuitive et descriptive.

1° La géographie locale (maison, rue, la ville, la commune, etc.) ;

2° La géographie générale (la terre, sa forme, son étendue, ses grandes divisions et leurs subdivisions).

Globe terrestre : continents et océans.

Idées de la représentation cartographique : éléments de la lecture des cartes.

Instruction morale.

Causeries très simples mêlées à tous les exercices de la classe et de la récréation.

Petites poésies expliquées et récitées par cœur.

Historiettes morales racontées et suivies de questions propres à en faire ressortir le sens et à vérifier si les enfants l'ont bien compris. — Petits chants.

Soins particuliers du maître à l'égard des enfants chez lesquels il a observé quelque défaut ou quelque vice naissant.

Instruction civique.

Explications familières à propos de la lecture des mots pouvant éveiller une idée nationale, tels que : citoyen, soldat, armée, patrie, commune, arrondissement, nation, député, sénateur, président, tribunal, juge, loi, justice, force publique, etc.

Calcul, arithmétique.

1. Premiers éléments de la numération orale et écrite. — Petits exercices de calcul mental : addition et soustraction sur des nombres concrets et ne dépassant pas la première centaine.

Etude des dix premiers nombres et des expressions : *demi*, *moitié*, *tiers*, *quart*.

2. Les quatre opérations sur les nombres de deux ou trois chiffres. — Le mètre, la gourde, le litre. — Exercices de calcul mental.

Éléments usuels des sciences physiques et naturelles.

LEÇONS DE CHOSES

(RÉCITS, CAUSERIES, QUESTIONS)

1. Petites leçons de choses, autant que possible, avec les objets mis sous les yeux et dans les mains des enfants.

Exercices et entretiens familiers ayant pour but de faire acquérir aux enfants les premiers éléments des connaissances usuelles (la droite et la gauche, noms des jours et des mois, distinction d'animaux, de végétaux, de minéraux, les saisons), et surtout de les amener à regarder, à observer, à comparer, à questionner et à retenir.

2. Notions élémentaires sur le corps humain. — Du temps et de ses parties : De l'année. — Des saisons. — Des mois et des jours. — Du soleil. — Des étoiles, des planètes, des comètes. — De la lune. — De la terre. — Principaux phénomènes atmosphériques : l'atmosphère, les nuages, la pluie, le vent, l'ouragan, les éclairs, le tonnerre, le fluide électrique, le paratonnerre.

Des trois règnes de la nature. — Des ressources que l'homme trouve dans les trois règnes pour satisfaire à tous les besoins de la vie.

Arts et métiers.

Chant.

Petits chants très simples. — Chants à l'unisson et à deux parties, appris exclusivement par l'audition.

Éducation physique et préparation à l'apprentissage professionnel.

1° SOINS D'HYGIÈNE ET DE PROPRETÉ

Inspection des enfants à leur arrivée. — Surveillance de leurs jeux au point de vue hygiénique. — Soins particuliers pour les plus faibles.

2° GYMNASTIQUE

Rondes, marches, mouvements rythmiques, jeux mimiques accompagnés de chants. — Jeux variés (corde, balle, cerceau, etc.) — Premiers exercices d'ordre (formation des rangs, marches, ruptures et rassemblement).

3° TRAVAIL MANUEL

Pour les garçons et pour les filles.

Petits exercices de tressage. — Petite vannerie. — Combinaisons en laine de couleur sur le canevas ou sur le papier.

Petits ouvrages de tricot (spécialement pour les filles).

DEUXIÈME COURS

ÉDUCATION INTELLECTUELLE ET MORALE

PROGRAMMES

Lecture.

Lecture courante avec explications (sur imprimés et sur manuscrits).

Écriture.

Ecriture cursive ordinaire.

Instruction religieuse.

Prière. — Petit catéchisme.

Instruction morale.

Entretiens, lectures avec explications. — Exercices pratiques tendant à mettre la morale en action dans la classe même :

1° Par l'observation individuelle des caractères ;

2° Par l'application intelligente de la discipline scolaire comme moyen d'éducation ;

2° Par l'appel incessant au sentiment et au jugement moral de l'enfant lui-même ;

4° Par le redressement des notions grossières (préjugés et superstitions populaires, croyances aux sorciers, aux revenants, etc.);

5° Par l'enseignement à tirer des faits observés par les enfants eux-mêmes.

Coordonner les leçons et les lectures de manière à n'omettre aucun point important du programme ci-dessous :

L'enfant dans la famille. Devoirs envers les parents et les grands-parents. — Obéissance, respect, amour, reconnaissance. — Aider les parents dans leurs travaux; les soulager dans leurs maladies; venir à leur aide dans leurs vieux jours.

Devoirs des frères et des sœurs. — S'aimer les uns les autres; protection des plus âgés à l'égard des plus jeunes ; action de l'exemple.

Devoirs envers les serviteurs. — Les traiter avec politesse, avec bonté.

L'enfant dans l'école. — Assiduité, docilité, travail, convenance. — Devoirs envers l'instituteur. — Devoirs envers les camarades.

La Patrie. — Devoirs envers la patrie et la société. — Haïti, sa destinée.

Besoin d'union et de concorde. — Malheurs des guerres civiles. — Avantage de la paix.

Devoirs envers soi-même. — Le corps, propreté, sobriété et tempérance; dangers de l'ivresse.

Les biens extérieurs. — Économie ; éviter les dettes ; funestes effets de la passion du jeu ; ne pas trop aimer l'argent et le gain ; prodigalité, avarice. — Le travail (ne pas perdre de temps, obligation du travail pour tous les hommes, noblesse du travail manuel).

L'âme. — Véracité et sincérité ; ne jamais mentir. — Dignité personnelle, respect de soi-même.

Modestie : ne point s'aveugler sur ses défauts. — Éviter l'orgueil, la vanité, la frivolité. — Avoir honte de l'ignorance et de la paresse. — Courage dans le péril et dans le malheur ; patience, esprit d'initiative. — Dangers de la colère.

Traiter les animaux avec douceur ; ne point les faire souffrir inutilement.

Devoirs envers les autres hommes. — Justice et charité (ne faites pas à autrui ce que vous ne voudriez qu'on vous fît, faites aux autres ce que vous voudriez qu'ils vous fissent). — Ne porter atteinte ni à la vie, ni à la personne, ni aux biens, ni à la réputation d'autrui.

Bonté, fraternité. — Tolérance, respect de la croyance d'autrui.

N. B. — Dans tout le cours, l'instituteur prend pour point de départ l'existence de la conscience, de la loi morale et de l'obligation. Il fait appel au sentiment et à l'idée du devoir, au sentiment et à l'idée de responsabilité ; il n'entreprend point de les démontrer par un exposé théorique.

Devoirs envers Dieu. — L'instituteur laïque n'est pas chargé de faire un cours *ex professo* sur la nature et les attributs de Dieu ; l'enseignement qu'il doit donner se borne à deux points :

D'abord il leur apprend à ne pas prononcer légèrement le nom de Dieu ; il associe étroitement dans leur esprit à l'idée de la Cause première et de l'Être parfait, un sentiment de respect et de vénération ; ensuite l'instituteur s'attache à faire comprendre et sentir à l'enfant que le premier hommage qu'il doit à la Divinité, c'est l'obéissance aux lois de Dieu, telles que les lui révèlent sa conscience et sa raison.

Instruction civique.

(NOTIONS SOMMAIRES SUR L'ORGANISATION D'HAÏTI)

Le citoyen, ses obligations et ses droits : le service militaire, l'impôt, le suffrage universel. — La section rurale, le chef de la section. — La commune, le magistrat communal et le conseil communal. — L'officier de l'état civil. — La paroisse, le curé, le conseil de fabrique. — Le commandant de la commune. — Le juge de paix. — Le préposé d'administration. — L'arrondissement. — Le commandant de l'arrondissement. — L'administrateur des finances. — La Constitution. — L'État, le pouvoir législatif, le pouvoir exécutif. — Le pouvoir judiciaire.

Langue française.

Recueil élémentaire de morceaux choisis.

Lecture, récitation française : explication du sens des mots et des phrases.

Les élèves seront exercés à composer des phrases françaises.

Grammaire française : Étude élémentaire des différentes espèces de mots. — Étude du substantif, de l'article, de l'adjectif. — Exercices de conjugaison régulière. — Exercices sur l'accord du genre et du nombre.

Exercices oraux et écrits de langue française et d'orthographe.

Dictées simples sur des sujets variés et instructifs.

Exercices élémentaires sur le vocabulaire et sur la formation des mots.

Livre de lecture, lu et commenté en classe.

PROGRAMME D'ENSEIGNEMENT DE LA LANGUE FRANÇAISE

Il est entendu que les règles seront surtout enseignées par l'usage. Le professeur ne manquera aucune occasion de faire remarquer aux enfants qu'ils sont déjà en possession de différentes sortes de mots, et qu'ils appliquent instinctivement les règles de la grammaire. Il rattachera donc constamment son enseignement aux exemples fournis par le langage parlé ou écrit.

Chaque exercice sur la grammaire est pratiqué en classe durant quelque temps, oralement ou par écrit, avant qu'un exercice du même genre soit exigé comme travail à faire aux heures d'étude.

1° Exercices oraux :

Élocution et prononciation.

Questions et explications, notamment au cours de la leçon de lecture ou de la correction des devoirs. — Interrogation sur le sens, l'emploi, l'orthographe, des mots du texte lu. — Épellation des mots difficiles.

Reproduction orale de petits récits ou de fragments de récits faits par le maître ou lus en classe.

Exercices en vue d'augmenter le vocabulaire de l'enfant.

2° Exercices de mémoire :

Récitations de fables, de petites poésies, de quelques morceaux de prose d'un genre très simple.

3° Exercices écrits :

Dictées graduées d'orthographe usuelle et d'orthographe de règle.

Petits exercices grammaticaux de forme très variée.

Reproduction écrite et non littérale (au tableau noir, sur l'ardoise, sur cahier) de quelques phrases expliquées précédemment.

Composition de petites phrases avec des éléments donnés.

4° Exercices d'analyse :

Analyse grammaticale (le plus souvent orale, quelquefois écrite).

Décomposition de la proposition en ses termes essentiels.

5° Lecture à haute voix par le maître, deux fois par semaine, d'un morceau propre à intéresser les enfants.

Histoire.

NOTIONS TRÈS SOMMAIRES D'HISTOIRE GÉNÉRALE

Petits récits préliminaires : la terre, les plantes, les animaux. — L'homme, les premières industries humaines. — Les grandes divisions de l'histoire. — Utilité de l'histoire.

Les anciens peuples de l'Orient : l'Égypte, les Égyptiens ; les ruines de Thèbes, le lac Mœris. — Les Assyriens : Ninive et Babylone. — Les Juifs : Moïse. — Les Phéniciens : Tyr et Carthage. — L'Inde : la religion de Bouddha. — Les Mèdes et les Perses : Cyrus.

Les Grecs : la Grèce et les Grecs : Homère. — Sparte et les Spartiates : Lycurgue. — Léonidas aux Thermopyles. — Athènes et les Athéniens : Solon, Périclès, Démosthène et Eschine. — Alexandre.

Les Romains : Rome et les Romains. — Carthage et Annibal. — Archimède, Scipion l'Africain, César, Cicéron, Auguste et l'Empire romain, Virgile et Horace.

Histoire d'Haïti.

(HISTOIRE D'HAÏTI DE LA DÉCOUVERTE A LA RÉVOLUTION FRANÇAISE) (1492-1789).

Courts sommaires dictés par le maître et récités par l'élève. — Courts exposés, récits simples répétés de vive voix par l'élève.

PROGRAMME D'HISTOIRE D'HAÏTI

Description d'Haïti. — État d'Haïti au moment de la découverte. — Religion. — Mœurs. — Coutumes. — Les cacicats. — Les caciques. — La découverte. — C. Colomb. — Hispanola. — Les Espagnols et les Indiens. — Les constructions des Espagnols en Hispanola. — Massacre des Indiens. — Fondation de Santo-Domingo. — Mission de dom François Bovadilla. — Départ définitif de Colomb. — Nicolas Ovando. — Exécution d'Anacoana et de Colubanama. — Diego Colomb. — Las Casas. — Première transplantation des esclaves africains en Haïti (1503). — Introduction de la canne à sucre (1506). — Dernières luttes des indigènes contre les Espagnols. — Le cacique Henri. — Mission de Barrio Nuevo. — Pillage, incendie de Santo-Domingo et destruction de ses édifices. — Décadence de la colonie espagnole. — Deuxième invasion des flibustiers et des boucaniers. — Saint-Domingue. — Efforts inutiles de l'Espagne pour arrêter les progrès des Français. — Organisation de la justice à Saint-Domingue. — M. de Cussy. — Le Code noir. — La Compagnie de Saint-Louis ou de l'île à Vache. — Fondation de la ville du Cap (1678). — Le traité de Ryswick (1689). — Incorporation de Saint-Domingue aux domaines du Gouvernement français. — Traité des limites. — Arrivée des jésuites en Haïti. — Fondation de Port-au-Prince. — Introduction du café en Haïti (1720). — Division territoriale de la colonie de Saint-Domingue. — Audience espagnole. — Conspiration et mort de Makandal. — Tremblement de terre en Haïti. — Destruction de Port-au-Prince. — Coopération des affranchis de Saint-Domingue à la guerre de l'indépendance des Etats-Unis. — Souffrance des esclaves. — Etat des affranchis. — Barbarie des colons.

L'ordonnance du 3 décembre 1784. — Division des blancs de différentes conditions sociales. — Prospérité de Saint-Domingue. — M. de Merbois et son administration.

Géographie.

1. Faire comprendre par des descriptions et par des exemples empruntés, autant que possible, au pays habité par l'enfant, le sens des principaux termes géographiques.

Indiquer sur le globe et sur la carte murale la position des océans et des continents, spécialement celles des deux Amériques et d'Haïti.

2. Notions sommaires de géographie d'Haïti.

Indiquer sur la carte murale la position des départements, des arrondissements, des communes de la République d'Haïti. — Simples descriptions de la commune et des sections rurales de la commune où est l'école. — Petits récits de voyage d'un point à un autre de la commune.

Calcul et arithmétique.

Principes de la numération parlée et de la numération écrite.

Calcul mental : Les quatre règles appliquées intuitivement d'abord à des nombres de 1 à 10 ; puis de 1 à 20 ; puis de 1 à 100.

Etude de la table d'addition et de la table de multiplication.

Calcul écrit : l'addition, la soustraction, la multiplication : règles générales des trois opérations sur les nombres entiers. — La division bornée aux nombres de deux chiffres au diviseur.

Petits problèmes oraux ou écrits, portant sur les sujets les plus usuels : exercices de raisonnement sur les problèmes et sur les opérations exécutées.

Notions du système métrique.

Calcul des nombres entiers.

Exercices de calcul mental.

Petits problèmes.

Conseils généraux. — Faire faire régulièrement des exercices de calcul. — Exercer les enfants aux quatre règles des opérations sur les nombres entiers, sans aucune théorie et en choisissant toujours des exemples portant sur de petits nombres.

Géométrie.

1. Simples exercices pour faire reconnaître et désigner les figures régulières les plus élémentaires : carré, rectangle, triangle et cercle.

Différentes sortes d'angle.

Idée des trois dimensions.

Notions sur les solides au moyen de modèles en relief.

2. Etude et représentation graphique, au tableau noir, des figures de géométrie plane et de leurs combinaisons les plus simples.

Emploi, au tableau, des instruments servant au tracé des lignes droites et des circonférences : règle, compas et rapporteur.

Notions pratiques sur le cube, le prisme, le cylindre, la sphère, sur leurs propriétés fondamentales.

Applications au système métrique.

Dessin.

Combinaisons de lignes ; représentation de ces combinaisons sur l'ardoise et le papier au crayon ordinaire ou en traits de couleur ; reproduction de dessins très simples.

Éléments usuels des sciences physiques et naturelles.

I

LEÇONS DE CHOSES

(RÉCITS, CAUSERIES, QUESTIONS, AUTANT QUE POSSIBLE AVEC LES OBJETS MONTRÉS AUX ENFANTS)

Comment les animaux et les plantes nous sont utiles. — Êtres vivants et corps bruts. — Animaux et plantes. — La campagne. — Utilité des animaux. — Utilité des plantes.

Les moutons. — Le chien de berger. — Tonte des moutons. — On carde et on file la laine.

La vache et le cabri. — La vache. — Le cabri ou la chèvre. — Le lait. — Le beurre. — Le fromage.

Les oiseaux de la basse-cour. — Canards et oies. — Pigeons, poules, pintades, dindons. — Les œufs. — Les poussins. — Couveuse.

Les poissons. — Les poissons d'eau douce et les poissons de la mer. — La pêche à la ligne. — La nasse, les filets.

Les abeilles et les vers à soie. — Les abeilles. — La ruche. — Le miel et la cire. — Usages du miel. — Usages de la cire. — Elevage des abeilles. — Apiculture. — La chenille et le papillon. — Le ver à soie.

Les plantes du potager. — Les racines qu'on mange. — Les feuilles qu'on mange. — Les grains qu'on mange.

Le verger. — Les fruits du verger. — Les arbres fruitiers. — Taille. — Greffe. — Le manguier, le caymittier, le sapotillier, l'oranger, le citronnier, la chadèque, le cirouellier, le mombin, la pomme d'acajou, le jambosier (pomme rose), l'icaquier, le cachiment, le corossolier, l'arbre à pain, l'arbre véritable, l'avocatier, le quénépier, le tamarinier, le cocotier, le palmier, la dattier, le goyavier, l'abricotier, etc., etc.

Boissons économiques et alcools de fruits.

Le labour et les semailles. — La charrue. — La herse. — Le rouleau. — Le maïs germe, le maïs lève, le maïs grandit et forme ses épis. — La cueillette, égrenage (battage), moulin à égrener. — Moulin, mouture. — Farine de maïs, acassan, cornstarch. — Poudre de maïs. — Bière de maïs.

Les bananiers. — La banane : bananes vertes, farine de bananes, bananes mûres, bananes tapées. Conserve de bananes. — Figues-bananes : vin de bananes, vinaigre de bananes.

Les patates et les pommes de terre.

Les ignames.

Le manioc. — Jus et fécule de manioc, cassave.

La canne à sucre. — On passe la canne au moulin. Le sirop, le vésou, fermentation, distillation. — Le tafia. — Rapadou, sucre brut, sucre blanc.

Le latanier et le pitre. — Feuilles de latanier. — Blanchiment des feuilles. — Teinture. — Tresses de latanier : chapeaux, sacs, macoute, paniers, etc. — Rouissage du pitre. — Préparation de la filasse, cordes, têtières, fouets.

Le coton. — Plantation. — Récolte des gousses. — Moulin à coton. — Utilisation des graines de coton, huile de coton.

Le café. — Récolte des cerises. — Séchage. — Moulin à décortiquer.

Le cacao. — Récolte des calabousses, séchage. — Fermentation des graines, chocolat.

Les arbres et les arbustes. — Les arbres du vallon (roseaux, bambou, jonc, le sucrin, etc.). — Les arbres des bois. — Les bois nous sont utiles. — Travail du bois. — L'acajou, le campêche, le chêne, le pin, le sapin, le bois d'orme, le calebassier, le bayaonde, le mancenillier des montagnes (maximilien), le bois d'ortie, le frêne, le gayac, le mapou, le gommier, le tchiatchia, le bois de fer, le bois de lance, etc.

Comment les pierres nous sont utiles. — Où l'on trouve les pierres. — La carrière. — Travail des pierres. — Comment on entretient un chemin.

Les murs de la maison. — Terre à briques. — Comment on fait les briques. — Le mortier. — Comment on fait le mortier. — Les murs de la maison, les fondations. — D'où vient la chaux.

Toiture et intérieur de la maison. — Les poutres, les planches. — Les toits de tôle, d'ardoises, de tuiles, d'aissantes. Les toits de chaume.

Les combustibles. — Corps qu'on brûle. — Comment on fait pour brûler une bûche. — L'air est nécessaire pour qu'un corps brûle. — L'air chaud est plus léger que l'air froid. — Lorsqu'un corps brûle, il se produit un courant d'air. — Ce qui reste après qu'un corps a été brûlé. — Combustibles produisant de la chaleur ; combustibles éclairants.

Le feu de cuisine et l'éclairage. — Comment on fait le charbon de bois. — Le charbon de terre. — La chandelle et la bougie. — La lampe à huile. — La lampe à pétrole. — Le gaz d'éclairage. — La lumière électrique.

Le fer. — Fer, fonte, acier. — D'où vient le fer ? Les hauts fourneaux. — La coulée. — Le forgeron.

Le zinc, l'étain, le plomb. — L'arrosoir. — Les minces feuilles d'étain. — Les balles et grains de plomb. — Le fer se rouille. — Comment on empêche le fer de se rouiller. — L'étameur. — Les fils du télégraphe.

Le cuivre, le laiton, le bronze. — Le cuivre est moins dur que le fer. — Le cuivre peut empoisonner. — Vert-de-gris. — Étamage du cuivre. — Le cuivre brûle avec une flamme verte. — Laiton : chandeliers, boutons de porte, instruments de musique, etc. — Épingles. — La cloche.

L'argent, l'or, les monnaies. — Pourquoi on fait des objets en argent. — L'argent s'échauffe vite. — D'où s'extrait l'argent. — L'or ne s'altère pas à l'air. — Dorure. — Vermeil. — D'où l'on extrait l'or. — A quoi servent les monnaies. — Monnaies de cuivre et de bronze. — Monnaies d'argent. — Monnaies d'or. — Fabrication des monnaies. — Papier-monnaie.

La pluie et les nuages. — Nuages, pluie. — Torrents. — Eau d'infiltration. Puits. — Sources. — Cours d'eau. — Formation des nuages. — L'eau de la bouillotte.

L'eau. — Couleur, transparence de l'eau. — L'eau de mer est salée ; l'eau de pluie ne l'est pas. — Marais salants. — Emploi des chutes d'eau.

L'air. — Comment on prouve que l'air existe. — L'air est bleu. — L'air se déplace. — Comment se produisent les courants d'air. — Comment se produit le vent. Ouragan.

Propriétés de l'air. Pression qu'il exerce. — L'air est élastique. — L'air presse sur la surface de la terre.

Les orages. — Orage. — Éclair. — Tonnerre. — Comment on peut savoir à quelle distance est l'éclair. — Foudre, ses effets. — La foudre peut briser ou fondre les corps. — La foudre peut enflammer les corps combustibles. — La foudre peut blesser ou tuer les hommes et les animaux. — Paratonnerre. — Précautions à prendre en temps d'orage.

II

L'homme. — Description sommaire du corps humain et idée des principales fonctions de la vie.

Les animaux. — Notions des grands embranchements et de la division des vertébrés en classes, à l'aide d'un animal pris comme type de chaque groupe.

Les végétaux. — Étude, sur quelques types choisis, des principaux organes de la plante ; notion des grandes divisions du règne végétal ; indication de plantes utiles et nuisibles.

Les minéraux. — Les pierres.

Les trois états des corps. — État solide, état liquide, état gazeux.

Changement d'état des corps.

Poids et densité des corps.

Dilatation des corps par la chaleur.

L'air, la combustion et la respiration.

L'eau.

Notions très simples sur la *lumière*, le *son* et l'*électricité*.

Notions d'agriculture.

DU SOL

Comment les sols sont formés. — Action de l'atmosphère. — Variations de température. — Végétation. — Le vent, les rivières, la mer. — Distribution des sols. — Sols rapportés. — Sol et sous-sol. — Terrains. — Vers de terre. — Composition des sols, sable, argile, chaux, matière végétale, pierres. — Classification des sols. — Examen mécanique des sols. — Sols argileux et sols sablonneux. — Pouvoir de garder l'humidité. - Composition chimique des sols. — Composition de l'atmosphère. — Eléments solubles et éléments insolubles d'un sol. — Les silicates doubles.

La vie des plantes. — Les racines. — La tige. — Les feuilles. — Les fleurs et les fruits. — Fécondation par le vent. — Fécondation par les insectes. — La graine. — L'embryon. — Germination. — Nutrition des plantes. — Composition des plantes. — Propagation des plantes par les grains, par les racines bulbeuses et tubéreuses, par les rejetons, par les racines traçantes, par les marcottes, par les bourgeons, par les boutures.

Du climat.

Des engrais. — Épuisement de la terre. — Action des engrais. — Engrais généraux. — Engrais spéciaux. — Engrais domestiques.

Assolement.

Drainage.

Irrigation.

Instruments de culture.

Taille.

Greffe.

Chant.

Petits chants très simples. — Chants à l'unisson et à deux parties, appris tout d'abord exclusivement par l'audition. — Lecture des notes.

Éducation physique et préparation à l'apprentissage professionnel.

1. SOINS D'HYGIÈNE ET DE PROPRETÉ

Inspection des enfants à leur arrivée. — Surveillance de leurs jeux, au point de vue hygiénique. — Soins particuliers pour les plus faibles.

2. GYMNASTIQUE

Jeux variés. — Mouvements élémentaires sans appareils. — Continuation des exercices d'ordre (marches rythmées ; doublements, dédoublements). — Danses et jeux spéciaux pour les filles.

Exercices militaires (pour garçons seulement).

Exercices de marche, d'alignement, de formation des pelotons, etc. — Préparation à l'exercice militaire.

3. TRAVAIL MANUEL

Pour les garçons.

Exercices manuels destinés à développer la dextérité de la main.

Découpage de carton-carte en formes de solides géométriques.

Ouvrages divers de tressage, chapellerie, vannerie et sparterie.

Poterie-modelage : reproduction de solides géométriques et d'objets très simples.

Pour les filles.

Tricot et étude du point, mailles à l'endroit, à l'envers, côtes, augmentation, diminution. — Combinaisons en laine de couleur sur le canevas. — Point de marque sur canevas.

Eléments de couture : ourlets et surjets.

Exercices manuels destinés à développer la dextérité de la main, découpage et application de pièces de papier de couleur.

Petits essais de modelage.

TROISIÈME COURS

ÉDUCATION INTELLECTUELLE ET MORALE

PROGRAMMES

Lecture.

Lecture courante avec explications. — Lecture du latin.

Ecriture.

Écriture cursive ordinaire.

Instruction religieuse.

Prière. — Petit catéchisme.

Instruction morale.

Entretiens, lecture, exercices pratiques, comme dans les deux cours précédents. Celui-ci comprend, de plus, en une série régulière de leçons, un enseignement élémentaire de la morale en général et plus particulièrement de la *morale sociale*, d'après le programme ci-après :

1. *La famille.* — Devoirs des parents et des enfants ; devoirs réciproques des maîtres et des serviteurs ; l'esprit de famille.

2. *La société.* — Nécessité et bienfaits de la société. La justice, condition de toute société. La solidarité, la fraternité humaine.

Applications et développements de l'idée de justice : respect de la vie et de la liberté humaines, respect de la propriété, respect de la parole donnée, respect de l'honneur et de la réputation d'autrui. — La probité, l'équité, la loyauté, la délicatesse. — Respect des opinions et des croyances.

Applications et développements de l'idée de *charité* ou de *fraternité*. Ses divers degrés, devoirs de bienveillance, de reconnaissance, de tolérance, de clémence, etc.

Le dévouement, forme suprême de la charité : montrer qu'il peut trouver place dans la vie de tous les jours.

3. *La patrie.* — Ce que l'homme doit à la patrie (l'obéissance aux lois, le service militaire, discipline, dévouement, fidélité au drapeau).

L'impôt. — Condamnation de toute fraude envers l'État.

Le vote. — Il est moralement obligatoire, il doit être libre, consciencieux, désintéressé, éclairé.

Droits qui correspondent à ces devoirs. — Liberté individuelle, liberté de conscience, liberté du travail, liberté d'association. — Garantie de la sécurité de la vie et des biens de tous. — La souveraineté nationale. Explication de la devise républicaine : Liberté, Égalité, Fraternité.

Dans chacun de ces chapitres du cours de morale sociale, on fera remarquer à l'élève, sans entrer dans des discussions métaphysiques :

1° La différence entre le devoir et l'intérêt, même lorsqu'ils semblent se confondre, c'est-à-dire le caractère impératif et désintéressé du devoir;

2° La distinction entre la loi écrite et la loi morale : l'une fixe un maximum de prescriptions que la société impose à tous ses membres sous des peines déterminées ; l'autre impose à chacun, dans le secret de sa conscience, un devoir que nul ne le contraint à remplir, mais auquel il ne peut faillir sans se sentir coupable envers lui-même et envers Dieu.

Instruction civique.

Notions plus approfondies que dans le cours précédent sur l'organisation politique, administrative et judiciaire d'Haïti : la Constitution, le président de la République, le Sénat, la Chambre des députés, la Loi ; — l'Administration centrale, arrondissementale et communale, les diverses autorités ; — la justice civile et pénale ; — l'enseignement, ses divers degrés ; — la force publique, l'armée.

Langue française.

Recueil élémentaire de morceaux choisis.

Lecture, récitation française : explication du sens des mots et des phrases.

Grammaire française : étude et définition des différentes parties du discours, conjugaison ; verbes irréguliers les plus usuels, sujets et compléments.

Analyse grammaticale réduite à ses formes les plus simples.

Exercices de langue française et d'orthographe.

Dictées sur des sujets variés et instructifs.

Exercices sur le vocabulaire et sur la formation des mots ; exemples de familles de mots, etc.

Remplacer dans de petites phrases l'actif par le passif, le présent par le futur, etc.

Courtes reproductions d'une description ou d'un récit préparé en classe.

Histoire.

NOTIONS TRÈS SOMMAIRES D'HISTOIRE GÉNÉRALE

I

Revision du cours précédent.

II

Le moyen âge : Clovis et les Francs. — Charlemagne. — Les Arabes : Mahomet. — Les Croisades. — Saint Louis. — Duguesclin. — Jeanne d'Arc. — Dante.

Le XVe siècle et les origines des temps modernes : La Royauté française : Louis XI. — Les voyages de Vasco de Gama. — Le Camoëns. — La découverte de l'Amérique : Christophe Colomb. — Magellan. — Le premier voyage autour du monde. — L'imprimerie : Gutemberg. — La poudre à canon.

Le XVe siècle : La Renaissance. — Michel-Ange et Raphaël. — Bernard Palissy. — Galilée. — Shakespeare. — Élisabeth et Marie Stuart. — Les guerres de religion. — Henri IV. — Philippe II. — Michel Cervantès.

Le XVIIe siècle : Richelieu. — Mazarin. — Louis XIV. — Colbert et Louvois. — Les grands généraux. — Le siècle de Louis XIV : les écrivains, les artistes, Milton, Cromwell.

HISTOIRE D'HAÏTI, DE LA DÉCOUVERTE A LA GUERRE DE L'INDÉPENDANCE
(exclusivement) (1492-1802).

Courts sommaires dictés. — Récits simples. — Courts exposés.

PROGRAMME D'HISTOIRE D'HAÏTI

I

De la découverte à la Révolution française (revision du cours précédent).

II

DE LA RÉVOLUTION FRANÇAISE A LA GUERRE DE L'INDÉPENDANCE
(1789-1802)

Effets de la Révolution française à Saint-Domingue. — Le club Massiac à Paris. — « La société philanthropique ». Pompons blancs, Pompons rouges. — Décrets des 8 et 28 mars 1790. — Combats des hommes de couleur. — Julien Raymond, Ogé et Chavanne. — Blanchelande. — Insurrection des esclaves dans le Nord. — Les commissaires Mirbeck, Roume et Saint-Léger. — Décret du 4 avril 1792. — Polvérel, Sonthonax, Ailhaud et Delpèche. — Canonnade de Port-au-Prince par les commissaires civils. — Proclamation de la liberté générale à Saint-Domingue. — Les Anglais et les Espagnols à Saint-Domingue. — Laveaux. — Toussaint-Bréda. — Incident du 1er janvier 1794. — Décret du 4 février 1794, portant abolition de l'esclavage. — Le traité de Bâle. — Soumission de Toussaint-Louverture à la

France. — Récompense des généraux indigènes par la Convention nationale. — Les agents Roume, Sonthonax, Raymond, Rigaud et Leblanc. — Les actes de l'agence. — Les députés de Saint-Domingue au Corps Législatif. — Le général Maitland. — Toussaint-Louverture et les Anglais. — Hédouville. — La lettre d'Hédouville à Rigaud. — Roume. — Guerre civile entre Toussaint-Louverture et André Rigaud. — La province du Sud, siège de Jacmel. — Pétion. Dessalines, Christophe, Moïse, etc. — Conspiration du Môle. — Départ de Rigaud avec ses principaux officiers. — Conduite de Toussaint-Louverture après la guerre civile. — Les colons après la guerre civile. — La campagne de Toussaint-Louverture contre l'Est. — Les actes administratifs à Santo-Domingo. — L'assemblée centrale. — La Constitution de Toussaint-Louverture et les lois organiques. — Division territoriale de l'île. — Administration de Toussaint-Louverture. — L'expédition de 1802. — Détails sur cette expédition. — Conduite de Christophe. — Occupation des différentes parties de l'île par Leclerc. — Conduite de Toussaint-Louverture en apprenant l'arrivée de l'armée française. — Mission de M. de Coisnon. — La scène entre Toussaint-Louverture et ses deux fils. — Défense de Maurepas à la gorge des Trois-Rivières et de Toussaint-Louverture à la Ravine-à-Couleuvres. — Description de la Crête-à-Pierrot. — Batailles et siège de la Crête-à-Pierrot. — Retraite de la Crête-à-Pierrot. — Magny et Lamartinière. — Opinion de P. de Lacroix sur la retraite de la Crête-à-Pierrot. — Promesses de Leclerc. — Soumission des indigènes. — Déportation de Rigaud. — Le général Brunet et Toussaint-Louverture. — Arrestation et embarquement de Toussaint-Louverture. — Paroles de Toussaint-Louverture à bord du « Héros ». — Séquestre des biens de Toussaint-Louverture. — Souffrances et mort de Toussaint-Louverture. — Détails sur ses derniers moments.

Géographie.

GÉOGRAPHIE ÉLÉMENTAIRE DES CINQ PARTIES DU MONDE

La mer et les continents. — Les océans ; les cinq parties du monde. — Les régions polaires.

Europe, Asie, Afrique, Océanie, Amérique.

Formes et limites : mers, grands golfes et détroits, caps, presqu'îles, îles.

Grandes chaînes de montagnes. — Fleuves et lacs. — Pays chauds et pays froids. — Déserts. — Animaux et plantes remarquables.

Principaux États avec leurs capitales. — Grands ports de commerce et grandes villes.

Calcul, arithmétique.

Calcul des nombres entiers et décimaux. — Suite et développement des exercices du calcul mental.

Système métrique des poids et mesures.

Petits problèmes et exercices d'application.

Géométrie.

PREMIERS ÉLÉMENTS DE LA GÉOMÉTRIE EXPÉRIMENTALE.

Définition : les longueurs, les surfaces, les volumes. — Mesure des longueurs sur des lignes droites : longueur d'une droite dont les extrémités sont accessibles. — Longueur dont une seule extrémité est accessible. — Mesure de la hauteur d'un arbre. — Mesure de la longueur d'une droite dont les deux extrémités sont inaccessibles. — Mesure des surfaces planes limitées par des lignes droites : Le rectangle. — Le carré. — Mesure de la surface du rectangle.

Le parallélogramme. — Mesure de la surface du parallélogramme. — Mesure de la surface d'un triangle. — Mesure d'une surface quelconque.

Mesure des volumes limités par des surfaces planes et des lignes droites : le cube. — Mesure du volume du parallélipipède droit. — Mesure du volume du cube. — Mesure du volume du prisme droit. — Mesure du volume des parallélipipèdes quelconques. — Mesure du volume de la pyramide.

Mesure des longueurs sur les lignes courbes : Principe de la mesure des longueurs courbes. — Mesure de la longueur de la circonférence du cercle. — Dimensions diverses des angles. — Mesure des angles et des arcs.

Dessin.

1. Tracé et division de lignes droites en parties égales. — Évaluation des rapports de lignes droites entre elles.
2. Reproduction et évaluation des angles.
3. Principes élémentaires du dessin d'ornement. — Circonférences, polygones réguliers, rosaces étoilées.
4. Courbes régulières autres que la circonférence. — Courbes elliptiques, spirales. — Courbes empruntées au règne végétal. — Tiges, feuilles, fleurs.
5. Premières notions sur la représentation des objets dans leurs dimensions vraies (éléments du dessin géométral) et sur la représentation de ces objets dans leur apparence (éléments de la perspective).

Ces différentes études donneront lieu à des exercices variés.

Éléments usuels des sciences physiques et naturelles.

Notions de sciences naturelles et physiques (revision avec extension du cours précédent).

Les animaux. — Grands traits de la classification. — Animaux utiles et animaux nuisibles.

Les végétaux. — Parties essentielles de la plante ; principaux groupes. — Herborisation.

Les minéraux. — Notions sommaires sur le sol, les pierres, les roches, les fossiles, les terrains.

Exemples tirés de la contrée. — Excursions et petites collections.

PREMIÈRES NOTIONS DE PHYSIQUE

Les trois états des corps.

Notions très élémentaires et expériences les plus faciles sur la *chaleur*, la *lumière*, le *son*, l'*électricité*, les *aimants*.

La pesanteur : Chute des corps. — Densité. — Pression des liquides. — Pression de l'air. — Baromètre. — Vases communiquants.

PREMIÈRES NOTIONS DE CHIMIE

Corps simples et corps composés. — Mélanges et combinaisons. — L'eau. — L'hydrogène. — L'oxygène. — L'air. — L'azote. — Le carbone. — L'oxyde de carbone. — L'acide carbonique. — Carbonate de chaux. — Oxydes. — Acides. — Bases. — Sels.

NOTIONS ÉLÉMENTAIRES DE PHYSIOLOGIE ANIMALE ET VÉGÉTALE

Le mouvement.
La nutrition.
Sensations et intelligence.
La physiologie végétale.

Notions d'agriculture et d'horticulture.

I

(Revision du programme du cours précédent.)

II

Instruments usuels de culture et cultures diverses : Caféier. — Cacaoyer. — Canne à sucre. — Cotonnier. — Oranger. — Citronnier. — Cocotier. — Ananas. — Avocatier.

Patate. — Igname. — Tuyau. — Manioc. — Arrowroot. — Maïs. — Riz. — Millet. — Tabac. — Palma Christi. — Pin et sapin. — Gommier blanc. — Campêche. — Gingembre. — Cardamone. — Poivre. — Piment. — Pimento. — Girofier. — Muscadier. — Vanillier, etc.

Caoutchouc, quinquina, etc.

III

Notions sur la culture des fleurs, soit pour l'ornement, soit pour la fabrication des parfums.

Chant.

Chants d'ensemble à une et à deux voix appris par l'audition.

Connaissance des notes, portée, clef de sol, lecture, premiers exercices d'intonation ; durée, ronde, blanche, noire, croches, silences, mesures à deux, trois et quatre temps ; lecture des notes avec la durée en battant la mesure.

Exercices les plus simples du solfège : dictées orales.

Éducation physique et préparation à l'apprentissage professionnel.

1. SOINS D'HYGIÈNE ET DE PROPRETÉ

Suite des mêmes moyens d'instruction et d'éducation que précédemment.

2. GYMNASTIQUE

Jeux. — Danse et jeux spéciaux pour les filles. — Continuation des exercices indiqués pour le cours précédent. — Évolutions à la course cadencée. — Mouvements d'ensemble avec instruments appropriés à l'âge des enfants. — Exercices deux à deux avec cordes ou barres. — Exercices aux échelles (échelle horizontale, échelle inclinée, échelle avec planche dorsale, échelles jumelles). — Perches verticales fixe par paire. — Poutre horizontale. — Mât vertical.

Exercices militaires (pour les garçons).

Exercices militaires : Ecole du soldat sans armes. — Principes des différents pas. — Alignements. — Marches, contre-marches et haltes. — Changements de direction.

3. TRAVAIL MANUEL

Pour les garçons.

Construction de travaux de cartonnage revêtus de dessins coloriés et de papier de couleur. — Divers travaux en fil de fer; treillage. — Combinaison de fil de fer et de bois. — Cages. — Ouvrages divers de tressage, chapellerie, vannerie et sparterie. — Poterie. — Modelage : ornements simples d'architecture. — Notions sur les outils les plus usuels.

Pour les filles.

Tricot et remmaillage.

Marque sur canevas.

Eléments de la couture : points de devant, point de côté, point en arrière, point de surjet. — Couture simple, ourlet, couture double, surjets sur lisière, sur plis rentrés.

Confection d'ouvrages de couture simples et faciles (essuie-mains, serviettes, mouchoirs, tabliers, chemises). — Rapiéçage.

QUATRIÈME COURS

ÉDUCATION INTELLECTUELLE ET MORALE

PROGRAMMES

Lecture.

Lecture courante avec explications.

Lecture expressive.

Lecture du latin.

Écriture.

Écriture cursive ; ronde ; batarde.

Instruction morale.

Même programme que le troisième cours.

Instruction civique.

Même programme que le troisième cours.

Langue française.

Recueil élémentaire de morceaux choisis.

Lecture, récitation française ; explication du sens des mots et des phrases.

Grammaire française : étude des règles les plus importantes de la syntaxe.

Analyse logique réduite à ses formes les plus simples.

Exercices de langue française et d'orthographe.

Petits exercices de composition ; courtes reproductions d'une description, ou d'un récit préparé en classe.

Histoire.

NOTIONS TRÈS SOMMAIRES D'HISTOIRE GÉNÉRALE

Revision des cours précédents.

Le XVIIIe siècle. — La Russie : Pierre le Grand.

La Prusse : Frédéric le Grand.

La République des Etats-Unis : Washington.

Les grands écrivains : Voltaire. — Les savants : Buffon, Lavoisier, Franklin. — Les explorateurs : Cook, Bougainville et Lapérouse.

La Révolution française. — Un grand orateur : Mirabeau. — Un patriote : Carnot. — Hoche. — Napoléon Bonaparte.

L'histoire contemporaine. — La télégraphie électrique. — Ampère et Arago. — Cuvier.

Les phares : Augustin Fresnel. — L'éclairage au gaz. — Philippe Lebon.

La photographie : Joseph Niepce.

Les bateaux à vapeur et les chemins de fer : Denis Papin. — James Watt. — Fulton. — Stephenson.

Les voyages : David Livingstone.

L'éclairage électrique. — Le téléphone.

Histoire d'Haïti.

DE LA DÉCOUVERTE A NOS JOURS

Courts sommaires dictés. — Récits simples. — Courts exposés.

PROGRAMME D'HISTOIRE D'HAÏTI

I

De la découverte à la Guerre de l'Indépendance exclusivement.

Revision des cours précédents.

II

DE LA GUERRE DE L'INDÉPENDANCE A NOS JOURS

1° Guerre de l'Indépendance et ses épisodes. — Soulèvement des indigènes. — La fièvre jaune. — Défection de Pétion. — Mort de Leclerc. — Rochambeau. — Pendaisons, noyades, fusillades et autres supplices des blancs sur les esclaves. — Dessalines, général en chef. — Ses principaux auxiliaires, ses courses, ses diverses organisations militaires. — Dévouement de Mme Pageot. — Combats divers dans l'Ouest, le Sud et le Nord. — Création du drapeau haïtien. — Charrier et Vertières (description). — Combat de Vertières. — Capois. — Admiration et présent de Rochambeau à Capois. — Capitulation du Cap. — Départ définitif de l'armée française. — 1er janvier 1804. — Indépendance d'Haïti. — L'acte de l'indépendance. — La proclamation du général en chef. — Acte des généraux de l'armée qui nomme Dessalines gouverneur général à vie.

2° Nos chefs d'État, de Dessalines à nos jours, et principaux événements. — Malheurs des guerres civiles et nécessité d'une paix intérieure durable.

Géographie élémentaire de la République d'Haïti.

Configuration. — Situation.

Les côtes : mers, golfes, détroits, caps, presqu'îles.

Frontières de terre entre la République d'Haïti et la République dominicaine. — Les montagnes, massif, principaux sommets, grandes plaines et grandes vallées. — L'Artibonite et ses affluents. — Indication des principales rivières.

Départements, arrondissements : chefs-lieux et villes principales.

Les îles adjacentes faisant partie du domaine de la République d'Haïti.

Voyage d'une commune à l'autre de l'arrondissement de l'école.

Eléments du dessin géographique à l'aide du tableau noir. — Petits croquis.

Calcul, arithmétique.

Calcul des nombres entiers et décimaux.

Opérations sur les fractions ordinaires.

Règle de trois, règle d'intérêt simple.

Système métrique des poids et mesures.

Les anciennes mesures encore employées en Haïti.

Problèmes usuels et exercices d'application.

Solutions raisonnées.

Suite et développement des exercices de calcul mental appliqués à toutes ces opérations.

Géométrie.

PREMIERS ÉLÉMENTS DE GÉOMÉTRIE EXPÉRIMENTALE (suite et fin).

1° Revision du cours précédent.

2° Mesure des surfaces planes terminées par des lignes courbes ; Mesure de la surface du cercle. — Mesure d'une surface quelconque.

Mesure des volumes terminés par des surfaces planes et des surfaces courbes : Le cylindre. — Mesure du volume d'un cylindre. — Le cône. — Mesure du volume du cône.

Mesure des volumes terminés par des surfaces rondes : La sphère. — Surface et volume de la sphère.

Dessin des figures géométriques : Des instruments employés. — Tracé des droites, des parallèles et des perpendiculaires. — Division d'une droite en parties égales. — Construction des figures terminées par des lignes droites. — Construction générale des figures régulières terminées par des droites. — Juxtaposition des figures. — Tracés sur les angles. — Tracés sur le cercle.

Éléments d'arpentage et de levé des plans : Définitions. — Principaux instruments employés. — Tracé direct d'un plan. — Arpentage proprement dit. — Difficultés particulières.

Dessin.

Même programme que pour le cours précédent.

Notions de sciences physiques et naturelles.

Avec la revision du cours précédent, l'élève recevra des notions générales (d'après Huxley), sur :

1° La nature et la science;

2° Les objets matériels : Les corps minéraux. — Les corps vivants;

3° Les objets immatériels.

Notions d'agriculture.

1° Revision des programmes des cours précédents.

2° Notions sur les animaux domestiques et leurs produits.

Chant.

Continuation du cours précédent.

Exercices d'intonation. — Clef de *sol* et clef de *fa*. — Gamme diatonique majeure, intervalles naturels, signes altératifs.— Principaux tons majeurs et mineurs. — Durée.

Exercices de solfège, dictées orales, exécution de morceaux d'ensemble à une et deux parties.

Éducation physique et préparation à l'apprentissage professionnel.

1° SOINS D'HYGIÈNE ET DE PROPRETÉ

Suite des mêmes moyens d'instruction et d'éducation que précédemment.

2° GYMNASTIQUE

Même programme que pour le troisième cours.

Exercices militaires (pour les garçons). — Même programme que pour le cours précédent.

8° TRAVAIL MANUEL

Pour les garçons.

Exercices combinés de dessin et de modelage : croquis cotés d'objets à exécuter et construction de ces objets d'après les croquis ou *vice versa*.

Étude des principaux outils employés au travail du bois. — Exercices pratiques gradués. — Rabotage, sciage des bois, assemblages simples. — Boîtes clouées ou assemblées sans pointes. — Tour à bois, tournage d'objets très simples.

Étude des principaux outils employés dans le travail du fer, exercices de limage, ébarbage ou finissage d'objets bruts de forge ou venus de fonte.

Pour les filles.

Tricot : ouvrages divers.

Marque sur la toile.

Piqûres, froncés, boutonnières ; raccommodage des vêtements, reprises.

Notions de coupe et de confection des vêtements les plus faciles.

PROGRAMMES
DES ÉCOLES SECONDAIRES SPÉCIALES
(POUR LES GARÇONS)

PREMIER COURS
ÉDUCATION INTELLECTUELLE ET MORALE

PROGRAMMES

Lecture.

Lecture expressive.

Écriture.

Calligraphie.

Instruction religieuse.

Ancien et nouveau Testament. — Conférences sur la religion.

Instruction morale.

NOTIONS ÉLÉMENTAIRES DE PSYCHOLOGIE

Objet de la psychologie. — Ses rapports avec la morale. — Description générale des facultés humaines.

L'activité physique. — Les mouvements, les instincts, les habitudes corporelles.

La sensibilité. — Le plaisir et la douleur. — Sensibilité physique : les besoins et les appétits. — Sensibilité morale : sentiment de famille; sentiments sociaux et patriotiques; sentiment du vrai, du beau, du bien ; sentiment religieux. — La passion.

L'intelligence. — La conscience; les sens ; perceptions naturelles et perceptions acquises. — La mémoire et l'imagination. — L'attention ; l'abstraction et la généralisation; le jugement et le raisonnement. — Les principes de la raison.

La volonté. — La liberté ; l'habitude.

Conclusion de la psychologie. — Dualité de la nature humaine. L'esprit et le corps ; la vie animale et la vie intellectuelle et morale.

Langue française.

1° *Lecture et récitation.* — Lecture à haute voix de morceaux classiques. (Les passages les plus importants sont appris par cœur.)

Lectures personnelles, indiquées par le maître, ou choisies, sous sa direction, par l'élève. — Analyse écrite ou orale de ces lectures.

2° *Grammaire et exercices grammaticaux.* — Étude raisonnée de la grammaire française. — Exercices de dérivation.

Dictées et exercices oraux d'orthographe, d'analyses grammaticale et logique.

3° *Exercices de vocabulaire et d'invention.* — Formation des mots : mots simples, dérivés, composés, synonymes, homonymes, etc. — Groupement des mots par familles, par analogie de sens, par ordre de matières (les arts, les métiers, le commerce, l'agriculture, etc.) ; exercices oraux et écrits appropriés à cette étude.

4° *Principes et Exercices de composition.* — Les élèves seront exercés à écrire de petites narrations, de simples lettres, des lettres d'affaires et des rédactions d'une difficulté graduée, à décrire des objets préalablement examinés sous la direction du maître, à résumer une lecture ou une leçon.

TEXTES D'APPLICATION ET DE RÉCITATION

Fénelon : *Télémaque* (extraits et analyses), *Dialogues des morts*.
Sévigné : Lettres choisies.
Racine : *Esther*.
La Fontaine : Les six premiers livres.
Boileau : Choix de *Satires*; épisodes du *Lutrin*.
Buffon : Morceaux choisis.
Recueil des morceaux choisis des prosateurs du XIXe siècle.
Recueil des morceaux choisis des poètes du XIXe siècle.

LIVRES DE LECTURE ET D'ANALYSE

Homère : *Odyssée*, analyses et extraits.
Iliade, analyses et extraits.
Plutarque : *Vie des Grecs illustres* (choix), *Vie des Romains illustres* (choix).
Hérodote : Extraits.
Tite-Live : Extraits.
Virgile : Analyses et extraits.

Langues française et espagnole.

1. La méthode à suivre est la méthode dite naturelle, celle qu'on emploie pour l'enfant dans la famille, celle dont chacun use en pays étranger : peu de grammaire, mais beaucoup d'exercices parlés parce que la prononciation est la plus grande difficulté des langues vivantes ; beaucoup aussi d'exercices sur le tableau noir ; des textes préparés avec soin, bien expliqués, d'où l'on fera sortir successivement toutes les règles grammaticales, et qui, appris ensuite par les élèves, leur fourniront les mots nécessaires pour qu'ils puissent composer eux-mêmes des phrases à la leçon suivante.

2. Exercices de conversation.

3. Exercices de vocabulaire. Les mots choisis parmi ceux qui sont les plus notés sont, autant que possible, présentés par séries se rapportant à un même ordre d'idées : le mobilier de la classe, les parties du corps, le vêtement, etc.

4. Les noms de nombres. Exercices de calculs. Dictées.

TEXTES D'EXPLICATION, DE RÉCITATION ET DE LECTURE

Anglais.

Sultan Mahmoud, by T. Robertson.
Manuel de la conversation, français-anglais.
Lessons for children, by Mrs Barbauld.
Royal Readers, nos I and II.
East : Poésies amusantes.
Miss Edgewort : Contes choisis.

Espagnol.

Cours de langue espagnole, par L. Mallefille.
Manuel de la conversation, français-espagnol.
Libros primero y segundo de lectura, por el doctor Mandevil.

Histoire générale.

I

Aperçu d'histoire ancienne. — Monde connu des anciens.

Égyptiens, Assyriens, Babyloniens, Israélites, Phéniciens et Carthaginois, Perses. — Monuments qui nous sont restés de ces peuples.

La Grèce : Temps héroïques. Sparte et Athènes. — Guerres médiques. Siècle de Périclès, Socrate, Épaminondas, Philippe de Macédoine. — Conquêtes d'Alexandre. — Réduction de la Grèce en province romaine

II

Histoire romaine : Rome. — Les rois. — République romaine. Les magistrats. — Lutte des plébéiens contre les patriciens.

Conquêtes des Romains.

Les Gracques. — Guerres civiles. — César.

Auguste et ses successeurs. — Les Antonins.

Dioclétien. — Constantin et l'Église chrétienne. — Julien. — Théodose.

III

Moyen âge. — Les Gaulois avant la conquête romaine et sous l'empire romain. — Le christianisme en Gaule.

Principales invasions des Germains aux ve et vie siècles. — Les Francs.

Mahomet. — Conquêtes des Arabes.

Charlemagne : ses guerres et son administration.

Traité de Verdun. — Incursions des Normands.

Le régime féodal en Europe.

L'empire et la papauté. — Querelle des investitures.

Les Croisades.

Conquête de l'Angleterre par les Normands. — Les Plantagenets. — La Grande Charte.

Progrès des populations urbaines et rurales ; les communes et le pouvoir royal en France. — Louis VI. — Philippe-Auguste. — Saint Louis. — Philippe le Bel.

N. B. — Les notions historiques sur l'Orient, la Grèce et Rome porteront moins sur les faits, les guerres, les dynasties, la fondation ou le démembrement des empires, que sur les mœurs, les croyances, les monuments, les grandes œuvres des peuples de l'antiquité et sur la part qu'ils ont eue au développement de la civilisation. Les légendes, anecdotes, biographies d'hommes célèbres, les descriptions, l'histoire littéraire y tiendront une large place. A chaque leçon un certain temps sera réservé à des lectures choisies dans les œuvres des grands écrivains de l'antiquité ou dans celles des historiens ou des voyageurs.

Géographie des différentes parties du monde moins l'Amérique.

Notions élémentaires de cosmographie.

Étude générale de la terre. — Explication des termes géographiques. — Lecture du globe et des cartes.

Étude générale des continents et des océans : forme des continents. — Grands systèmes orographiques et hydrographiques. — Courants atmosphériques et marins. — Les races humaines. — Les régions de l'équateur, des tropiques et des pôles.

Géographie politique. — Étude particulière des principaux États de l'Europe, de l'Asie, de l'Afrique et de l'Océanie.

Les principales colonies européennes.

Géographie physique.

PREMIÈRES NOTIONS

La forme de la terre.

Le jour et la nuit.

L'air. — De quoi l'air est fait. — Échauffement et refroidissement de l'air. — Ce qui arrive quand l'air s'échauffe et se refroidit. — Le vent. — La vapeur dans l'air : Évaporation et condensation. — Rosée, brouillards, nuages. — D'où proviennent la pluie et la neige.

La circulation de l'eau sur la terre : ce que devient la pluie. — Comment se forment les sources. — Le travail souterrain des eaux. — Comment se désagrège la surface de la terre. — Ce que deviennent les débris des roches. — Formation du sol. — Ruisseaux et rivières. — Leur origine. — Leur action. — Champs de neige et glaciers.

La mer. — Groupement de la terre et de la mer. — Pourquoi la mer est salée. — Les mouvements de la mer. — Le fond de la mer.

L'intérieur de la terre.

Conclusion.

Arithmétique.

Opérations sur les nombres entiers. Procédés rapides de calcul mental et de calcul écrit.

Caractères de divisibilité par 2, 5; 4, 25 ; 3, 9; 11.

Plus grand commun diviseur de deux nombres.

Décomposition d'un nombre en ses facteurs premiers. — Formation du plus grand commun diviseur et du plus petit multiple commun de plusieurs nombres.

Fractions ordinaires.

Fractions décimales.

Système métrique des poids et mesures. — Des anciennes mesures encore employées en Haïti.

Notions sur les rapports et proportions.

Règle de trois. — Intérêt simple ; rentes sur l'État. — Caisse d'amortissement. — Escompte ; échéance commune. — Partages proportionnels. — Problèmes de mélange et d'alliage. — Transformations abréviatives dans le calcul mental ou écrit.

Géométrie.

NOTIONS PRATIQUES

Premières définitions. — Volume. — Surface. — Ligne. — Point. — Géométrie.

Des diverses sortes de lignes. — Ligne droite. — Ligne brisée. — Ligne courbe.

Circonférence, cercle, centre. — Divisions de la circonférence. — Rayons, diamètres. — Arc, corde, flèche.

Les angles et leur mesure. — Angle, sommet, côtés. — Angles adjacents. — Perpendiculaire ; angle droit, angle aigu, angle obtus. — Angles opposés par le sommet. — Mesure des angles. — Faire un angle égal à un angle donné. — Valeur de quelques angles. — Rapporteur.

La perpendiculaire et les obliques. — Perpendiculaire menée à une droite par un point pris sur cette droite ou hors de cette droite. — Obliques s'écartant également ou inégalement du pied de la perpendiculaire menée par le milieu d'une droite. — Problèmes.

Des parallèles. — Droites parallèles. — Si deux lignes sont perpendiculaires à une troisième, elles sont parallèles entre elles. — Égalité des angles dont les côtés sont parallèles. — Usage de l'équerre pour tracer des parallèles. *La circonférence et les lignes qui s'y rapportent.* — Relations des arcs avec leurs cordes. — De la perpendiculaire menée du centre sur une corde. — Un cercle ou un arc étant donné, en trouver le centre. — Faire passer une circonférence par trois points donnés. — Diviser un angle en deux parties égales.

De la tangente à la circonférence. — Positions relatives de deux cercles sur un plan. — Relation entre la distance des centres et la somme ou la différence des rayons.

Des polygones. — Polygones, périmètre ; diagonales. — Angles saillants, angles rentrants, etc. — Dénomination des polygones. — Polygones réguliers.

Du triangle. — Définition. — Triangle isocèle. — Triangle équilatéral. — Relations entre les côtés et les angles. — Notion de la base et de la hauteur. — Propriétés du triangle isocèle. — Propriétés du triangle équilatéral. — Triangle rectangle. — Somme des angles dans tout triangle. — Construction des triangles.

Quadrilatères. — Définition. — Trapèze. — Parallélogramme. — Losange. — Rectangle. — Carré.

Mesure des angles inscrits. — Définition. — Mesure de l'angle inscrit. — Elever une perpendiculaire à l'extrémité d'une ligne qu'on ne peut prolonger. — D'un point pris hors d'un cercle, lui mener une tangente. — Angle intérieur. — Angle extérieur.

Les polygones réguliers. — Définition. — Polygone inscrit dans un cercle. — Polygone circonscrit. — Moyen d'inscrire un carré. — Inscription de l'hexagone régulier et du triangle équilatéral. — Moyen de circonscrire un polygone régulier. — Angle d'un polygone régulier.

Mesure des surfaces. — Figures équivalentes. — Surface du carré, du rectangle, du parallélogramme, du triangle, du trapèze, d'un polygone quelconque, d'un polygone régulier. — Surface du cercle et du secteur de cercle. — Calcul de la circonférence au moyen du diamètre. — Surface du cercle dont on connaît le rayon.

Figures semblables. — Définition. — Du rapport de deux lignes. — Lignes proportionnelles. — Diviser une ligne droite en parties proportionnelles à des longueurs données. — Diviser une droite en parties égales. — Echelle de réduction. — Triangles semblables. — Polygones semblables. — Rapport des périmètres de deux figures semblables. — Rapport de la circonférence au diamètre. — Rapport des surfaces de deux lignes semblables. — Propriétés du triangle rectangle. — Moyenne proportionnelle à deux lignes données.

Sciences physiques et naturelles.

PREMIÈRES NOTIONS GÉNÉRALES SUR LES SCIENCES PHYSIQUES ET NATURELLES

(Revision de ces notions données dans le quatrième cours de l'école primaire.)

1° La nature et la science.

2° Les objets matériels : les corps minéraux. — Les corps vivants.

3° Les objets immatériels.

Chimie.

LE FEU

Ce qui arrive quand une chandelle brûle. Production d'acide carbonique et d'eau. Quand une chandelle brûle, rien n'est perdu. Expériences. Chaleur produite quand il y a action chimique.

L'AIR

De l'air. Ce que contient l'air. Ce qui arrive quand nous respirons. Action des plantes sur l'air. Croissance des plantes. Action combinée des animaux et des plantes sur l'air.

DE L'EAU

De quoi l'eau est formée. On peut retirer l'hydrogène de l'eau. Comment l'hydrogène peut être recueilli. Autre moyen de préparer l'hydrogène. — L'hydrogène brûle. Il est plus léger que l'air. De l'eau se forme quand l'hydrogène brûle. Analyse de l'eau. Différence entre l'eau de source et l'eau de mer. Moyen de reconnaître la présence du sel dans l'eau. Solution et cristallisation. L'eau de pluie est de l'eau distillée. Matières dissoutes et matières en supension dans l'eau de rivière. Eau douce et eau saumâtre. Les eaux des rivières diffèrent selon les terrains qu'elles parcourent. L'impureté des eaux qui circulent dans les villes. Gaz dissous par l'eau.

TERRE

De la terre. Préparation de l'acide carbonique au moyen de la chaux. Préparation de l'oxygène au moyen de l'oxyde rouge de mercure. Les métaux deviennent plus lourds en s'oxydant. Métaux contenus dans les substances terrestres. Ce que c'est que le charbon de terre. Fabrication du gaz d'éclairage. Usages du charbon de terre. Gaz d'éclairage et flamme. Explosions dans les mines de charbon et lampe de Davy. Ce qu'est un corps composé. Des corps simples et des corps composés.

MÉTALLOÏDES

Oxygène. Hydrogène. Azote et acide azotique. Ce que c'est qu'un acide, un alcali, un sel. Charbon ou carbone. Le sucre contient du charbon. Chlore retiré du sel marin. Soufre et ses composés. Propriétés du phosphore. Silicates (verre, argile).

MÉTAUX

Fer. — Ses usages et ses propriétés. Aluminium, le métal retiré de l'argile. Calcium, le métal de la chaux. Magnésium, le métal du sel d'Epson. Sodium, le métal de la soude et du sel de Glauber. Potassium, le métal de la potasse. Cuivre et ses composés. Zinc et ses usages. Étain, obtenu à l'aide du chalumeau. Plomb et ses composés. Vif argent ou mercure. Usage de l'or.

Conclusions. — Combinaisons en proportions définies. Équivalents. Combinaisons en proportions multiples. Équation chimique.

Physique.

Définition de la physique. Définition du mouvement. Définition de la force.

Les principales forces de la nature. — Gravité, cohésion, attraction chimique. Usages de ces trois forces. Comment agit la gravité. Centre de gravité. Balance.

Les trois états de la nature. — Remarques générales. Définition des solides, des liquides, des gaz.

Propriétés des solides. — Remarques générales sur la cohésion. Élasticité. Résistance des matériaux. Frottement.

Propriétés des liquides. — Les liquides prennent la forme des vases qui les contiennent. Ils transmettent la pression. Pression hydraulique. Pression de l'eau. Niveau des liquides. Niveau d'eau. Corps flottants. Poids spécifique. Capillarité.

Propriétés des gaz. — Pression de l'air. Poids de l'air. Baromètre. Usages du baromètre. Machine pneumatique. Pompes. Siphon.

Corps en mouvement. — Définition de l'énergie. Définition du travail. Travail fait par un corps en mouvement. Énergie d'un corps au repos.

Corps en vibration. — Le son. Ce que c'est que le bruit et ce que c'est que la musique. Le son fait du travail. Il faut un intermédiaire pour la propagation du son. Mode de propagation du son. Mode de propagation dans l'air. Sa vitesse. Écho ou réflexion du son. Comment trouver le nombre de vibrations par seconde correspondant à une note.

Corps soumis à l'action de la chaleur. — Nature de la chaleur. Dilatation des corps chauffés. Description du thermomètre. Comment faire un thermomètre centigrade. Dilatation des solides. Dilatation des liquides. Dilatation des gaz. Chaleur spécifique. Changement d'état, table des points de fusion. Chaleur latente de l'eau. Chaleur latente de la vapeur. Ébullition et évaporation. Le point de fusion dépend de la pression. Autres effets de la chaleur. Mélanges réfrigérants. La chaleur se propage. Conductibilité des corps pour la chaleur. Propagation de la chaleur. Rayonnement de la lumière et de la chaleur. Vitesse de la lumière. Réflexion de la lumière. Réfraction de la lumière. Lentilles, images qu'elles donnent. Microscope et télescope. La réfraction diffère avec les rayons. Récapitulation et nouvelle définition de la nature et de la chaleur.

Corps électrisés. — Corps bons conducteurs et corps mauvais conducteurs de l'électricité. Deux sortes d'électricité, leur action réciproque. Elles existent combinées dans les corps non excités. L'étincelle électrique. Électroscope. Action des pointes. Machine électrique. La bouteille de Leyde. Nature de l'énergie des corps électrisés. Courants électriques. Batterie de Grove. Propriété des courants. Effets caloriques, chimiques et magnétiques. Télégraphe électrique.

Notions de Botanique.

Notions préliminaires.
Caractères généraux des plantes à fleurs.
Les tissus des plantes.
La nature de la cellule et accroissement du tissu cellulaire.
La nutrition des plantes.
La germination.
La racine.
La tige.
Les bourgeons et les branches axillaires.
Les feuilles.
L'inflorescence.
La fleur.
Le calice.
La corolle.
Le disque.
La préfloraison.
L'étamine.
Le pistil.
L'ovule.
Fécondation.
Le fruit.
La graine.
Appendice.
Plantes gymnospermes.

Quelques expériences de physiologie végétale. — Absorption et évaporation de l'eau, décomposition de l'acide carbonique, dégagement de l'oxygène et fixation du carbone par les plantes exposées à la lumière. Respiration. Transpiration. Germination. Effet de la lumière sur la chlorophylle. La couleur des fleurs ne dépend pas de la lumière. La tige se tourne du côté de la lumière.

Classification. — Division des végétaux en trois embranchements ; les dicotylédones, les monocotylédones et les acotylédones.

Caractères distinctifs des principales familles de chaque embranchement. Indications des espèces les plus importantes, en Haïti, ou les plus remarquables par leur organisation ; insister sur les végétaux qui sont ou pourraient être les plus utiles au pays.

Herborisation sous la conduite du professeur.

Agriculture théorique.

Notions pratiques sur la végétation, sur la durée des végétaux, sur leurs divers modes de reproduction (graines, boutures, greffes, etc.), sur la nature des différentes terres, sur les engrais et leur bon emploi, sur l'assolement.

Notions sur la charrue.

Principales opérations de l'agriculture. — Défrichement, plantations, transplantations, drainage, irrigation.

Principales cultures d'Haïti et particulièrement de la région où est située l'école.

Maladies des plantes et moyens préservatifs : végétaux parasites.

Légumes, fruits et fleurs.

Conduite et tailles des arbres fruitiers.

Soins à donner aux animaux domestiques. Apiculture.

Dessin et Calligraphie.

DESSIN D'IMITATION.

Principes du dessin d'ornement. — Lignes droites, circonférence, polygones réguliers, rosaces étoilées; courbes géométriques diverses; ellipses, spirales, etc.; courbes empruntées au règne végétal : tiges, feuilles, fleurs.

Copies de plâtres, représentant des ornements plats d'un faible relief.

Dessin d'après l'estampe et d'après le relief : 1° d'ornements purement géométriques : moulures, oves, rais de cœur, perles, denticules, etc. ; 2° d'ornements empruntés au règne végétal : feuilles, fleurs, fruits, palmettes, rinceaux, etc.

Notions succinctes sur les ordres d'architecture, données au tableau par le maître.

Dessin élémentaire de la tête humaine, ses parties et ses proportions.

Dessin géométrique.

Exécution sur le papier, avec l'aide des instruments, des tracés géométriques sur la ligne droite et les circonférences. — Applications à des motifs de décoration. — Parquetage. — Carrelage. — Panneaux. — Plafonds.

Notions de dessin géométral. — Relevé, avec cotes, au trait et à une échelle déterminée, de solides géométriques et d'objets simples : assemblages de charpente et de menuiserie, voussoir, meubles, etc.

Principes du lavis à teintes plates.

Exercices de calligraphie.

Musique vocale.

Principes élémentaires de musique. — Prononciation et diction. Émission vocale. — Respiration. — Classement des voix. — Exercices d'intonation sur la gamme majeure et mineure avec les mesures simples (tons d'*ut*, *sol*, *fa* majeurs et leurs relatifs mineurs).

Dictées faciles. — Exécution de morceaux simples.

Une fanfare pourra être organisée.

Éducation physique et préparation à l'apprentissage professionnel.

1° GYMNASTIQUE

Jeux. — Exercices d'ordre (formation des rangs, marches rythmées, ruptures et rassemblement, doublement et dédoublement). — Evolutions à course cadencée ; courses de vélocité à petite distance. — Mouvements d'ensemble avec et sans instruments portatifs (haltères, barres, massues).

Exercices deux à deux avec cordes ou barres. — Exercices de suspension allongée et de suspension fléchie aux échelles (échelle horizontale, échelle inclinée, échelle avec planche dorsale, échelles jumelles). — Perches verticales fixes par paire. — Poutre horizontale. — Mât vertical. — Planches d'assaut. — Sauts en long, hauteur et profondeur. — Sauts avec appui des mains. — Sauts à la perche. — Exercices d'équilibre, exercices de rétablissement.

2° EXERCICES MILITAIRES

École du soldat sans armes.
Formation de la section.
Alignements.
Marches.
Changement de direction.
Ecole d'intonation.

3° TRAVAIL MANUEL

Travaux en papier et en carton. — Tissages, pliages, découpages et cartonnages reliés à l'enseignement du dessin, des formes géométriques et du calcul. Brochage et cartonnage d'un volume. Reliure.

Travail du bois. — Exercices simples au moyen des outils suivants : 1° scie ordinaire, plane, râpe, lime et rabot ; 2° scies et ciseaux divers, affutages. Applications à la confection d'objets utiles.

Travail du fer. — Courbures de fils de fer suivant des formes géométriques ; applications, ornements, objets usuels. Premiers exercices de lime.

Modelage. — A faible relief, d'après croquis coté et d'après nature (feuilles).

DEUXIÈME COURS

ÉDUCATION INTELLECTUELLE ET MORALE

PROGRAMME

Lecture.

Lecture expressive.

Écriture.

Calligraphie.

Instruction religieuse.

Ancien et nouveau testament. — Conférences sur la religion.

Instruction morale.

MORALE THÉORIQUE. — PRINCIPES

Introduction. — Objet de la morale.

La conscience morale : discernement instinctif du bien et du mal ; comment il se dévelope par l'éducation.

La liberté et la responsabilité. — Conditions de la responsabilité ; ses degrés et ses limites.

L'obligation et le devoir. — Caractères de la loi morale. — Insuffisance de l'intérêt personnel comme base de la morale. — Insuffisance du sentiment comme principe unique de la morale.

Le bien et le devoir pur. — Dignité de la personne humaine.

Les sanctions de la morale. — Rapport de la vertu et du bonheur. — Sanction individuelle (satisfaction morale et remords). — Sanctions sociales. — Sanction supérieure : la vie future et Dieu.

MORALE PRATIQUE. — APPLICATIONS

Devoirs individuels. — Leur fondement. — Principales formes du respect de soi-même. — Les vertus individuelles (tempérance, prudence, courage, respect de la vérité, de la parole donnée, etc.).

Devoirs de cultiver et de développer toutes nos facultés. Le travail : sa nécessité, son influence morale.

Devoirs de famille. — La famille : son importance morale et sociale. Devoirs domestiques.

Devoirs généraux de la vie sociale. — Le droit. Rapports des personnes entre elles. Division des droits sociaux. Devoirs de justice et devoirs de charité.

Devoirs de justice. — Respect de la personne dans sa vie ; dans sa liberté ; dans son honneur et sa réputation ; dans ses opinions et ses croyances ; dans ses biens ; caractère sacré des promesses et des contrats.

Devoirs civiques. — L'État, fondement de l'autorité publique. — La souveraineté nationale. Sa légitimité. Ses limites : la liberté de conscience ; la liberté individuelle ; la propriété. — Son exercice : le suffrage universel. — Ses agents : le pouvoir législatif, exécutif et judiciaire.

Devoirs des citoyens. — Le patriotisme ; l'obéissance aux lois ; l'impôt ; le service militaire ; le vote ; l'obligation scolaire.

Devoirs religieux et droits correspondants.

Langue française.

1° *Lecture et récitation.* — Lecture à haute voix de morceaux classiques. — Les passages les plus importants sont appris par cœur.

Lectures personnelles indiquées par le maître ou choisies, sous sa direction, par l'élève. Analyse écrite ou orale de ces lectures.

2° *Grammaire et exercices grammaticaux.* — Revision approfondie des parties les plus importantes du cours précédent.

Dictées et exercices oraux d'orthographe, d'analyses grammaticale et logique.

3° *Exercices de vocabulaire et d'invention.*

4° *Principes et exercices de composition.* — Simples compositions. — Narrations, lettres, résumés de lectures ou de leçons, etc.

TEXTES D'EXPLICATION ET DE RÉCITATION

La Fontaine : *Fables*, les six derniers livres.

Racine : *Iphigénie, les Plaideurs.*

Bossuet : *Histoire universelle* (3e partie). Oraisons funèbres de Henriette de France et de Henriette d'Angleterre.

Fénelon : *Éducation des filles; Lettre à l'Académie.*

Voltaire : *Charles XII.*

Corneille : *Le Cid, Horace.*

Molière : *Les femmes savantes, Les précieuses ridicules.*

Morceaux choisis de prosateurs et de poètes français du XVIe au XIXe siècle.

Morceaux choisis d'auteurs grecs, tirés des meilleures traductions. — Notions d'histoire littéraire à propos des auteurs lus et étudiés.

TEXTE DE LECTURE ET D'ANALYSE

Xénophon : Analyse et extraits.

Eschyle, Sophocle, Euripide (choix).

Plaute, Térence ; Extraits choisis.

Salluste.

César.

Cervantès : Analyse et extraits.

Le Tasse : *Jérusalem délivrée* (extraits et analyse).

Analyse et extraits des chroniqueurs français : Villehardouin, Joinville, Comines (traductions).

Bossuet : *Histoire naturelle*, IIIe partie.

Montesquieu : *Considérations sur les causes de la grandeur des Romains et de leur décadence.*

Recueil de morceaux choisis de littératures étrangères (traductions).

Langues anglaise et espagnole.

Continuation des exercices du premier cours. — Textes appris par cœur.

Acquisition de nouvelles parties du vocabulaire.

Monnaies, poids et mesures.

Exercices de conversation.

Exercices gradués de lecture, en insistant sur l'accent des mots et sur l'accent de la phrase.

Dictées. — Thèmes. — Versions.

Essais de compositions sur des sujets faciles et pratiques, lettres familières, etc.

TEXTES DE LECTURE, D'EXPLICATION ET DE RÉCITATION

Anglais. — Young John Lounger, by T. Robertson.

Manuel de la conversation, français-anglais.

Royal Readers, nos III-IV.
Aikin et Barbauld : *Evenings at home.*
Miss Edgeworth : *Old Poz.*
Franklin : Autobiography (extraits).
Swift : *Gulliver's travels* (extraits).
Ouida : *A Leaf in the storm ; A Dog of Flanders.*
Morceaux choisis (vers et prose).

Espagnol. — Cours de langue espagnole par L. Mallefille (continuation et fin).

Manuel de la conversation, français-espagnol.
Juanito : *Lecturas morales.*
Antonio de Trueba : *Countos populares.*
Morceaux choisis de prose et de poésie.

Histoire générale.

I

Guerre de Cent ans. — Les États généraux. — Charles V et Duguesclin. — Jeanne d'Arc. — Reconstitution de l'unité territoriale de la France.

Progrès de l'autorité royale en France avec Charles VII et Louis XI, en Espagne avec Ferdinand et Isabelle, en Angleterre avec les Tudors.

L'Allemagne et l'Italie à la fin du moyen âge.

Les Turcs en Europe.

Temps modernes. — Les grandes inventions du xive au xvie siècle. — Les découvertes maritimes. — Empire colonial des Portugais et des Espagnols.

La Renaissance en Italie et en France.

Guerres d'Italie. — Rivalité de François Ier et de Charles-Quint.

II

La Réforme.

Guerres de religion en France. — Pacification de la France sous Henri IV.

Prospérité de l'Angleterre sous Élisabeth. — Shakespeare. — Puissance et décadence de l'Espagne sous Philippe II.

Guerre de Trente ans. — Gustave-Adolphe. — Traités de Westphalie.

Richelieu. — Mazarin. — La Fronde.

Louis XIV : son gouvernement et ses guerres.

Domination intellectuelle de la France au xviie siècle.

III

Révolution de 1688. Olivier Cromwell.

Charles XII et Pierre le Grand.

L'Autriche et la Prusse au xviiie siècle.

Le Gouvernement parlementaire en Angleterre. — Progrès de la puissance anglaise dans l'Inde et dans l'Amérique.

Guerre de l'Indépendance américaine. Les États-Unis.

Démembrement de la Pologne.

La France sous Louis XV et Louis XVI. — Les philosophes et les économistes ; Turgot. — Les États généraux.

Découvertes scientifiques et géographiques au xviiie siècle.

Histoire d'Haïti.

I

DE LA DÉCOUVERTE A LA RÉVOLUTION FRANÇAISE (1492-1789)

Découverte de l'île par Christophe Colomb, et ses trois voyages. — Les Cacicats et les Caciques. Anacouana. — Traite des Indiens. — Révoltes et destruction des Indiens. — Robadilla, Ovando, don Diégo, Colomb, gouverneurs. — Las Casas.

Origine de la ville de Santo-Domingo.

Premier transport d'esclaves africains en 1503.

Introduction de la canne à sucre (1506).

Dernières luttes des Haïtiens. — Henri. — Bombardement et pillage de Santo-Domigo par Francis Drake (1586). — Santo-Domingo seul port ouvert au commerce (1606).

Décadence de la colonie espagnole.

Saint-Domingue, colonie française. — Les flibustiers dans les Antilles. Premiers établissements français. Les boucaniers. — La Compagnie des Indes occidentales (1664).

Développement des établissements français de Saint-Domingue. — Fondation de la ville du Cap-Français (1678). — Administration du comte de Cussy. — Organisation de la justice à Saint-Domingue. Le code noir. — Le traité de Ryswick (1697). — Introduction du café en Haïti (1720). — Incorporation de Saint-Domingue aux domaines du Gouvernement français (1728). — Fondation de Port-au-Prince. — Division territoriale de la colonie française de Saint-Domingue. — Les différentes classes à Saint-Domingue. — Audience espagnole. — Conspiration et mort de Mackandai. — Tremblement de terre en Haïti; destruction de Port-au-Prince (1770). — Traité des limites (1776). Traité d'Aranjuez (1777). — Coopération des affranchis de Saint-Domingue à la guerre de l'Indépendance des Etats-Unis (1779). Souffrances des esclaves, état des affranchis, barbarie des colons. — Immense développement de la prospérité de Saint-Domingue. — M. de Marbois et son administration.

Géographie de l'Amérique moins Haïti.

Étude générale de l'Amérique du Nord et de l'Amérique du Sud. — Description physique. — Étude particulière des principaux États : géographie physique, administrative, agricole, industrielle et commerciale. — Gouvernements, religions.

Les principales colonies européennes, y compris les Antilles.

Continents et Océans.

(REVISION ET NOUVELLES NOTIONS)

Cartes et construction des cartes. — Utilité des cartes. — Forme de la terre. Méridiens, parallèles, cercles, zones. — Construction d'un globe. — Cartes planes. — Projections de la Hire et de Mercator. — Lecture des cartes. Manière de se diriger. Boussole. Heures.

Terres et mers. — Distribution des terres et des mers. — Continents. — Causes de prospérité des Continents. — L'Océan. — Vents. — Courants. Marées. — Le fond de l'Océan.

Accidents de la surface terrestre. — Continents. Iles. Caps. — Montagnes. Cols. Passes. — Neiges. Pluies. Glaciers. Cours d'eau. — Rôle des montagnes dans l'histoire. —. Volcans. — Vallées. Plaines. — Péninsules. Isthmes. — Fleuves. Rivières. — Lacs. Mers intérieures. — Versants. Ligne de partage des eaux. Bassins. — Côtes. — Icebergs. — Conclusion.

Arithmétiuqe.

COMPLÉMENTS D'ARITHMÉTIQUE

Principes sur les produits et les quotients.

Principes sur les nombres premiers ou premiers entre eux. — Fraction irréductible. — Plus petit commun dénominateur de plusieurs nombres. — Fractions périodiques, fractions génératrices.

Racine carrée à une unité près, ou à une unité décimale près.

Exercices et problèmes comme dans le cours précédent.

Algèbre.

Règle du calcul algébrique, moins la division des polynomes.

Équations numériques du premier degré. — Problèmes.

Tenue des livres.

Tenue des livres en partie simple et en partie double.

Géométrie pratique.

REVISION DU COURS PRÉCÉDENT

Des figures dans l'espace et de leur mesure.

La ligne droite et le plan. — Le plan. — Intersection de deux plans. — Notion de la perpendiculaire au plan. — Perpendiculaire et obliques à un plan. — Droites et plans parallèles. — Angles dièdres, trièdres, etc., et leur mesure.

Des volumes. — Définitions. — Polyèdres et corps ronds. — Prisme. — Parallélipipède. — Prisme droit. — Prisme oblique. — Prisme régulier. — Cube. — Cylindre. — Sections cylindriques. — Pyramide. — Cône. — Sections coniques. — Prismes et pyramides tronquées.

Les polyèdres réguliers et la sphère. — Définitions. — Nombre et dénominations des polyèdres réguliers. — Sphère. — Sections de la sphère : grands cercles et petits cercles. — Pôles. — Plan tangent. — Sphères tangentes, sécantes. — Zone.

Mesure des surfaces des polyèdres et des corps ronds. — Surface du prisme. — Cas où le prisme est droit. — Surface du cylindre droit. — Surface du tronc de prisme; du tronc de cylindre. — Surface de la pyramide. — Cas où la pyramide est régulière. — Surface du cône droit. — Surface du tronc de pyramide, du tronc de cône à bases parallèles. — Surface d'un polyèdre quelconque; de la zone et de la sphère.

Mesure des volumes. — Volume du cube. Volume du parallélipipède rectangle; du parallélipipède droit ou oblique. — Volume du prisme triangulaire, d'un prisme quelconque; — Volume du cylindre; — de la pyramide; — du tronc de pyramide; — du cône; — du tronc de cône à bases parallèles; — de la sphère. — Volumes semblables; leurs rapports. — Cubage des arbres. — Jaugeage des tonneaux. — Mesure des volumes par les poids. — Récapitulation des formules des surfaces et des volumes. — Applications diverses.

Physique.

Notions préliminaires. — Matière et force. États physiques de la matière. — Changements d'état des corps. Atomes.

PESANTEUR

Gravitation. — La matière attire la matière. — Direction de la pesanteur. — Centre de gravité. — Équilibre des corps. — Équilibre du levier. — Poids. — Balances. — Chute des corps. — Inertie. — Force centrifuge. — Pendule.

PROPRIÉTÉS DES LIQUIDES

Niveau des liquides. — Vases communiquants. — Pression des liquides. — Principe d'Archimède. — Corps flottants. — Capillarité.

PROPRIÉTÉ DES GAZ

Poids des gaz. — Pression atmosphérique. — Mesure de la pression atmosphérique. — Baromètre. Force élastique des gaz. — Machines soufflantes. — Pompes. — Siphon.

LE SON

Élasticité. — Le son est un mouvement vibratoire. Ondes sonores. — Qualités du son. — Gamme. — Sons harmonieux. — Son et bruit. — Timbre des sons. — Instruments de musique.

LA CHALEUR

Dilatations. — Température. — Mesure des températures. — Sources de chaleur. — Propagation de la chaleur. Conductibilité. — Rayonnement ou radiation. — Chaleur spécifique des corps. — Changement d'état; solide, liquide. Changement d'état; liquide, gaz. — La glace et l'eau. — La vapeur d'eau. — Les nuages.

LA LUMIÈRE

Propagation de la lumière. — Réflexion. — Réfraction. — Les couleurs. — La vision. — Illusions optiques.

L'ÉLECTRICITÉ

Électrisation par frottement. — Corps électrisés différemment, définitions et théorie. Influence ou induction. — Électrophore. — Condensateurs et pointes. — L'orage. — La pile. — Les aimants. — Le télégraphe. — Le téléphone.

Observations météorologiques.

Chimie.

GÉNÉRALITÉS

Phénomène chimique. — La matière est indestructible. — Corps simples. — Préparation et propriétés de l'oxygène. — Corps composés.

L'AIR, L'EAU ET LE FEU

L'air atmosphérique. — L'azote. — Préparation et propriétés de l'hydrogène. — Composition de l'eau. — La flamme. — Le charbon. — L'acide carbonique.

LA TERRE

Formation de la terre et des terrains. — La terre arable. — L'argile. — Qualités du sol. — Minerais. — Le soufre. — La chaux. — Le plâtre. — Le sel. — Le salpêtre et l'ammoniaque.

LES VÉGÉTAUX

Composition des végétaux. — Principes immédiats. — Germination. — Végétation. — Effets des récoltes sur le sol. — Le fumier. — Emploi des engrais. — Assolements.

LES ANIMAUX

Tissus des animaux. — Alimentation. — Digestion. Le sang. — Respiration et circulation. — Application de ce qui précède à l'hygiène.

INDUSTRIES DOMESTIQUES

Fermentation. — Tafia. — Le vin rouge. — Le vin blanc et le vin de Champagne. — Le vinaigre. — La bière. — Eaux-de-vie des fruits. — Pain et pâtes alimentaires. — Conservation des matières organiques. — Chimie culinaire. — L'eau dans le ménage. — Le savon. — La lessive et le blanchissage. — Blanchiment.

FORMULES CHIMIQUES

Notation chimique; symboles équivalents. — Égalités ou équations chimiques.

Premières notions de géologie.

Les différentes espèces de pierres. Ce que les pierres ont à nous apprendre.

Les roches sédimentaires : qu'est-ce qu'un sédiment? — Origine du gravier, du sable et du limon. — Formation des roches sédimentaires. — Les fossiles. — Une carrière et ses leçons.

Les roches organiques : Roches formées de débris végétaux. — Roches formées de débris animaux.

Les roches ignées : Leur nature. — Leur origine.

La croûte terrestre. Soulèvements. — Affaissements. — Dislocations. — Origine des montagnes. — L'histoire de la terre racontée par les roches.

Botanique.

(REVISION DU COURS PRÉCÉDENT)

Herborisation sous la conduite du professeur.

Physiologie animale.

Notions préliminaires. — Ce que c'est que la physiologie. — Les animaux se meuvent à volonté. — Les animaux sont chauds et se meuvent : combustion. — Le besoin d'oxygène. — Les déchets.

Les différentes parties du corps. — Les tissus. — Les cavités du thorax et de l'abdomen. — La colonne vertébrale. — Tête et cou. — Nerfs. — Arrangement général de toutes ces parties.

Ce qui a lieu quand nous nous mouvons. — Les os du bras. — La structure de la jointure du coude. — Autres jointures du corps. — Le bras est fléchi par la contraction du biceps. — Comment le biceps se contracte sous l'empire de la volonté. — La contractibilité d'un muscle dépend de la circulation du sang. — C'est la nourriture contenue dans le sang qui donne de la force au muscle. — Besoin continuel de nourriture.

La nature du sang. — Le sang dans les capillaires. — Les globules sanguins. — La coagulation du sang. — Les substances contenues dans le sérum. — Les minéraux du sang.

La circulation du sang. — Les artères, les capillaires et les veines. — Le cœur d'un mouton. — Le trajet de la circulation. — Pourquoi le sang se meut dans une seule direction : les valvules des veines. — Les valvules tricuspides. — Les valvules sigmoïdes. — Le cœur gauche.

Pourquoi le sang se meut toujours : battement du cœur. — L'action du cœur considéré comme un tout. — Les capillaires et les tissus.

Comment le sang est modifié par l'air. Respiration. — Sang veineux et sang artériel. — Le changement du sang artériel en sang veineux et du sang veineux en sang artériel. — Les poumons. — Le renouvellement de l'air dans les poumons. — Comment la contraction du diaphragme dilate les poumons. — La dilatation naturelle des poumons. Inspiration. — Expiration. — Comment se contracte le diaphragme. — La poitrine est aussi dilatée par les mouvements des côtes et du sternum. — La respiration est un acte involontaire.

Comment le sang est changé par la nourriture. Digestion. — Pourquoi l'intérieur de la bouche est toujours rouge et humide. — Pourquoi la peau est quelquefois humide. Glandes sudorifiques. — La membrane muqueuse du canal alimentaire et ses glandes. — Les glandes salivaires, le pancréas et le foie. — La partie nutritive des aliments. — Comment les matières protéiques et l'amidon sont changés. — Vaisseaux lactés et vaisseaux lymphatiques. — Ce que devient la partie nutritive des aliments.

Comment le sang se débarrasse des déchets. — Nécessité de se débarrasser des matières non utilisées. — Expulsion de l'ammoniaque sous la forme d'urine.

Résumé général et succinct de tout le cours.

Comment nous sentons et voulons.

Agriculture théorique.

1° *Production végétale.* — Étude du sol et des moyens d'en modifier la composition chimique et les propriétés physiques (engrais et amendements; irrigations; drainage; travaux de labour); cultures spéciales (céréales, plantes légumineuses, fourrages, plantes industrielles); assolements.

2° *Zootechnie.* — Alimentation. — Races chevaline, bovine, ovine, porcine.

3° *Économie rurale.* — Constitution de la propriété foncière, mode et capital d'exploitation. — Notions de comptabilité agricole.

Dessin d'imitation.

Revision des études faites dans le premier cours.

Éléments de perspective. — Représentation perspective au trait, puis avec les ombres, de solides géométriques et d'objets usuels.

Dessin d'après des fragments d'architecture : piédestaux, bases et fûts de colonnes, antes, corniches.

Dessin, d'après l'estampe, des différentes parties du corps humain, tête, bras, jambes, pieds, mains, etc. — Notions sur la structure générale et les proportions de ces parties par rapport à l'ensemble.

Dessin géométrique.

Notions sur la ligne droite et le plan dans l'espace et sur les projections.

Projections de solides géométriques et d'objets simples. — Copie et réduction de plans de bâtiments et de machines, parties du bâtiment. — Organes des machines. — Notions pratiques sur le lavis. — Teintes conventionnelles.

Musique vocale.

Continuation des études de mesure et d'intonation.

Lectures et dictées musicales, orales et écrites, dans tous les tons majeurs et mineurs avec les clefs de *sol* et de *fa*.

Exécution de morceaux à plusieurs voix.

Une fanfare pourra être organisée.

Éducation physique et préparation à l'apprentissage professionnel.

1° GYMNASTIQUE

Jeux demandant plus de force de résistance que dans le premier cours. — Mêmes exercices corporels qu'au premier cours. — Exercices de voltige.

2° EXERCICES MILITAIRES

Mécanisme des mouvements en ordre dispersé. — Déploiement. Marches. — Ralliement. — Rassemblement.

École du soldat avec l'arme.

Tir. — Exercices préparatoires. — Tir à courte portée. — École d'intonation.

3° TRAVAIL MANUEL

Travail du bois. — Revision des exercices du premier cours : sciage. corroyage. Applications, assemblages simples à mi-bois (angles de 90, 45 et 60 degrés), à enfourchement, à tenon et mortaise; application à la confection d'objets utiles.

Tour à bois, premiers exercices.

Travail du fer. — Exercices de lime, burin, bédane, foret; applications telles que règle biseautée, contrefort en équerre avec trous. Forge : étirer, apointir, aplatir.

Modelage. — Série d'ornements géométriques ; d'après croquis coté ; moulage des meilleures épreuves. — Principales moulures d'architecture : quelques exercices, tels que filet grec, denticules, perles, pirouettes, palmettes, oves.

Coupe de plâtre. — Principaux solides géométriques.

TROISIÈME COURS

ÉDUCATION INTELLECTUELLE ET MORALE

PROGRAMME

Lecture.

Lecture expressive.

Écriture.

Calligraphie.

Instruction religieuse.

Ancien et Nouveau Testament. — Conférences sur la Religion.

Instruction morale.

Revision du premier et du deuxième cours.

Éléments de Droit usuel.

DROIT CIVIL

Les actes de l'état civil. — La puissance paternelle. — Les lois, le code. — Meubles et immeubles. — Des biens. — L'impôt. — Les baux. — De la vente. — Du mariage. — Des successions. — De la tutelle. — Des donations. — Un procès.

DROIT COMMERCIAL

Des commerçants.
Des livres de commerce.
Sociétés commerçantes et industrielles.

Notions d'Économie politique.

La propriété. — L'homme et ses besoins. — L'industrie. — La société et ses avantages. — Les machines. Leur utilité. — La monnaie. — L'échange. — Le commerce. — Le crédit. — La concurrence. — L'offre et la demande. — Le salaire. — Puissance de l'association. — Institutions de prévoyance.

Langue française.

1° *Lecture et récitation.* — Lecture à haute voix de morceaux classiques. — Les passages les plus importants sont appris par cœur.

Lectures personnelles indiquées par le maître ou choisies, sous sa direction, par l'élève. Analyse écrite ou orale de ces lectures.

2° *Exercices de vocabulaire et d'invention.*

3° *Exercices de composition.* — Compositions et exercices littéraires de genres divers : narrations, discours, lettres, dialogues, portraits, développement d'une idée morale, résumés et analyses d'auteurs ou de parties d'auteur.

4° *Notions d'histoire de la littérature française.*

I

Les origines. La Renaissance. La première moitié du XVIIe siècle.

II

La seconde moitié du XVIIe siècle et le XVIIIe siècle jusqu'à la Révolution.

III

Le XIXe siècle. — Revision.

TEXTES D'EXPLICATION ET DE RÉCITATION

La Bruyère : *Caractères*.
Corneille : *Cinna*. — *Polyeucte*.
Bossuet : Oraison funèbre du prince de Condé. Sermons choisis.
Boileau : *Art Poétique*.
Pascal : Pensées choisies.
Bourdaloue, Massillon : Morceaux choisis.
Racine : *Athalie*. — *Britannicus*. — *Andromaque*.
Molière : Le *Misanthrope*. — *Tartufe*.
Buffon : Discours sur le style.
Voltaire : Lettres choisies. — Extraits de prose.
Rousseau : Morceaux choisis.
Victor Hugo : Choix de poésies.
Lamartine : Choix de poésies.
Morceaux choisis de prosateurs et de poètes français des origines à nos jours.

LIVRES DE LECTURE ET D'ANALYSE

Eschyle, Sophocle, Euripide (pièces choisies).
Aristophane : pièces choisies; extraits.
Cicéron : Extraits (traités, discours, lettres).
Sénèque : Extraits.
Tacite : Extraits.
Saint-Simon : Extraits.
Buffon : Époques de la nature.
Diderot : Extraits.
Augustin Thierry, Guizot, Michelet, Thierry, Mignet, Thiers : Extraits.
Choix de discours et d'extraits de discours (genres divers), de 1789 à nos jours.
Chateaubriand : Extraits.
Mme de Staël : Extraits.
De Tocqueville : *Introduction à la Démocratie en Amérique*.
Sainte-Beuve : Extraits des *Lundis* et des *Portraits*.
Recueil de morceaux choisis des prosateurs du XIXe siècle.
Recueil de morceaux choisis des poètes du XIXe siècle.
Recueil de morceaux choisis de litteratures modernes (traductions).
Morceaux choisis d'auteurs grecs et latins tirés des meilleures traductions.

Langues anglaise et espagnole.

Études de vocabulaire.
Lecture courante de textes faciles.
Reproduction de vive voix de lectures ou de récits faits en classe.
Exercices de conversation sur les mots appris et sur les textes lus ou expliqués.

Étude méthodique des différentes parties du discours.
Idiotismes et proverbes.
Thèmes oraux et écrits. Thèmes grammaticaux.
Versions dictées : Thèmes d'imitation.
Compositions de genres divers.

TEXTES DE LECTURE, D'EXPLICATION ET DE RÉCITATION

Anglais.

T. Robertson : *I sit down to breakfast.*
Goldsmith : *She stoops to conquer. — The vicar of Wakefield.*
Lamb : *Tales from Shakespeare.*
Macaulay : *Essays* (extraits).
Shakespeare : Pièces choisies; Extraits.
Choix de morceaux extraits des meilleurs prosateurs contemporains (The Garland).
W. Anderson's commercial correspondence.
Selection from the most celebrated british poets (Sadler).

Espagnol.

Castellar (Ign.) : Nueva floresta española.
El eco de Madrid, por I.-E. Hartzenbusch y Henrique Lamming.
Morceaux choisis en prose et en vers.
Don M.-I. Quintana : Vidas de Españoles celebres.
I.-M. Lopes : Correspondencia commercial.
Choix de Lectures historiques, géographiques et scientifiques.

Histoire générale.

I

État politique et social de la France en 1789.
La Révolution française : principes, institutions.
Coalition contre la République française. — Traités de Bâle, de Campo-Formio, de Lunéville et d'Amiens.
La Révolution française et Saint-Domingue.
Le 18 brumaire. — Le Consulat : développement de l'organisation administrative.

II

L'Empire. — Lutte contre l'Europe. — Les traités de 1815.
La Sainte-Alliance.
La Restauration. — La Charte.
Guerre d'Espagne. — Guerre de l'Indépendance hellénique. — Émancipation des colonies espagnoles.

III

Révolution de 1830. — Fondation du royaume de Belgique. — Soulèvement de la Pologne. — Établissement du régime constitutionnel en Espagne et en Portugal. — Grandes réformes politiques et économiques en Angleterre. — Progrès des Russes et des Anglais dans l'Asie. — Conquête et colonisation de l'Algérie par les Français.
Révolution de 1848. — La seconde République française. — Le suffrage universel.

Le 2 décembre. — Le second Empire français.

La question d'Orient et la guerre de Crimée.

Fondation du royaume d'Italie.

L'influence croissante de la Prusse en Allemagne. — Dissolution de la Confédération germanique.

États-Unis d'Amérique. — Guerre de Sécession. — Abolition de l'esclavage.

Guerre du Mexique.

Canal de Suez.

Guerre de 1870. — L'Empire allemand. — Traité de Francfort.

La troisième République française.

Histoire d'Haïti.

I

DE LA RÉVOLUTION FRANÇAISE A LA GUERRE DE L'INDÉPENDANCE EXCLUSIVEMENT (1789-1802)

État de Saint-Domingue au moment de la Révolution française.

Les petits blancs. — Les affranchis et les esclaves. — Rébellion des colons contre l'autorité métropolitaine. Ogé et Chavannes.

Première insurrection des esclaves.

Bandes de Jean François et de Biassou.

Guerre entre les blancs et les hommes de couleur.

Les commissaires civils, Santhonax, Polvérel et Ailhaud.

Abolition de l'esclavage.

Début de Toussaint-Louverture dans la vie politique.

Toussaint entre au service de la République française.

Toussaint commandant du cordon de l'Ouest.

Bataille des Verrettes et expédition de la grande Rivière.

Les nègres et les mulâtres sauvent la colonie.

Les ennemis de l'intérieur.

Expédition du Mirebalais.

Nouvelles actions de guerre aux Verrettes.

Affaire du 30 ventôse an IV (20 mars 1796).

Laveaux et Santhonax nommés députés de Saint-Domingue.

Scission entre Santhonax et Toussaint. — Rôle de Santhonax à Saint-Domingue.

Délégation des commissaires civils près le général Rigaud, commandant du Sud.

Deuxième expédition du Mirebalais. — Toussaint-Louverture nommé général en chef de l'armée de Saint-Domingue.

Mission du général Hédouville. — Évacuation de Saint-Domingue par les Anglais.

Guerre du Sud.

Traité de Bâle (1795) et prise de possession de Santo-Domingo (1801). — Loi du 24 messidor an IX (13 juillet 1801) sur la division du territoire de toute l'île de Saint-Domingue.

Gouvernement et Constitution de Toussaint.

Expédition de Saint-Domingue.

Arrestation, déportation et mort de Toussaint. — Appréciation. — Caractère et vie de Toussaint-Louverture. — Égalité de la race blanche et de la race noire.

II

DE LA GUERRE DE L'INDÉPENDANCE A NOS JOURS (1789-1889)

Soulèvement des indigènes. — La fièvre jaune. — Défection de Pétion. — Mort de Leclerc. — Rochambeau. — Dessalines, général en chef. — Ses principaux auxiliaires, ses courses, ses diverses organisations militaires. — Combats divers dans l'Ouest, le Sud et le Nord. — Création du drapeau haïtien. — Charrier et Vertières (Description). — Combat de Vertières. — Capois. — Capitulation du Cap. Départ définitif de l'armée française. — 1er janvier 1804. — L'acte de l'Indépendance. — La proclamation du général en chef. — Acte des généraux de l'armée qui nomme Dessalines gouverneur général à vie. — Jacques Ier empereur. — La Constitution de l'Empire. — Division territoriale de l'Empire. — Régime impérial et ses effets. — Campagne de l'Empereur contre l'Est. — L'Empereur dans le Sud. — Gérin. — Mort de Dessalines. — Dévouement héroïque de Charlotin-Marcadieu.

L'Assemblée constituante du 18 décembre 1806. — Opposition entre Pétion et Christophe. — La Constitution de 1806. — Protestation des constituants du Nord contre la Constitution. — Élection de Christophe à la présidence d'Haïti. — Formation du Sénat. — Refus de la présidence par Christophe. — Marche de Christophe sur le Port-au-Prince. — Combat de Sibert. — Coutillien Coutard. — Attaque contre le Port-au-Prince. — Révolte de Goman à la Grand'Anse. — Constitution du Sénat. — Actes de Christophe. — Élection d'Alexandre Pétion à la présidence. — Réformes et ajournement du Sénat. — Insurrections dans le Nord, le Nord-Ouest et l'Artibonite. — Conspiration de Yayou et de Magloire Ambroise. — Réunion du Sénat. — Dissidence entre le Sénat et Pétion. — Pétion dictateur. — Départ de Pétion pour le Môle. — Ses insuccès. — Santo-Domingo se replace sous la domination espagnole (1809). — Rapports de Juan Sanchez et Cyriaco Ramirez avec Pétion et Christophe. — Conspiration et mort de Gérin. — Retour de Rigaud en Haïti. — Mission de Rigaud dans le Sud. — Le siège du Môle : Le général Lamarre. — Éveillard. — Toussaint Paul. — Les actes de Rigaud dans le Sud. — L'assemblée départementale. — La scission du Sud. — Christophe roi d'Haïti sous le nom d'Henri Ier. — Constitution du royaume. — Révolte du 1er bataillon de la 17e demi-brigade. — Mort de Rigaud. — Fin de la scission du Sud. — Conduite de Pétion aux Cayes. — Nouvelle marche d'Henri Ier contre l'Ouest. — Bataille de Santo. — Siège de Port-au-Prince. — Défection d'une partie de l'armée de Henri Ier. — La levée du siège de Port-au-Prince et ses conséquences. — Missions de MM. Lavaysse, Dravermann et Franco de Medina dans l'Ouest et dans le Nord. — Conduite respective de Pétion et d'Henri Ier envers les agents français. — Traité de Paris (1814) : rétrocession de Santo-Domingo à l'Espagne. Congrès de Vienne (1815). — Abolition définitive de la traite des noirs en Europe. — Bolivar et Pétion. — Mission de MM. de Fontanges, du Petit-Thouars, Esmangeard en Haïti. — Revision de la Constitution de 1806. — Pétion, président à vie. — Fondation du Lycée national. — Régime du travail sous Christophe et sous Pétion. — La petite propriété. — Mort de Pétion. — Election de Jean-Pierre Boyer à la présidence. — Actes législatifs et administratifs. — Pacification de la Grand'Anse. — Boyer dans le Sud. — La proclamation du 18 février 1820. — Députation d'Henri Ier à

Boyer. — La mission de Honne Papham. — Grave indisposition d'Henri Ier dans l'église de Limonade. — Soumission de Saint-Marc à la République. — Nouvelles défections dans le Nord-Ouest et dans l'Artibonite. — Mort de Christophe. — Pacification du Nord. — Boyer dans l'Artibonite et dans le Nord. — Propositions de J.-J. Sylva et de Aury à Boyer. — Mission des agents secrets de Boyer dans la partie espagnole. — Rapports des gouverneurs de Santo-Domingo avec Boyer. — Mission de M. Aubert du Petit-Thouars en Haïti. — Réponse de Boyer à l'agent français. — Proclamation de l'Indépendance de la partie espagnole. — Réunion de la partie espagnole à la République d'Haïti (1822). — Unification de l'île. — Mission secrète de M. Liot à Port-au-Prince. — Le général Jacques Boyer plénipotentiaire d'Haïti en France. — Les conférences de Bruxelles. — Départ de MM. les sénateurs Larose et Rouanez pour France. — Arrivée en Haïti de M. le baron de Mackau. — L'ordonnance royale du 17 avril 1825. — Les conférences de M. de Mackau à Port-au-Prince. M. de Mackau au Sénat. — Départ de M. de Mackau avec les sénateurs Rouanez et Daumec et le colonel Frémont pour France. — Indemnité, emprunt, papier-monnaie. — Elaboration du code civil d'Haïti. — M. S. Macary agent d'Haïti en France. — Réclamations de l'Espagne (1830). — Nouvelle mission de M. du Petit-Thouars en Haïti. — Arrivée de MM. le baron de Lascases et Baudouin. — Conférence des plénipotentiaires Frémont, Labbée, Ardouin et Villevaleix avec ceux de France. — Mission de MM. B. Ardouin et S. Villevaleix en France. — Les traités de 1838. — Arrivée du légat du Saint-Siège à Port-au-Prince. — Tremblement de terre du 7 mai 1842. — La société des droits de l'homme et le manifeste révolutionnaire. — Prise d'armes de Praslin. — Charles Hérard aîné. — Prise d'armes dans le Sud et dans l'Ouest. — Abdication de Boyer. — Gouvernement provisoire. — Institution des municipalités. — Réunion de l'Assemblée constituante. — Constitution de 1843. — Charles Hérard aîné, président d'Haïti. — Scission de la partie de l'Est, formation de l'État dominicain (1844). — La République dominicaine. — Scission du département du Nord. — Guerrier, président du département du Nord. — Révolution et déchéance de Charles Hérard aîné. — Guerrier, président d'Haïti. — Institution du conseil d'État. — Mort de Guerrier. — Pierrot, président d'Haïti. — Conspiration contre Pierrot. — Déchéance de Pierrot. Élection de Jean-Baptiste Riché à la présidence. — Acaan. — Combats dans le Sud. — Constitution de 1846. — Mort de Riché. — Soulouque, président d'Haïti. — Mission de MM. Delva et Ardouin en France. — Monopole. — Campagne contre l'Est (1849). — Faustin Ier, empereur. — La constitution impériale. — L'institution de la noblesse impériale. — L'emprunt est reconnu dette nationale. — Nouvelle tentative contre l'Est (1855). — Reconnaissance de l'Indépendance dominicaine par l'Espagne. — Administration de l'Empire. — Révolution du 22 décembre 1858. — Fabre Geffrard, président d'Haïti. — Loi qui modifie la constitution du 14 novembre 1846. — Conjuration à Port-au-Prince contre le président. — Concordat entre Haïti et le Saint-Siège. — Annexion de la partie de l'Est à l'Espagne (1861). — Rapport du secrétaire d'État, V. Plésance, et mission de M. B. Ardouin en Espagne (1862). — L'Ultimatum de l'amiral Rubalcara. — Modification à la constitution. Reconnaissance d'Haïti par les Etats-Unis. — Institution du Conseil de fabrique. — Extension de la liberté communale. Diffusion de l'Instruction publique. — Dissolution de la Chambre des députés. — Nomination du premier archevêque d'Haïti. — Création d'une monnaie de bronze et de nouveaux billets dits papiers Geffrard. — Conspiration dans le Nord. — Traités contre Haïti, Libéria et les États-Unis. — L'indépendance de la partie de l'Est, acceptée par l'Espagne. — L'État de siège dans le Nord, le Nord-Ouest et l'Artibonite. — Prise d'armes dans le Nord et à la Grand'Anse. — L'incendie du 19 mars. — Projet de modifications constitutionnelles; présidence temporaire. — Conduite des tirailleurs de la garde du Président. — Démission de Geffrard. — Administration de Geffrard. — Le Conseil des secrétaires d'État et le Conseil consultatif. — Le gouvernement provisoire. — L'Assemblée constituante. — Salnave, protecteur de la République. — L'Assemblée nationale constituante. — Salnave, chef du pouvoir exécutif. — Le séquestre des biens de Geffrard. — La Constitution de 1867. — Sylvain Salnave, président d'Haïti. — Le corps législatif. — Prise d'armes dans le Nord, l'Artibonite, l'Ouest et le Sud. — La séance de la Chambre des députés du 11 octobre 1867. — Les Cacos et les Piquets. — Monopole. — L'acte du Trou. — Le Conseil législatif. — La présidence à vie et la constitution de 1846. — Incendie du Palais national. — Mort de Salnave. — Le Gouvernement provisoire. — L'Assemblée nationale. — Nissage Sagot, président d'Haïti. La treizième Législature. Retrait du papier-monnaie. Gouvernement provisoire. — Michel Domingue, président d'Haïti. — Le traité de 1874 avec la République dominicaine. Gouvernement provisoire. — Boisrond-Canal, président d'Haïti. — Gouvernement provisoire. — Louis-Étienne-Félicité-Lysius Salomon, président d'Haïti. — Histoire contemporaine de la République dominicaine.

Instruction civique.

L'État. — La Constitution. — Le Pouvoir exécutif : le Président de la République ; les Ministres. — Le Pouvoir législatif : la Chambre des députés. — Le Pouvoir judiciaire : le Tribunal de cassation ; les tribunaux civils et criminels. Mode de nomination, attributions.

Les lois, les décrets. Les arrêtés présidentiels et ministériels.

Les tribunaux militaires, les tribunaux de commerce. — La justice de paix.

La force publique. — Le service militaire.

L'Instruction publique. — L'enseignement à ses divers degrés.

L'impôt. — Les diverses formes de l'impôt. — Établissement et recouvrement. — Le budget. La dette publique. La caisse d'amortissement.

L'arrondissement : le commandant de l'arrondissement et les commandants de place.

La commune. — Le conseil communal, mode d'élection, attributions. — Le magistrat communal, les adjoints. — Le budget communal. — Biens communaux. — Entretien des rues et chemins communaux.

N. B. — Il sera donné, en outre, aux élèves des notions de tenue de registres de l'état civil et des écritures de l'administration communale.

Géographie d'Haïti.

Géographie physique. — Description des côtes et des frontières de terre. — Orographie et hydrographie. — Géographie administrative de la République d'Haïti et de la Dominicaine ; divisions. — Gouvernement : administration centrale, administration d'arrondissement et administration communale. — Géographie économique. — Voies internationales de communication. — Importations et exportations.

Iles adjacentes.

Algèbre.

Résolution de l'équation du second degré à une inconnue. — Application à des questions d'arithmétique et de géométrie.

Progressions arithmétiques et géométriques. — Usage des tables de logarithmes. — Intérêts composés et annuités.

Cosmographie.

La terre et ses mouvements. — La terre est ronde. — La terre est grande. — La terre n'est pas en repos. — La terre tourne sur elle-même comme une toupie. — La terre fait un tour sur elle-même en un jour. — La rotation de la terre n'est pas son seul mouvement. — La terre fait le tour du soleil en une année. — Les deux mouvements de la terre ne sont pas dans le même plan. — Pourquoi les jours et les nuits sont inégaux. — Les saisons dépendent de la différence de longueur du jour et de la nuit. — Pourquoi les mouvements du soleil et des étoiles apparaissent différents dans les différentes parties de la terre.

La lune et ses mouvements. — La lune voyage parmi les étoiles. — La lune change de forme. — Comment la lune cause les éclipses. — Comparaison de la lune avec la terre.

Le système solaire. — Comment doivent nous paraître des corps semblables à la terre, mais plus proches du soleil. — Comment doivent nous paraître des corps semblables à la terre, mais plus éloignés du soleil. — Y a-t-il de tels corps ? Les planètes. — Les planètes plus près du soleil que la terre. — Les planètes plus éloignées du soleil que la terre. — Les comètes, les météores et les étoiles filantes.

Le soleil. — L'influence du soleil sur le système solaire. — La chaleur, la lumière, la grandeur et la distance du soleil. — Apparence que présente le soleil. — Taches du soleil. — L'atmosphère du soleil. — Eléments constitutifs du soleil. — Le soleil est l'étoile la plus rapprochée de la terre.

Les étoiles et les nébuleuses. — Les étoiles sont des soleils éloignés les uns des autres. — La clarté des étoiles. — Les constellations. — Mouvements réels des étoiles. — Mouvements apparents des étoiles. — Etoiles multiples. — Groupe d'étoiles et nébuleuses. — La nature des étoiles et des nébuleuses.

Comment sont déterminées les positions des corps célestes, et l'usage qu'on en fait. — Cartes célestes. — Distance polaire des étoiles. — La distance polaire ne suffit pas pour déterminer la position d'un astre. — Ascension droite. — La latitude des lieux terrestres. — La longitude des lieux terrestres.

Pourquoi les mouvements des corps célestes sont si réguliers. — Ce que c'est que le poids. — La gravité diminue à mesure qu'augmente la distance. — Explication de l'orbite parcouru par la lune autour de la terre.

L'attraction en gravitation.

Notions de commerce et tenue des livres.

I

Actes de commerce. Achats et ventes. Mémoires. Factures. Acquit. Quittance en reçu. Billet simple. Billet à ordre. Lettre de change ou traite. Endossement. Acceptation. Protêt. Mandat. Chèque. Négociation des effets de commerce. Escompte. Commission. Bordereau.

II

Tenue des livres : Notions sur la tenue des livres en partie simple. Son insuffisance. Tenue des livres en partie double. — Faillite. Concordat. Réhabilitation. — Banqueroute.

Géométrie.

Revision.

Notions très sommaires de trigonométrie, exclusivement en vue de la résolution des triangles.

Levé des plans. — Polygone topographique. — Levé des détails.

Construction du plan sur le papier. — Échelle. — Signes conventionnels.

Planchette et boussole.

Arpentage. — Opérations sur le terrain et évaluation des surfaces. Problèmes d'arpentage. — Plan cadastral.

Nivellement, niveau, mire. — Registre des nivellements. — Courbes de niveau.

Plans cotés. — Échelle de pente d'une droite d'un plan.

Plans et cartes topographiques. — Lecture des cartes topographiques.

Exercices sur le terrain. — Promenades topographiques.

Chimie.

Leçons pratiques et manipulations.

MÉTALLOÏDES

Oxygène. — Préparations de l'oxygène. — Gazomètre. Combustion. — Transformation du chlorate de potasse.

Azote. — Air atmosphérique. — Acide carbonique de l'air.

Hydrogène. — Préparation. — Propriétés. — Flamme éclairante. — Production de l'eau. — Résidu de la préparation.

Charbon. — Préparation. Coke. — Noir de fumée. — Noir animal. Propriétés du charbon. — Acide carbonique : Préparation par les carbonates. — Propriétés. — Solubilité de l'acide carbonique et des carbonates. — Eau acidulée gazeuse. — Décomposition de l'acide carbonique de l'air par les feuilles. — Oxyde de carbone.

Soufre. — Propriétés du soufre. — Acide sulfureux. — Décomposition de l'acide sulfurique. — Blanchiment. Acide sulfureux et acide carbonique. — Le soufre est comburant. Sulfuration par voie humide. — Hydrogène sulfuré.

Acide azotique. — Préparation de l'acide azotique. — Expériences avec l'acide azotique. — Autres composés oxygénés de l'azote. — Bioxyde d'azote. — Acide hypoazotique.

Acide sulfurique. — Propriétés de l'acide sulfurique.

Chlore. — Préparation. — Propriétés du chlore. — Réaction de la préparation du chlore.

Acide chlorhydrique. — Propriétés. — Métalloïdes de la famille du chlore.

Ammoniaque. — Réduction de l'acide azotique. — Préparation de l'ammoniaque. — Propriétés.

MÉTAUX

Fer. — Oxydes de fer. — Fer réduit. — Perchlorure de fer. Carbonate de fer. Sulfate de fer. Expériences sur le manganèse.

Zinc. — Propriétés du zinc. — Oxyde de zinc. — Zinc amalgamé.

Étain. — Propriétés. — Oxyde d'étain. — Etamage.

Plomb. — Propriétés. — Oxydes de plomb. — Sels de plomb. — Céruse.

Cuivre. — Propriétés. — Oxydes de cuivre. — Sulfure et sulfate de cuivre.

Alcalis et sels alcalins. — Potasse. — Soude. — Potasse et soude caustique. — Action du soufre et de ses acides sur les alcalis. — Salpètre. — Cyanures et prussiates.

Ammonium. — Sels ammoniacaux. — Carbonates d'ammoniaque. — Sulfhydrate d'ammoniaque.

Métaux terreux. — Chaux. — Plâtre. — Chlorure de chaux. — Sulfate de magnésie. — Alumine. — Aluminates. — Sulfate d'alumine. — Aluns.

CARACTÈRES DES SELS (ANALYSE)

Analyse par voie humide. — Précipitation. Division des métaux en cinq groupes. Séparation de métaux des différents groupes. — Tableaux d'analyse. Boîte à réactifs. — Analyse par voie sèche.

Chimie organique.

Composition des matières organiques. — Analyse immédiate. — Analyse élémentaire.

Cellulose. — Action de l'acide sulfurique. — Coton-poudre. — Action du chlore. — Action des alcalis. — Action de la chaleur.

Amidon et sucre. — Amidon et fécule. — Dextrine. Glucose. Saccharification. — Sucre ordinaire. — Sucre interverti. — Propriétés des différentes sortes de sucre. — Argenture à froid. — Gommes et glucosides.

Alcool ordinaire. — Fermentation. — Distillation. — Fermentation panaire. — Acétification de l'alcool. — Éthers.

Substances organiques azotées. — Matières protéiques. — Gélatine. — Putréfaction. — Nitrification.

Acides et sels organiques. — Préparation des acides. — Acétates. — Oxalates. — Tartrate. — Citrates. — Caractères des principaux acides organiques.

Corps gras. — Savons. — Alcaloïdes naturels. — Ammoniaques composées. — Essences.

Notions de mécanique physique.

Mouvement. — Inertie. — Forces.

Énoncé des lois de la chute des corps. — Machine d'Atwood.

Définition de la masse. — Mesure d'une force par le mouvement qu'elle produit.

Machines simples. — Levier. — Poulie.

Travail moteur. — Travail résistant.

Kilogrammètre. — Cheval-vapeur.

Notions sur l'équivalence du travail mécanique et de la chaleur.

Revision du cours précédent de physique.

Botanique.

Des *Herborisations* seront faites sous la conduite du professeur comme dans le premier et dans le second cours.

Etude des principales familles végétales.

Zoologie.

DIVISION DES ANIMAUX ET EMBRANCHEMENTS

Embranchement des vertébrés. — Caractères généraux (examen rapide des principaux appareils anatomiques et des fonctions de ces appareils). — Division en classes.

Embranchement des annelés. — Caractères généraux. — Division en classes.

Embranchement des mollusques. — Caractères généraux. — Division en classes.

Embranchement des radiaires. — Caractères généraux. — Division en groupes naturels.

Protozoaires. — Notions succinctes sur les infusoires.

N. B. — Prendre comme types, dans les principales classes, les animaux les plus utiles, et caractériser l'ordre auquel ils appartiennent.

Géologie.

(REVISION ET COMPLÉMENTS)

Généralités sur les principaux phénomènes géologiques de l'époque actuelle. Utilisation de ces données pour l'explication des phénomènes géologiques anciens.

Origine des terrains ignés et des terrains stratifiés ou sédimentaires. — Terrains métamorphiques.

Montagnes : leurs âges relatifs.

Principales roches ignées. — Filons.

Roches stratifiées ou de sédiment.

Fossiles : leur utilité pour caractériser les terrains.

Division des terrains de sédiment en terrains primaires ou de transition, terrains secondaires, terrains tertiaires, terrains quaternaires. — Leurs caractères distinctifs. — Fossiles caractéristiques.

Prendre comme exemple la constitution géologique du sol dans la contrée.

N. B. — Les élèves de deuxième et de troisième cours devront faire, comme ceux du premier cours, des excursions géologiques sous la conduite du professeur.

Hygiène.

L'eau. — Les diverses eaux potables : eau de source, eau de rivière, eau de puits. L'eau de source seule est pure ; toutes les autres eaux peuvent être contaminées ; mode de contamination.

Des moyens de purifier l'eau potable : filtration, ébullition.

L'air. — De la quantité d'air nécessaire dans les habitations, etc. Danger de l'air confiné. Renouvellement de l'air, ventilation, voisinage des marais.

Les aliments. — Falsifications alimentaires principales des aliments solides et liquides ordinaires.

Les viandes dangereuses : parasitisme ou germes infectieux (trichinose, ladrerie, charbon, tuberculose).

Viandes putréfiées, intoxication par la viande du porc, les saucisses, etc.

Les maladies contagieuses. — Qu'est-ce qu'une maladie contagieuse ? Exemple : une maladie-type et démonstration simple. Le charbon, expérience de M. Pasteur. Indication rapide des principales maladies contagieuses de l'homme.

Mesures de précaution. Ce que c'est que la désinfection.

Les matières fécales. — Moyens d'évacuation : fosses fixes, étanches, etc. Épandage, préservation des cours d'eau. Les maladies transmises par les matières fécales : fièvre typhoïde, choléra.

La maison salubre. — La maison salubre (application des préceptes précédents). Air, eau, lieux d'aisance, etc.

Les maladies contractées à l'école. — Teigne, gale. Exemples de quelques maladies contagieuses. Fièvres éruptives (variole, rougeole, scarlatine).

Vaccination, revaccination. — Mortalité par la variole.

Hygiène de l'enfance. — Nouveau-né. Son alimentation. Préjugés populaires. Le lait. Dangers quand il provient d'une vache tuberculeuse.

De quelques maladies des animaux. — La rage, la morve, la peste bovine, le charbon. Abatage. Enfouissement.

Agriculture théorique.

(Revision du deuxième cours.)

HORTICULTURE FRUITIÈRE ET POTAGÈRE

1° *Notions générales de culture.* — Emplacement, préparation du sol, plantation.

Cultures spéciales d'arbres et d'arbustes fruitiers (y comprendre les espèces qu'il serait facile d'acclimater en Haïti).

2° *De la greffe.*

3° *Du jardin potager.*

Dessin d'imitation.

I. Revision des études faites au second cours.

II. Dessins ombrés d'après des fragments d'architecture : piédestaux, bases et fûts de colonnes, consoles, chapiteaux simples, vases, etc.

Frises ornées ; ensemble et détail des ordres dorique, ionique et corinthien.

Dessin de plantes ornementales, d'animaux et de figures, d'après l'estampe et d'après la bosse.

Dessin de la figure humaine, d'après l'estampe et d'après la bosse (détail et ensemble).

Dessin géométrique.

Dessin de bâtiments et dessin de machines.

Relevé, avec cotes, d'un édifice et des principaux détails de sa construction. — Croquis et mise au net à une échelle déterminée.

Copie et réduction de plans et de cartes topographiques.

Exercices de lavis des plans et des cartes.

Musique vocale.

Exécutions chorales.

Etude élémentaire de l'accompagnement et de l'harmonie simple.

Notions sur l'histoire de la musique et les principales œuvres des maîtres.

(Une fanfare pourra être organisée.)

Éducation physique et préparation à l'apprentissage professionnel.

1. GYMNASTIQUE

Perfectionnement des exercices précédents.

2. EXERCICES MILITAIRES

École du soldat avec l'arme.

École de section.

École d'intonation.

TIR

Appréciation des distances.

Tir à courte portée.

Tir à la cible.

3. TRAVAIL MANUEL

Travail du bois. — Corroyage (suite). — Assemblages les plus importants, à paume, à queue d'aronde, d'onglets, moulures, parements, entures principales. Application à la confection de quelques outils et objets usuels.

Tour à bois : moulures principales : application à un objet usuel.

Travail du fer. — Continuation des exercices précédents ; applications utiles. Forge : suite des exercices élémentaires ; courber sur plat, sur champ ; souder et braser ; rebattage et trempe d'un burin ou d'un bédane.

Modelage. — Nouvelle série d'ornements simples, empruntés au règne végétal ; moulage des meilleures épreuves.

Quelques exercices : rais de cœur, frises, rinceaux, rosaces, feuille d'acanthe, griffes.

Coupe de plâtre. — Épures simples de téréotomie élémentaire.

Exercices rudimentaires de *sculpture* et de mise au point, sur plâtre ou sur bois.

PLAN D'ÉTUDES ET PROGRAMMES

DE

L'ENSEIGNEMENT SECONDAIRE DES JEUNES FILLES

DE LA RÉPUBLIQUE D'HAÏTI

Prescrits par arrêté du 26 juillet 1893.

RÉPARTITION HEBDOMADAIRE DES DIVERSES MATIÈRES DE L'ENSEIGNEMENT DANS LES ÉCOLES SECONDAIRES DE JEUNES FILLES

MATIÈRES DE L'ENSEIGNEMENT	TOTAL DES HEURES par semaine.		
	1er cours	2e cours	3e cours
	Heures	Heures	Heures
Instruction religieuse.	1	1	1
Instruction morale*, Économie domestique	1	1	1
Langue et littérature françaises	4 1/2	4 1/2	4 1/2
Lecture expressive (principes de diction française)	1	1	1
Langue anglaise	2	2	2
Langue espagnole	2	2	2
Histoire	2	2	2
Géographie	1	1	1
Mathématiques	2	2	2
Notions de sciences physiques et naturelles	2	2	2
Dessin * et calligraphie *	3	2	2
Travaux à l'aiguille*, gymnastique	4 1/2	4 1/2	4 1/2
Musique vocale	2	2	2
Total des heures d'enseignement	28	28	28

N. B. — Les exercices marqués d'un * alternent selon les convenances et les besoins.

ÉCOLES D'ENSEIGNEMENT SECONDAIRE

POUR LES JEUNES FILLES

PREMIER COURS

ÉDUCATION INTELLECTUELLE ET MORALE

PROGRAMMES

Lecture.

Lecture expressive.

Écriture.

Calligraphie.

Instruction religieuse.

Prières. — Catéchisme. — Conférences sur la religion.

Instruction morale.

NOTIONS ÉLÉMENTAIRES DE PSYCHOLOGIE

Objet de la psychologie. — Ses rapports avec la morale. — Description générale des facultés humaines.

L'activité physique. — Les mouvements, les instincts, les habitudes corporelles.

La sensibilité. — Le plaisir et la douleur. Sensibilité physique : les besoins et les appétits. Sensibilité morale : sentiment de famille ; sentiments sociaux et patriotiques ; sentiment du vrai, du beau et du bien ; sentiment religieux. — La passion.

L'intelligence. — La conscience ; les sens ; perceptions naturelles et perceptions acquises. — La mémoire et l'imagination. — L'attention ; l'abstraction et la généralisation ; le jugement et le raisonnement. — Les principes de la raison.

La volonté. — La liberté ; l'habitude.

Conclusions de la psychologie. — Dualité de la nature humaine. L'esprit et le corps ; la vie animale et la vie intellectuelle et morale.

Langue française.

1° *Lecture et Récitation.* — Lecture à haute voix de morceaux classiques. Les passages les plus importants sont appris par cœur.

Lectures personnelles, indiquées par le maître ou choisies, sous sa direction, par l'élève. Analyse écrite ou orale de ces lectures.

2° *Grammaire et Exercices grammaticaux.* — Étude raisonnée de la grammaire française.

Dictées et exercices oraux d'orthographe, d'analyse grammaticale et logique.

3° *Exercices de vocabulaire et d'invention.* — Formation des mots ; mots simples, dérivés composés, synonymes, homonymes, etc. Groupement des mots par famille, par analogie de sens, par ordre de matières (les arts, les métiers, le commerce, l'industrie, l'agriculture, etc.) ; exercices oraux et écrits appropriés à cette étude.

4° *Principes et exercices de composition.* — Les élèves seront exercées à écrire des lettres et rédactions d'une difficulté graduée, à décrire des objets préalablement examinés sous la direction du maître, à résumer une lecture ou une leçon, à discuter un jugement historique ou une pensée morale, etc.

Les élèves seront exercées à faire des exposés du même genre et de vive voix.

TEXTES D'EXPLICATION ET DE RÉCITATION

La Fontaine : Fables, les six premiers livres.
Fénelon : *Télémaque ; Dialogue des morts.*
Buffon : Morceaux choisis.
Racine : *Esther.*
Boileau : Choix de *Satires ;* épisodes du *Lutrin.*
Sévigné : Lettres choisies.
Morceaux choisis de prosateurs et de poètes français du XVIIe au XIXe siècle.
Notions d'histoire littéraire à propos des auteurs étudiés.
Histoire de la littérature française. — Des origines à la Renaissance.

LIVRES DE LECTURE ET D'ANALYSE

Homère : *Odyssée,* analyse et extraits.
» *Iliade,* analyse et extraits.
Plutarque : *Vies des Grecs illustres* (choix). *Vies des Romains illustres* (choix).
Hérodote : Extraits.
Virgile : Analyse et extraits.

Langues anglaise et espagnole.

1. La méthode à suivre est la méthode dite naturelle, celle qu'on emploie pour l'enfant dans la famille, celle dont chacun use en pays étranger : peu de grammaire, mais beaucoup d'exercices parlés, parce que la prononciation est la plus grande difficulté des langues vivantes ; beaucoup aussi d'exercices écrits sur le tableau noir ; *des textes préparés avec soin, bien expliqués,* d'où l'on fera sortir successivement toutes les règles grammaticales, et qui, apprises ensuite par les élèves, leur fourniront les mots nécessaires pour qu'ils puissent composer eux-mêmes des phrases à la leçon suivante.

2. Exercices de conversation.

3. Exercices de vocabulaire. Les mots choisis parmi ceux qui sont les plus notés sont, autant que possible, présentés par série se rapportant à un même ordre d'idées : le mobilier de la classe, les parties du corps, le vêtement, etc.

4. Les noms de nombre. Exercices de calculs. Dictées.

TEXTES D'EXPLICATION, DE RÉCITATION ET DE LECTURE

Anglais.

Sultan Mahmoud, by T. Robertson.
Manuel de la conversation, français-anglais.

Lessons for children, by Mrs Barbauld.
Royal Readers, nos I and II.
East : Poésies amusantes.
Miss Edgeworth : Contes choisis.

Espagnol.

Cours de langue espagnole, par L. Mallefille.
Manuel de la conversation, français-espagnol.
Libros primero y segundo de lectura, par Mandevil.

Histoire.

NOTIONS D'HISTOIRE GÉNÉRALE

I

Aperçu d'histoire ancienne. — Monde connu des anciens.

Egyptiens, Assyriens, Babyloniens, Israélites, Phéniciens et Carthaginois, Perses. — Monuments qui nous sont restés de ces peuples.

La Grèce : Temps héroïques. Sparte et Athènes.— Guerres médiques. — Siècle de Périclès, Socrate. Épaminondas, Philippe de Macédoine. — Conquêtes d'Alexandre. — Réduction de la Grèce en province romaine.

II

Histoire romaine : Rome.— Les rois.— République romaine.— Les magistratures. — Lutte des plébéiens contre les patriciens.

Conquêtes des Romains.

Les Gracques.— Guerres civiles.— César.

Auguste et ses successeurs. — Les Antonins.

Dioclétien. — Constantin et l'Eglise chrétienne. — Julien. — Théodose.

III

Moyen âge. — Les Gaulois avant la conquête romaine et sous l'Empire romain. — Le christianisme en Gaule.

Principales invasions des Germains aux ve et vie siècles. — Les Francs.

Mahomet. — Conquêtes des Arabes.

Charlemagne : ses guerres et son administration.

Traité de Verdun. — Incursions des Normands.

Le régime féodal en Europe.

L'Empire et la Papauté. Querelle des Investitures.

Les croisades.

Conquête de l'Angleterre par les Normands. — Les Plantagenets. — La Grande Charte.

Progrès des populations urbaines et rurales ; les communes et le pouvoir royal en France. — Louis VI. — Philippe-Auguste. — Saint Louis. — Philippe le Bel.

N. B. — Les notions historiques sur l'Orient, la Grèce et Rome porteront moins sur les faits, les guerres, les dynasties, la fondation ou le démembrement des empires, que sur les mœurs, les croyances, les monuments, les grandes œuvres des peuples de l'antiquité et sur la part qu'ils ont eue au développement de la civilisation. Les légendes, anecdotes, biographies d'hommes célèbres, les descriptions, l'histoire littéraire y tiendront une large place. A chaque leçon, un certain temps sera réservé à des lectures choisies dans les œuvres des grands écrivains de l'antiquité ou dans celles des historiens ou des voyageurs.

Géographie.

GÉOGRAPHIE DES DIFFÉRENTES PARTIES DU MONDE, MOINS L'AMÉRIQUE

Notions élémentaires de cosmographie.

Etude générale de la terre.— Explication des termes géographiques, — Lecture du globe et des cartes.

Étude générale des continents et des océans : forme des continents. — Grands systèmes orographiques et hydrographiques. — Courants atmosphériques et marins. — Les races humaines. — Les régions de l'équateur, des tropiques et des pôles.

Géographie politique. — Étude particulière des principaux États de l'Europe, de l'Asie, de l'Afrique et de l'Océanie. — Les principales colonies européennes.

Géographie physique.

PREMIÈRES NOTIONS

La forme de la terre.

Le jour et la nuit.

L'air. — De quoi l'air est fait. — Échauffement et refroidissement de l'air. — Ce qui arrive quand l'air s'échauffe et se refroidit. — Le vent. — La vapeur dans l'air : évaporation et condensation.— Rosée, brouillards, nuages. — D'où proviennent la pluie et la neige.

La circulation de l'eau sur la terre : ce que devient la pluie. — Comment se forment les sources. — Le travail souterrain des eaux. — Comment se désagrège la surface de la terre. — Ce que deviennent les débris des roches. Formation du sol. — Ruisseaux et rivières. — Leur origine. — Leur action. — Champs de neige et glaciers.

La mer. — Groupement de la terre et de la mer. — Pourquoi la mer est salée. — Les mouvements de la mer. — Le fond de la mer.

L'intérieur de la terre.

Conclusion.

Arithmétique.

Opérations sur les nombres entiers. Procédés rapides de calcul mental et de calcul écrit.

Caractères de divisibilité par 2, 5 ; 4, 25 ; 3, 9 ; 11.

Plus grand commun diviseur.

Décomposition d'un nombre en ses facteurs premiers. — Formation du plus grand commun diviseur et du plus petit multiple commun de plusieurs nombres.

Fractions ordinaires.

Fractions décimales.

Système métrique. — Des mesures anciennes encore employées en Haïti.

Notions sur les rapports et proportions.

Règle de trois. — Intérêt simple. — Caisse d'amortissement. —

Escompte, échéance commune. — Partages proportionnels. — Problèmes de mélange et d'alliage. — Transformations abréviatives dans le calcul mental ou écrit.

Géométrie.

(Revision des cours de l'École primaire urbaine.)

PREMIERS ÉLÉMENTS DE GÉOMÉTRIE EXPÉRIMENTALE

Définitions. — Les longueurs, les surfaces, les volumes.

Mesure des longueurs sur des lignes droites. — Longueur d'une droite dont les extrémités sont accessibles. Longueur d'une droite dont une seule extrémité est accessible. — Mesure de la hauteur d'un arbre. — Mesure de la longueur d'une droite dont les deux extrémités sont inaccessibles.

Mesure des surfaces planes limitées par des lignes droites. — Le rectangle. — Le carré. — Mesure de la surface du rectangle. — Le parallélogramme. — Mesure de la surface du parallélogramme. — Mesure de la surface d'un triangle. — Mesure d'une surface quelconque.

Mesure des volumes limités par des surfaces planes et des lignes droites. — Le cube. — Mesure du volume du parallélipipède droit. — Mesure du volume du cube. — Mesure du volume du prisme droit. — Mesure du volume des parallélipipèdes quelconques. — Mesure du volume de la pyramide.

Mesure des longueurs sur les lignes courbes. — Principes de la mesure des longueurs courbes. — Mesure de la longueur de la circonférence du cercle. — Dimensions diverses des angles. — Mesure des angles et des arcs.

Mesure des surfaces planes terminées par des lignes courbes. — Mesure de la surface du cercle. — Mesure d'une surface quelconque.

Mesure des volumes terminés par des surfaces planes et des surfaces courbes. — Le cylindre. — Mesure du volume d'un cylindre. — Le cône. — Mesure du volume du cône.

Mesure des volumes terminés par des surfaces rondes. — La sphère. — Surface et volume de la sphère.

Sciences physiques et naturelles.

PREMIÈRES NOTIONS GÉNÉRALES

(Revision du quatrième cours de l'École primaire urbaine.)

1° La nature et la science ;

2° Les objets matériels : les corps minéraux. — Les corps vivants ;

3° Les objets immatériels.

Chimie.

LE FEU

Ce qui arrive quand une chandelle brûle. Production d'acide carbonique et d'eau. Quand une chandelle brûle, rien n'est perdu.

L'AIR

De l'air. Ce que contient l'air. Ce qui arrive quand nous respirons. Action des plantes sur l'air. Croissance des plantes. Action à la fois des animaux et des plantes sur l'air.

DE L'EAU

De quoi l'eau est formée. On peut retirer l'hydrogène de l'eau. Comment l'hydrogène peut être recueilli. Autre moyen de préparer l'hydrogène. L'hydrogène brûle ; il est plus léger que l'air. De l'eau se forme quand l'hydrogène brûle. Analyse de l'eau. Différence entre l'eau de source et l'eau de mer. Moyen de reconnaître la présence du sel dans l'eau. Solution et cristallisation. L'eau de pluie et l'eau distillée. Matières dissoutes et matières en suspension dans l'eau de rivière. Eau douce et eau saumâtre. Ce qui rend l'eau saumâtre. Moyen de rendre douce l'eau saumâtre. Les eaux des rivières diffèrent selon les terrains qu'elles parcourent. L'impureté des eaux qui circulent dans les villes. Gaz dissous par l'eau.

TERRE

De la terre. Préparation de l'acide carbonique au moyen de la chaux. Préparation de l'oxygène au moyen de l'oxyde rouge de mercure. Les métaux deviennent plus lourds en s'oxydant. Métaux contenus dans les substances terrestres. Ce que c'est que le charbon de terre. Fabrication du gaz d'éclairage. Usages du charbon de terre. Gaz d'éclairage et flamme. Explosions dans les mines de charbon et lampe de Davy. Ce qu'est un corps simple, un corps composé. Des corps simples et des corps composés.

MÉTALLOÏDES

Oxygène. Hydrogène. Azote et acide azotique. Ce que c'est qu'un acide, un alcali, un sel. Charbon ou carbone. Le sucre contient du charbon. Chlore retiré du sel marin. Soufre et ses composés. Propriétés du phosphore. Silicates (verre, argile).

MÉTAUX

Fer. — Ses usages et ses propriétés. Aluminium, le métal retiré de l'argile. Calcium, le métal de la chaux. Magnésium, le métal du sel d'Epsom. Sodium, le métal de la soude et du sel de Glauber. Potassium, le métal de la potasse. Cuivre et ses composés. Zinc et ses usages. Étain obtenu à l'aide du chalumeau. Plombs et ses composés. Vif argent ou mercure. Usages de l'or.

Conclusions. — Combinaison en proportions définies. Équivalents. Combinaisons en proportions multiples. Équation chimique.

Botanique.

Notions préliminaires.— Définition de la Botanique. Les plantes sont des êtres vivants. Durée des plantes. Distribution des plantes. Forme des plantes. Choses nécessaires à la vie des plantes. Organe et fonction des plantes. Première division des plantes en plantes à fleurs et plantes sans fleurs.

Caractères généraux des plantes à fleurs.

Les tissus des plantes.

La nature de la cellule et accroissement du tissu cellulaire.

La nourriture des plantes.

Germination.

La racine.

La tige.
Les bourgeons et les branches axillaires.
Les feuilles.
L'inflorescence.
La fleur.
Le calice.
La corolle.
Le disque.
La préfloraison.
L'étamine.
Le pistil.
L'ovule.
Fécondation.
Le fruit.
La graine.
Appendices.
Plantes gymnospernes.
Principes de la classification des plantes.

Quelques expériences de physiologie végétale. — Absorption et évaporation de l'eau, décomposition de l'acide carbonique, dégagement de l'oxygène et fixation du carbone par les plantes exposées à la lumière. Respiration. Transpiration. Germination. Effet de la lumière sur la chlorophylle. La couleur des fleurs ne dépend pas de la lumière. La tige se tourne du côté de la lumière.

Étude des principales familles végétales.

Herborisations.

Dessin et Calligraphie.

DESSIN D'ORNEMENT D'APRÈS LA BOSSE

Les rectangles. — La série des ornements grecs et romains les plus simples. — Étude de la plante sur des feuillages naturels.

Copie de bonnes estampes pour l'étude de la tête (ne pas employer encore la bosse de tête).

Continuation de la perspective pratique.

Exercices de calligraphie.

Musique vocale.

Principes élémentaires de musique. — Prononciation et diction. — Émission vocale. — Respiration. — Classement des voix.— Exercices d'intonation sur la gamme majeure et mineure avec les mesures simples (tons d'*ut*, *sol*, *fa* majeurs et leurs relatifs mineurs).

Dictées faciles. — Exécutions de morceaux simples.

N. B. — L'enseignement de la musique vocale est donné à chaque division ou année isolément. Cependant les élèves des trois divisions seront fréquemment réunis pour former des chœurs.

La musique instrumentale comprend l'orgue ou le piano.

Éducation physique et préparation à l'apprentissage professionnel.

1° GYMNASTIQUE

Jeux variés. — Promenades. — Danses. — Évolutions avec chant.—

Exercices d'ordre (formation des rangs, marches rythmées, ruptures et rassemblement, doublement et dédoublement). — Évolutions à la course cadencée ; courses de vélocité à petite distance.

Mouvements d'ensemble avec et sans instruments (haltères, barres, massues). — Exercices deux à deux avec cordes ou barres. — Exercices aux échelles (échelle horizontale, échelle inclinée, échelle avec planche dorsale, échelles jumelles).

Perches verticales fixes par paires. — Planche inclinée. — Poutre horizontale. — Sauts divers à l'exclusion du saut en profondeur. — Exercices d'équilibre.

2° TRAVAIL MANUEL

Travaux à l'aiguille.

I

Crochet. — Travaux faciles. — Point de marque sur canevas à fils séparés (lettres et chiffres simples). Mêmes exercices sur canevas étamine.

Couture. — Ourlets et coutures simples.

Études sur canevas étamine du point devant, du point de côté, du point piqûre.

II

Crochet. — Confections de fichus, de jupons.

Marque sur grosse toile.

Couture. — Ourlet. — Couture rabattue (en droit fil). — Surjet.

Confection de mouchoirs, serviettes, essuie-mains ; chemises et brassières d'enfants.

III

Crochet. — Jupons, brassières, chaussons.

Marque sur toile fine (lettres et chiffres divers).

Couture. — Couture rabattue en biais. — Point de piqûre. — Point de chausson.

Confection de brassières et de chemises d'enfants, de béguins, de serviettes et de mouchoirs avec marques.

DEUXIÈME COURS

ÉDUCATION INTELLECTUELLE ET MORALE

PROGRAMME

Lecture.

Lecture expressive.

Écriture.

Calligraphie.

Instruction religieuse.

Prières. — Catéchisme. — Conférences sur la religion.

Instruction morale.

MORALE THÉORIQUE. — PRINCIPES

Introduction. — Objet de la morale.

La conscience morale. — Discernement instinctif du bien et du mal : comment il se développe par l'éducation.

La liberté et la responsabilité.— Conditions de la responsabilité ; ses degrés et ses limites.

L'obligation et le devoir. — Caractères de la loi morale. — Insuffisance de l'intérêt personnel comme base de la morale. — Insuffisance du sentiment comme principe unique de la morale.

Le bien et le devoir pur. — Dignité de la personne humaine.

Les sanctions de la morale. — Rapports de la vertu et du bonheur. — Sanction individuelle (satisfaction morale et remords). — Sanctions sociales. — Sanction supérieure : la vie future et Dieu.

MORALE PRATIQUE. — APPLICATIONS

Devoirs individuels. — Leur fondement. — Principales formes du respect de soi-même. — Les vertus individuelles (tempérance, prudence, courage, respect de la vérité, de la parole donnée, etc.).

Devoir de cultiver et de développer toutes nos facultés.

Le travail. — Sa nécessité, son influence morale.

Devoirs de famille. — La famille : son importance morale et sociale. — Devoirs domestiques.

Devoirs généraux de la vie sociale. — Le droit. — Rapports des personnes entre elles. — Division des devoirs sociaux. — Devoirs de justice et devoirs de charité.

Devoirs de justice. — Respect de la personne dans sa vie ; dans sa liberté; dans son honneur et sa réputation ; dans ses opinions et ses croyances ; dans ses biens ; caractère sacré des promesses et des contrats.

Devoirs civiques. — L'État, fondement de l'autorité publique. — La souveraineté nationale. — Sa légitimité. — Ses limites : la liberté de conscience ; la liberté individuelle ; la propriété. — Son exercice : le suffrage universel. — Ses agents : le pouvoir législatif, exécutif et judiciaire.

Devoirs des citoyens. — Le patriotisme ; l'obéissance aux lois l'impôt ; le service militaire ; le vote ; l'obligation scolaire.

Langue française.

1° *Lecture et récitation.* — Lecture à haute voix de morceaux classiques. — Les passages les plus importants sont appris par cœur.

Lectures personnelles indiquées par le maître ou choisies, sous sa direction, par l'élève. Analyse écrite ou orale de ces lectures.

2° *Grammaire et exercices grammaticaux.* — Revision approfondie des parties les plus importantes du cours précédent.

Dictée et exercices oraux d'orthographe, d'analyse grammaticale et logique.

3° *Exercice de vocabulaire et d'invention.*

4° *Principes et exercices de composition.* — Simples compositions : Narrations, lettres, résumés de lecture ou de leçons, etc.

TEXTES D'EXPLICATION ET DE RÉCITATION

La Fontaine : *Fables*, les six derniers livres.

Racine : *Iphigénie ; les Plaideurs*.

Oraisons funèbres de Henriette de France et de Henriette d'Angleterre.

Fénelon : *Éducation des filles ; Lettre à l'Académie*.

Voltaire : *Charles XII*.

Corneille : *Le Cid, Horace*.

Molière : *Les Femmes savantes ; Les Précieuses ridicules*.

Morceaux choisis de prosateurs et de poètes français du XVIe au XIXe siècle.

Notions d'histoire littéraire à propos des auteurs lus et étudiés.

Histoire de la littérature française. — La Renaissance. — Première moitié du XVIIe siècle.

TEXTES DE LECTURE ET D'ANALYSE

Xénophon : Analyse et extraits.

Salluste.

Cervantès : Analyse et extraits.

Le Tasse : *Jérusalem délivrée* (extraits et analyse).

Analyse et extraits des chroniqueurs français : Villehardouin, Joinville, Comines (traductions).

Eschyle. Sophocle, Euripide (choix).

Plaute, Térence : Extraits choisis.

César.

Bossuet : *Histoire universelle*, IIIe partie.

Montesquieu : *Considérations sur les causes de la grandeur des Romains et de leur décadence*.

Recueil de morceaux choisis de littératures étrangères (traductions).

Morceaux choisis d'auteurs grecs, tirés des meilleures traductions.

Langues anglaise et espagnole.

Continuation des exercices du cours précédent. — Textes appris par cœur.

Acquisition de nouvelles parties du vocabulaire.

Monnaies, poids et mesures.

Exercices de conversation.

Exercices gradués de lecture, en insistant sur l'accent des mots et sur l'accent de la phrase.

Dictées. — Thèmes. — Versions.

Essais de compositions sur des sujets faciles et pratiques, lettres familières.

TEXTES DE LECTURE, D'EXPLICATION ET DE RÉCITATION

Anglais.

Young John Lounger, by T. Robertson.

Manuel de la conversation, français-anglais.

Royal Readers, nos III-IV.

Aikin et Barbauld : *Evenings at home*.

Miss Edgeworth : *Old Poz*.

Franklin : *Autobiography* (extraits).
Swift : *Gulliver's Travels* (extraits).
Ouida : *A Leaf in the storm ; A Dog of Flanders.*
Morceaux choisis (vers et prose).

Espagnol.

Cours de langue espagnole, par L. Mallefille (continuation et fin).
Manuel de la conversation, français-espagnol.
Juanito : *Lectures morales.*
Antonio de Trueba : *Countos populares.*
Morceaux choisis de prose et de poésie.

Histoire générale.

MOYEN AGE (suite).

Guerre de Cent ans. — Les États généraux. — Charles V et Duguesclin. — Jeanne d'Arc. — Reconstitution de l'unité territoriale de la France.

Progrès de l'autorité royale en France avec Charles VII et Louis XI, en Espagne avec Ferdinand et Isabelle, en Angleterre avec les Tudors.

L'Allemagne et l'Italie à la fin du moyen âge.

Les Turcs en Europe.

Temps modernes. — Les grandes inventions du XIVe au XVIe siècle. — Les découvertes maritimes. — Empire colonial des Portugais et des Espagnols.

La Renaissance en Italie et en France.

Guerres d'Italie. — Rivalité de François Ier et de Charles-Quint.

La Réforme.

Guerres de religion en France. — Pacification de la France sous Henri IV.

Prospérité de l'Angleterre sous Elisabeth. — Shakespeare. — Puissance et décadence de l'Espagne sous Philippe II.

Guerre de Trente ans. — Gustave-Adolphe. — Traité de Westphalie.

Richelieu. — Mazarin. — La Fronde.

Louis XIV : son gouvernement et ses guerres.

Domination intellectuelle de la France au XVIIe siècle.

Révolution de 1688. Olivier Cromwell.

Charles XII et Pierre le Grand.

L'Autriche et la Prusse au XVIIe siècle.

Le Gouvernement parlementaire en Angleterre. — Progrès de la puissance anglaise dans l'Inde et dans l'Amérique.

Guerre de l'Indépendance américaine. — Les États-Unis.

Démembrement de la Pologne.

La France sous Louis XV et Louis XVI. — Les philosophes et les économistes. — Turgot. — Les États généraux.

Découvertes scientifiques et géographiques au XVIIIe siècle.

Histoire d'Haïti.

DE LA DÉCOUVERTE A LA RÉVOLUTION FRANÇAISE (1492-1789).

Découverte de l'île par Christophe Colomb et ses trois voyages. — Les Cacicats et les Caciques. Anacouana.

Traite des Indiens. — Révoltes et destruction des Indiens. — Bobadilla, Ovando, don Diégo, Colomb, gouverneurs. — Las Casas.

Origine de la ville de Santo-Domingo.

Premier transport d'esclaves africains en 1503.

Introduction de la canne à sucre (1506).

Dernières luttes des Haïtiens. — Henri. — Bombardement et pillage de Santo-Domingo par Francis Drake (1586). — Santo-Domingo, seul port ouvert au commerce. — Décadence de la colonie espagnole.

Saint-Domingue, colonie française. — Les Flibustiers dans les Antilles. Premiers établissements français. — Les boucaniers. — La Compagnie des Indes occidentales (1664). Développement des établissements français de Saint-Domingue. — Fondation de la ville du Cap Français (1678). — Administration du comte de Cussy. — Organisation de la justice à Saint-Domingue. — Le code noir. — Le traité de Ryswick (1697). — Introduction du café en Haïti (1720). — Incorporation de Saint-Domingue aux domaines du gouvernement français (1728). — Fondation de Port-au-Prince. — Division territoriale de la colonie française de Saint-Domingue. — Les différentes classes à Saint-Domingue. — Audience espagnole. — Conspiration et mort de Mackandal. — Tremblement de terre en Haïti ; destruction de Port-au-Prince (1770). Traité des limites (1776). — Traité d'Aranjuez (1777). — Coopération des affranchis de Saint-Domingue à la guerre de l'Indépendance des États-Unis (1779). — Souffrances des esclaves, état des affranchis, barbarie des colons. — Immense développement de la prospérité de Saint-Domingue. — M. de Marbois et son administration.

Géographie de l'Amérique moins Haïti.

Étude générale de l'Amérique. — Description physique. — Étude particulière des principaux États : géographie physique, administrative, agricole, industrielle et commerciale. — Gouvernements, religions.

Les principales colonies européennes, moins les Antilles.

Continents et Océans.

REVISION ET NOUVELLES NOTIONS

Cartes et construction des cartes — Utilité des cartes. — Forme de la terre. — Méridiens, parallèles, cercles, zones. — Construction d'un globe. — Cartes planes. — Projections de la Hire et de Mercator. — Lecture des cartes. — Manière de se diriger. — Boussole. — Heure.

Terres et mers. — Distribution des terres et des mers. — Continents. — Cause de prospérité des Continents. — L'Océan. — Vents. — Courants. — Marées. — Le fond de l'Océan.

Accidents de la surface terrestre. — Continents. — Iles. — Caps. — Montagnes. — Cols. — Passes. — Neiges. — Pluies. — Glaciers. — Cours d'eau. — Rôle des montagnes dans l'histoire. — Volcans. — Vallées. — Plaines. — Péninsules. — Isthmes. — Fleuves. — Rivières. — Lacs. — Mers intérieures. — Versants. — Ligne de partage des eaux. — Bassins. — Côtes. — Icebergs.

Arithmétique.

COMPLÉMENTS D'ARITHMÉTIQUE

Principes sur les produits et les quotients.

Principes sur les nombres premiers ou premiers entre eux. — Fraction irréductible. — Plus petit commun dénominateur de plusieurs fractions. — Fractions périodiques, fraction génératrice.

Racine carrée.

Exercices. — Règle de trois. — Intérêt simple. — Caisse d'amortissement. — Escompte ; échéance commune. — Fonds publics, actions. — Obligations. — Assurances, caisse d'épargne. — Partages proportionnels. — Problèmes de mélange et d'alliage. — Transformations abréviatives dans le calcul mental ou écrit.

Géométrie pratique.

RÉVISION DU COURS PRÉCÉDENT

Physique (notions de).

Définition de la physique. — Définition du mouvement. — Définition de la force.

Les principales forces de la nature. — Gravité, cohésion, attraction chimique. — Usage de ces trois forces. — Comment agit la gravité. — Balance.

Les trois états de la nature. — Remarques générales. — Définition des solides, des liquides, des gaz.

Propriétés des solides. — Remarques générales sur la cohésion. — Élasticité. — Résistance des matériaux. — Frottement.

Propriétés des liquides. — Les liquides prennent la forme des vases qui les contiennent. — Ils transmettent la pression. — Presse hydraulique. — Pression de l'eau. — Niveau des liquides. — Niveau d'eau. — Corps flottant. — Poids spécifique. — Capillarité.

Propriétés des gaz. — Pression de l'air. — Poids de l'air. — Baromètre. — Usage du baromètre. — Machine pneumatique. — Pompe. — Siphon.

Corps en mouvement. — Définition de l'énergie. — Définition du travail. — Travail fait par un corps en mouvement. — Énergie d'un corps en repos.

Corps en vibration. — Le son. — Ce que c'est que le bruit et ce que c'est que la musique. — Le son fait du travail. — Il faut un intermédiaire pour la propagation du son. — Son mode de propagation dans l'air. — Sa vitesse. — Écho ou réflexion du son. — Comment trouver le nombre de vibrations par seconde correspondant à une note.

Corps soumis à l'action de la chaleur. — Nature de la chaleur. — Dilatation des corps chauffés. — Description du thermomètre. — Comment faire un thermomètre centigrade. — Dilatation des solides. — Dilatation des liquides. — Dilatation des gaz. — Chaleur spécifique. — Changement d'état, table des points de fusion. — Chaleur latente de l'eau. — Chaleur latente de la vapeur. — Ébullition et évaporation. — Le point de fusion dépend de la pression. — Autres effets de la chaleur. — Mélanges réfrigérants. — La chaleur se propage. — Conductibilité des corps pour la chaleur. — Propagation de la chaleur. — Rayonnement de la lumière et de la chaleur. — Vitesse de la lumière. — Réflexion de la lumière. — Réfraction de la lumière. — Lentilles, images qu'elles donnent. — Microscope et télescope. — La réfraction diffère avec les rayons. — Récapitulation et nouvelle définition de la nature de la chaleur.

Corps électrisés. — Corps bons conducteurs et corps mauvais conducteurs de l'électricité. — Deux sortes d'électricité, leur action réciproque. — Elles existent combinées dans les corps non excités. — L'étincelle électrique. — Électroscope. — Action des pointes. — Machine électrique. — La bouteille de Leyde. — Nature de l'énergie des corps électrisés. — Courants électriques. — Batterie de Grove. — Propriété des courants. — Effets caloriques, chimiques et magnétiques. — Télégraphe électrique.

Physiologie animale.

Notions préliminaires. — Ce que c'est que la physiologie. — Les animaux se meuvent à volonté. — Les animaux sont chauds.

Pourquoi les animaux sont chauds et se meuvent : combustion. — Le besoin d'oxygène. — Les déchets.

Les différentes parties du corps. — Les tissus. — Les cavités du thorax et de l'abdomen. — La colonne vertébrale. — Tête et cou. — Nerfs. — Arrangement général de toutes ces parties.

Ce qui a lieu quand nous nous mouvons. — Les os du bras. — La structure de la jointure du coude. — Autres jointures du corps. — Le bras est fléchi par la contraction du biceps. — Comment le biceps se contracte sous l'action de la volonté. — La contractilité d'un muscle dépend de la circulation du sang. — C'est la nourriture contenue dans le sang qui donne de la force au muscle. — Besoin continuel de nourriture.

La nature du sang. — Le sang dans les capillaires. — Les globules sanguins. — La coagulation du sang. — Les substances contenues dans le sérum. — Les minéraux du sang.

La circulation du sang. — Les artères, les capillaires et les veines. — Le cœur d'un mouton. — Le trajet de la circulation. — Pourquoi le sang se meut dans une seule direction : les valvules et les veines. — Les valvules tricuspides. — Les valvules sigmoïdes.

Le cœur gauche.

Pourquoi le sang se meut toujours : battement du cœur. — L'action du cœur considérée comme un tout. — Les capillaires et les tissus.

Comment le sang est modifié par l'air. — Respiration. — Sang veineux et sang artériel. — Le changement du sang artériel en sang veineux et du sang veineux en sang artériel. — Les poumons. — Le renouvellement de l'air dans les poumons. — Comment la contraction du diaphragme dilate les poumons. — La dilatation naturelle des poumons. — Inspiration. — Expiration. — Comment se contracte le diaphragme. — La poitrine est aussi dilatée par les mouvements des côtes et du sternum. — La respiration est un acte involontaire.

Comment le sang est changé par la nourriture. — *Digestion.* — Pourquoi l'intérieur de la bouche est toujours rouge et humide. — Pourquoi la peau est quelquefois humide. — Glandes sudorifiques. — La membrane muqueuse du canal alimentaire et ses glandes. — Les glandes salivaires, le pancréas et le foie. — La partie nutritive des aliments. — Comment les matières protéiques et l'amidon sont changés. — Vaisseaux lactés et vaisseaux lymphatiques. — Ce que devient la partie nutritive des aliments.

Comment le sang se débarrasse de ses déchets. — Nécessité de se débarrasser des matières non utilisées. — Expulsion de l'ammoniaque sous forme d'urine.

Résumé général et succinct de tout le cours.

Comment nous sentons et voulons.

Dessin et Calligraphie.

Dessin d'ornement et de figure d'après la bosse, en alternant. — Dessin de fleurs d'après nature.

Conférence chaque fois qu'on change de modèle. Le professeur explique; il appelle les élèves au tableau et s'assure qu'ils ont vu juste avant de commencer le dessin.

Perspective. — Dessin géométral.

On devra varier le procédé d'exécution et employer tantôt le fusain, tantôt le crayon sec.

Exercices de calligraphie.

Musique vocale.

Continuation des études de mesure et d'intonation.

Lectures et dictées musicales, orales et écrites, dans tous les tons majeurs et mineurs avec les clefs de *sol* et de *fa*.

Exécution de morceaux à plusieurs voix.

La musique instrumentale comprend l'orgue ou le piano.

Éducation physique et préparation à l'apprentissage professionnel.

1° GYMNASTIQUE

Même programme que pour le cours précédent.

2° TRAVAIL MANUEL

Travaux à l'aiguille.

1. *Tricot.* — Mailles à l'endroit, à l'envers, côtes; augmentations et diminutions.

Marque sur linge damassé.

Eléments de la tapisserie ; assemblage des couleurs.

Couture, les différents points. — Point de devant, point de côté, point arrière, point de surjet, point de chausson.

Couture rabattue en biais. — Surjet, piqûre, froncés, œillets, boutonnières. — Reprise simple, raccommodage de linge.

Confection de bonnets, brassières, bavettes, maillots, chemises d'enfants.

2. *Tricot.* — Jours et dessins. — Confections d'objets divers.

Coupe et couture de linge de ménage.

Couture. — Brides. — Pièces en carré. — Pièces à angle avec surjet. — Reprises à angle. — Reprises en biais. — Manches à poignet. — Reprises de bas. — Reprises remmaillées.

Coupe, assemblage et couture d'objets de lingerie. — Chemises de fillettes, pantalons, camisoles, etc.

Étude des mesures à prendre, principes de la construction des patrons. — Figures géométriques. — Lignes de construction. — Points de repère.

Notions sur les différentes sortes d'étoffes et les diverses bordures. — Fils à employer.

Raccommodage des vêtements.

TROISIÈME COURS

ÉDUCATION INTELLECTUELLE ET MORALE

PROGRAMMES

Lecture.

Lecture expressive.

Écriture.

Calligraphie.

Instruction religieuse.

Prières. — Catéchisme. — Conférences sur la religion.

Instruction morale.

Revision du premier et du deuxième cours.

Langue française.

1° *Lecture et récitation.* — Lecture à haute voix de morceaux classiques. — Les passages les plus importants sont appris par cœur.

Lectures personnelles indiquées par le maître ou choisies, sous sa direction, par l'élève. Analyses écrite ou orale de ces lectures.

2° *Exercices de vocabulaire et d'invention.*

3° *Exercices de composition.* — Compositions et exercices littéraires de genres divers : narrations, discours, lettres, dialogues, portraits, développement d'une idée morale, résumés et analyses d'auteurs ou de parties d'auteurs.

NOTIONS D'HISTOIRE ET DE LA LITTÉRATURE FRANÇAISE

I

La seconde moitié du XVIIe siècle et le XVIIIe siècle jusqu'à la Révolution.

II

Le XIXe siècle. — Revision.

Notions d'histoire générale de la littérature.

TEXTES D'APPLICATION ET DE RÉCITATION

La Bruyère : *Caractères.*
Corneille : *Cinna.* — *Polyeucte.*
Bossuet : Oraison funèbre du prince de Condé. — Sermons choisis.
Boileau : *Art poétique.*
Pascal : Pensées choisies.
Bourdaloue, Massillon : Morceaux choisis.
Racine : *Athalie.* — *Britannicus.*
Molière : Le *Misanthrope,*
Buffon : *Discours sur le style.*
Voltaire : Lettres choisies. — Extraits de prose.
Rousseau : Morceaux choisis.
Victor Hugo : Choix de poésies.
Lamartine : Choix de poésies.
Morceaux choisis de prosateurs et de poètes français des origines à nos jours.

LIVRES DE LECTURE ET D'ANALYSE

Eschyle, Sophocle, Euripide (pièces choisies).
Aristophane : pièces choisies ; extraits.
Cicéron : Extraits (traités, discours, lettres).
Sénèque : Extraits.
Tacite : Extraits.
Buffon : *Epoque de la nature.*
Augustin Thierry, Guizot, Michelet, Thierry, Mignet, Thiers : Extraits.
Choix de discours et d'extraits de discours (genre divers), de 1789 à nos jours.
Chateaubriand : Extraits.
Mme de Staël : Extraits.
De Tocqueville : *Introduction à la Démocratie en Amérique.*
Sainte-Beuve : Extraits des *Lundis* et des *Portraits.*
Recueils de morceaux choisis des prosateurs du XIXe siècle.
Recueil de morceaux choisis des poètes du XIXe siècle.
Recueil de morceaux choisis de littératures étrangères (traductions).
Morceaux choisis d'auteurs latins tirés des meilleures traductions.

Langues anglaise et espagnole.

Etudes de vocabulaire.
Lecture courante.
Explication et récitation d'auteurs.
Exercices de conversation sur les mots appris et les textes expliqués.
Idiotismes et proverbes.
Thèmes grammaticaux.
Versions dictées.
Compositions de genres divers.

TEXTES DE LECTURE, D'EXPLICATION ET DE RÉCITATION

Anglais.

T. Robertson : *Sit Down to breakfast.*
Goldsmith : *The stoops to conquer.* — *The vicar of Wakefield.*

Lamb : *Tales from Shakespeare.*
Macaulay : *Essays* (Extraits).
Shakespeare : Pièces choisies ; Extraits.
Choix de morceaux extraits des meilleurs prosateurs contemporains (The Garland).
Selection from the most celebrated british poets (Sadler).

Espagnol.

Castellar (Ign.) : *Nueva floresta Española.*
Dom M. I. Quintana : *Vidas de Españoles celebres.*
El Eco de Madrid, por I. E. Hartzenbuch y Henrique Lemming.
Morceaux choisis en prose et en vers.
Choix de lectures historiques, géographiques et scientifiques.

Histoire générale.

I

État politique et social de la France en 1789.
La Révolution française : principes, institutions.
Coalitions contre la République française. Traités de Bâle, de Campo-Formio, de Lunéville et d'Amiens.
La Révolution française et Saint-Domingue.
Le 18 brumaire. — Le Consulat : développement de l'organisation administrative.

II

L'Empire. — Lutte contre l'Europe. — Les traités de 1815.
La Sainte-Alliance.
La Restauration. — La Charte.
Guerre d'Espagne. — Guerre de l'Indépendance hellénique. — Émancipation des colonies espagnoles.

III

Révolution de 1830. — Fondation du royaume de Belgique. — Soulèvement de la Pologne. — Établissement du régime constitutionnel en Espagne et en Portugal. — Grandes réformes politiques et économiques en Angleterre. — Progrès des Russes et des Anglais dans l'Asie. — Conquête et colonisation de l'Algérie par la France.
Révolution de 1848. — La seconde république française. — Le suffrage universel.
Le Deux Décembre. — Le second Empire français.
La question d'Orient et la guerre de Crimée.
Fondation du royaume d'Italie.
L'influence croissante de la Prusse en Allemagne. — Dissolution de la Confédération germanique.
Etats-Unis d'Amérique. — Guerre de Sécession. — Abolition de l'esclavage.
Guerre du Mexique.
Canal de Suez.
Guerre de 1870. — L'Empire allemand. — Traité de Francfort.
La troisième République française.

Histoire d'Haïti.

I

DE LA RÉVOLUTION FRANÇAISE A LA GUERRE DE L'INDÉPENDANCE EXCLUSIVEMENT (1789-1802).

État de Saint-Domingue au moment de la Révolution française.

Les petits blancs. — Les affranchis et les esclaves.

Rébellion des colons contre l'autorité métropolitaine. Ogé et Chavannes.

Première insurrection des esclaves.

Bandes de Jean François et de Biassou.

Guerre entre les blancs et les hommes de couleur.

Les commissaires civils, Sonthonax, Polvérel et Ailhaud.

Abolition de l'esclavage.

Début de Toussaint-Louverture dans la vie politique.

Toussaint entre au service de la République française.

Toussaint commandant du cordon de l'Ouest.

Bataille des Verrettes et expédition de la Grande-Rivière.

Les nègres et les mulâtres sauvent la colonie.

Les ennemis de l'intérieur.

Expédition de Mirebalais.

Nouvelles actions de guerre aux Verrettes.

Affaire du 30 ventôse an IV (30 mars 1796).

Lavaux et Sonthonax nommés députés de Saint-Domingue.

Scission entre Sonthonax et Toussaint.

Rôle de Sonthonax à Saint-Domingue.

Délégation des commissaires civils près le général Rigaud, commandant du Sud.

Deuxième expédition du Mirebalais. — Toussaint-Louverture nommé général en chef de l'armée de Saint-Domingue.

Mission du général Hédouville. — Évacuation de Saint-Domingue par les Anglais.

Guerre du Sud. — Toussaint et Rigaud.

Traité de Bâle (1799) et prise de possession de Santo-Domingo (1801).

Loi du 24 messidor an IX (13 juillet 1801), sur la division du territoire de toute l'île de Saint-Domingue.

Gouvernement et Constitution de Toussaint.

Expédition de Saint-Domingue.

Arrestation, déportation et mort de Toussaint. — Appréciation du caractère et de la vie de Toussaint-Louverture. — Égalité de la race blanche et de la race noire.

II

DE LA GUERRE DE L'INDÉPENDANCE A NOS JOURS (1802-1889)

Soulèvement des indigènes. — La fièvre jaune. — Défection de Pétion. — Mort de Leclerc. — Rochambeau. — Dessalines, général en chef. — Ses principaux auxiliaires, ses courses, ses diverses organisations militaires. — Combats divers dans l'Ouest, le Sud et le Nord. — Création du drapeau haïtien. — Charrier et Vertières. (Description.) Combat de Vertières. — Capois. — Capitulation du Cap. — Départ définitif de l'armée française.

— 1er janvier 1804. — L'acte de l'Indépendance. — La proclamation du général en chef. — Acte des généraux de l'armée qui nomme Dessalines gouverneur général à vie. — Jacques Ier empereur. — La Constitution de l'Empire. — Division territoriale de l'Empire. — Régime impérial et ses effets. — Campagne de l'Empereur contre l'Est. — L'Empereur dans le Sud. — Prise d'armes du Sud. — Gérin. — Mort de Dessalines. — Dévouement héroïque de Charlotin-Marcadieu.

L'Assemblée Constituante du 18 décembre 1806. — Opposition entre Pétion et Christophe. — La Constitution de 1806. — Protestation des constituants du Nord contre la Constitution. — Élection de Christophe à la présidence d'Haïti. — Formation du Sénat. — Refus de la présidence par Christophe. — Marche de Christophe sur Port-au-Prince. — Combat de Sibert. — Coutillien Coutard. — Attaque contre Port-au-Prince. — Révolte de Goman à la Grand'-Anse. — Constitution du Sénat. — Actes de Christophe. — Election d'Alexandre Pétion à la présidence. — Réformes et ajournement du Sénat. — Insurrections dans le Nord, le Nord-Ouest et l'Artibonite. — Conspiration de Yayou et de Magloire Ambroise. — Réunion du Sénat. — Dissidence entre le Sénat et Pétion. — Pétion, dictateur. — Départ de Pétion pour le Môle. — Les insuccès. — Santo-Domingo se replace sous la domination espagnole (1809). — Rapports de Juan Sanchez et Cyriaco Ramirez avec Pétion et Christophe. — Conspiration et mort de Gérin. — Retour de Rigaud en Haïti. — Mission de Rigaud dans le Sud. — Le siège du Môle. — Le général Lamarre. — Eveillard. — Toussaint Paul. — Les actes de Rigaud dans le Sud. — L'assemblée départementale. — La scission du Sud. — Christophe roi d'Haïti sous le nom d'Henri Ier. — Constitution du royaume. — Révolte du 1er bataillon de la 17e demi-brigade. — Mort de Rigaud. — Fin de la scission du Sud. — Conduite de Pétion aux Cayes. — Nouvelle marche d'Henri Ier contre l'Ouest. — Bataille de Santo. — Siège de Port-au-Prince. — Défection d'une partie de l'armée de Henri Ier. — La levée du siège de Port-au-Prince et ses conséquences. — Missions de MM. Lavaysse, Dravermann et Franco de Medina, dans l'Ouest et dans le Nord. — Conduite respective de Pétion et d'Henri Ier envers les agents français. — Traité de Paris (1814) : rétrocession de Santo-Domingo à l'Espagne. — Congrès de Vienne (1815). — Abolition définitive de la traite des noirs en Europe. — Bolivar et Pétion. — Mission de MM. de Fontanges, du Petit-Thouars, Esmangeart en Haïti. — Revision de la Constitution de 1806. — Pétion, président à vie. — Fondation du Lycée National. — Régime du travail sous Christophe et sous Pétion. — La petite propriété. — Mort de Pétion. — Election de Jean-Pierre Boyer à la Présidence. — Actes législatifs et administratifs. — Pacification de la Grand'Anse. — Boyer dans le Sud. — La proclamation du 18 février 1820. — Députation d'Henri Ier à Boyer. — La mission de Honne Papham. — Grave indisposition d'Henri Ier dans l'église de Limonade. — Soumission de Saint-Marc à la République. — Nouvelles défections dans le Nord-Ouest et dans l'Artibonite. — Mort de Christophe. — Pacification du Nord. — Boyer dans l'Artibonite et dans le Nord. — Propositions de J.-J. Sylva et de Aury à Boyer. — Mission des agents secrets de Boyer dans la partie espagnole. — Rapports des gouverneurs de Santo-Domingo avec Boyer. — Mission de M. Aubert du Petit-Thouars en Haïti. — Réponse de Boyer à l'agent français. — Proclamation de l'indépendance de la partie espagnole. — Réunion de la partie espagnole à la République d'Haïti (1822). — Unification de l'Ile. — Mission secrète de M. Liot à Port-au-Prince. — Le général Jacques Boyé plénipotentiaire d'Haïti en France. — Les conférences de Bruxelles. — Départ de MM. les sénateurs Larose et Rouanec pour France. — Arrivée en Haïti de M. le baron de Mackau. L'ordonnance royale du 17 avril 1825. — Les conférences de M. de Mackau à Port-au-Prince. — M. de Mackau au Sénat. — Départ de M. de Mackau avec les sénateurs Rouanec et Daumec et le colonel Frémont pour France. — Indemnité, emprunt, papier-monnaie. — Élaboration du code civil d'Haïti. — M. Saint-Macary agent d'Haïti en France. — Réclamations de l'Espagne (1830). — Nouvelle mission de M. du Petit-Thouars en Haïti. — Arrivée de MM. le baron de Lascases et G. Baudouin. — Conférence des plénipotentiaires Frémont, Labbée, Ardouin et Villevaleix avec ceux de France. — Mission de MM. B. Ardouin et S. Villevaleix en France. — Les traités de 1838. — Arrivée du légat du Saint-Siège à Port-au-Prince. — Tremblement de terre du 7 mai 1842. — La société des droits de l'homme et le manifeste révolutionnaire. — Prise d'armes de Praslin. — Charles Hérard aîné. — Prise d'armes dans le Sud et dans l'Ouest. — Abdication de Boyer. — Gouvernement provisoire. — Institution des municipalités. — Réunion de l'assemblée constituante. — Constitution de 1843. — Charles Hérard aîné, président d'Haïti. — Scission de la partie de l'Est (1844). — Formation de l'État dominicain. La République dominicaine. — Scission du département du Nord. — Guerrier, président du département du Nord. — Révolution et déchéance de Charles Hérard aîné. — Guerrier, président d'Haïti. — Institution du Conseil d'État. — Mort de Guerrier. — Pierrot, président d'Haïti. — Conspiration contre Pierrot. — Déchéance de Pierrot. — Élection de Jean-Baptiste Riché à la présidence. — Acaau. — Combats dans le Sud. Constitution de 1846. — Mort de Riché. — Soulouque, président d'Haïti. — Mission de MM. Delva et Ardouin en France. — Monopole. — Campagne contre l'Est (1849). — Faustin Ier, empereur. — La constitution impériale. — L'institution de la noblesse impériale. — L'emprunt est reconnu dette nationale. — Nouvelle tentative contre l'Est (1855). — Reconnaissance de l'Indépendance dominicaine par l'Espagne. — Administration de l'Empire. — Révolution du 22 décembre 1858. — — Fabre Geffrard, président d'Haïti. — Loi qui modifie la constitution du 14 novembre 1846. — Conjuration à Port-au-Prince contre le président. — Concordat entre Haïti et le Saint-Siège. — Annexion de la partie de l'Est à l'Espagne (1861). — Rapport du secrétaire d'État, V. Plésance, et mission de M. B. Ardouin en Espagne (1862). — L'Ultimatum de l'amiral Rubalcava. — Modification à la Constitution. — Reconnaissance d'Haïti par les États-Unis. — Institution du Conseil de fabrique. — Extension de la liberté communale. — Diffusion de l'Instruction publique. — Dissolution de la Chambre des députés. — Nomination du premier archevêque d'Haïti. — Création d'une nouvelle monnaie de bronze et de nouveaux billets dits papiers Geffrard. — Conspiration dans le Nord. — Traités entre Haïti, Libéria et les États-Unis. — L'Indépendance de la partie de l'Est, acceptée par l'Espagne. — L'état de siège dans le Nord, le Nord-Ouest et l'Artibonite. — Prise d'armes dans le Nord et à la Grand'Anse. — L'incendie du 19 mars. — Projet de modifications constitutionnelles : présidence temporaire. — Conduite des tirailleurs de la garde du Président. — Démission de

Geffrard. — Administration de Geffrard. — Le Conseil des secrétaires d'Etat et le Conseil consultatif. — Le Gouvernement provisoire. — L'assemblée constituante. — Salnave, protecteur de la République. — L'assemblée nationale constituante. — Salnave, chef du pouvoir exécutif. — Le séquestre des biens de Geffrard. — La Constitution de 1867. — Sylvain Salnave, président d'Haïti. — Le Corps législatif. — Prise d'armes dans le Nord, l'Artibonite, l'Ouest et le Sud. — La séance de la Chambre des députés du 11 octobre 1867. — Les Cacos et les Piquets. — Monopole. — L'acte du Trou. — Le Conseil législatif. — La présidence à vie et la Constitution de 1846. — Incendie du Palais National. — Mort de Salnave. — Le gouvernement provisoire. — L'assemblée nationale. — Nissage Saget, président d'Haïti. — La treizième Législature. — Retrait du papier-monnaie. — Gouvernement provisoire. — Michel Domingue, président d'Haïti. — Le traité de 1874 avec la République dominicaine. — Gouvernement provisoire. — Boisroup-Canal, président d'Haïti. — Gouvernement provisoire. — Louis-Étienne-Félicité-Lysius Salomon, président d'Haïti. — Histoire contemporaine de la République dominicaine.

Géographie d'Haïti.

Géographie physique. — Description des côtes et des frontières de terre. — Orographie et hydrographie. — Géographie administrative de la République d'Haïti et de la Dominicaine : divisions. — Gouvernement, administration centrale, administration d'arrondissement et administration communale. — Géographie économique. — Voies internationales de communication. — Importations et exportations.

Iles adjacentes. — Colonies européennes dans les Antilles.

Revision des cours précédents.

Arithmétique.

Exercices sur les règles de trois, de sociétés, d'alliage, d'intérêt, etc.

Notions de commerce et tenue des livres.

Actes de commerce. — Achats et ventes. — Mémoires. — Factures. — Acquit. — Quittance ou reçu. — Billet simple. — Billet à ordre. — Lettre de change ou traite. — Endossement. — Acceptation. — Protêt. — Mandat. — Chèque. — Négociation des effets de commerce. — Escompte. — Commission. — Bordereau.

Tenue des livres : Notions sur la tenue des livres en partie simple. — Son insuffisance. — Tenue en partie double. — Faillite. — Concordat. — Réhabilitation. — Banqueroute.

Cosmographie.

La Terre et ses mouvements. — La Terre est ronde. — La Terre est grande. — La Terre n'est pas en repos. — La Terre tourne sur elle-même comme une toupie. — La Terre fait un tour sur elle-même en un jour. — La rotation de la Terre n'est pas son seul mouvement. — La Terre fait le tour du Soleil en une année. — Les deux mouvements de la Terre ne sont pas dans le même plan. — Pourquoi les jours et les nuits sont inégaux. — Les saisons dépendent de la différence de longueur du jour et de la nuit. — Pourquoi les mouvements du Soleil et des étoiles apparaissent différents dans les différentes parties de la Terre.

La Lune et ses mouvements. — La Lune voyage parmi les étoiles. — La Lune change de forme. — Comment la Lune cause les éclipses. — Comparaison de la Lune avec la Terre.

Le système solaire. — Comment doivent nous paraître des corps semblables à la Terre, mais plus proches du Soleil. — Comment doivent nous paraître des corps semblables à la Terre, mais plus éloignés du Soleil. — Y a-t-il de tels corps? — Les planètes. — Les planètes plus proches du Soleil que la Terre. — Les planètes plus éloignées du Soleil que la Terre. — Les comètes, les météores et les étoiles filantes.

Le Soleil. — L'influence du Soleil sur le système solaire. — La chaleur, la lumière, la grandeur et la distance du Soleil. — Apparence que présente le Soleil. — Taches du Soleil. — L'atmosphère du Soleil. — Éléments constitutifs du Soleil. — Le Soleil est l'étoile la plus rapprochée de la Terre.

Les étoiles et les nébuleuses. — Les étoiles sont des soleils éloignés les uns des autres. — La clarté des étoiles. — Les constellations. — Mouvements réels des étoiles. — Mouvements apparents des étoiles. — Étoiles multiples. — Groupe d'étoiles et nébuleuses. — La nature des étoiles et des nébuleuses.

Comment sont déterminées les positions des corps célestes et l'usage qu'on en fait. — Cartes célestes. — Distance polaire des étoiles. — La distance polaire ne suffit pas pour déterminer la position d'un astre. — Ascension droite. — La latitude des lieux terrestres. — La longitude des lieux terrestres.

Pourquoi les mouvements des corps célestes sont si réguliers. — Ce que c'est que le poids. — La gravité diminue à mesure qu'augmente la distance. — Explication de l'orbite parcouru par la Lune autour de la Terre.

L'attraction ou gravitation.

Zoologie.

DIVISION DES ANIMAUX EN EMBRANCHEMENTS

Embranchements des Vertébrés. — Caractères généraux (Examen rapide des principaux appareils anatomiques et des fonctions de ces appareils). — Division en classes.

Embranchements des Annelés. — Caractères généraux. — Division en classes.

Embranchements des Mollusques. — Caractères généraux. — Division en classes.

Embranchements des Radiaires. — Caractères généraux. — Division en groupes naturels.

Protozoaires. — Notions succinctes sur les Infusoires.

N. B. — Prendre comme types, dans les principales classes, les animaux les plus utiles, et caractériser l'ordre auquel ils appartiennent.

Géologie.

(PREMIÈRES NOTIONS)

Les différentes espèces de pierres. — Ce que les pierres ont à nous apprendre.

Les roches sédimentaires : qu'est-ce qu'un sédiment? — Origine du gravier, du sable et du limon. — Formation des rochers sédimentaires. — Les fossiles. — Une carrière et ses leçons.

Les roches organiques : Roches formées de débris végétaux. — Roches formées de débris animaux.

Les rochers ignées : Leur nature. — Leur origine.

La croûte terrestre : Soulèvements. — Affaissements. — Dislocations. — Origine des montagnes. — L'histoire de la terre racontée par les roches.

Hygiène.

De l'hygiène. — Son but. — Son utilité.

Hygiène de la première enfance.

Hygiène scolaire. — Influences des attitudes sur les déformations du corps. — Actions de l'éclairage sur la vue.

Hygiène de la voix. — La parole, la lecture, le chant.

Hygiène de la vie sédentaire.

Hygiène des professions manuelles. (Citer quelques exemples.)

De l'air. — Impuretés de l'air : Poussières, substances gazeuses, miasmes.

Des climats. — Des divers éléments qui entrent dans la constitution des climats. — Température. — Courants atmosphériques et maritimes. — Influence de l'altitude. — Variations annuelles de la température. — Variations diurnes. — Influence de l'humidité, des pluies.

Des eaux potables. — Moyens pratiques de conserver et de purifier les eaux. Des eaux impures et malsaines.

Des aliments et de l'alimentation. — Aliments d'origine minérale, végétale et animale. — Aliments usuels : Farine, pain, viande, œufs, lait, beurre, graisses, huiles, légumes, fruits, rhum, vin, bière, café, chocolat. — Leurs qualités nutritives. — Préparation et conservation des aliments. — Leurs altérations. — Poisons métalliques dans les conserves.

Des vêtements. — Adaptation. — Le vêtement, véhicule des germes morbides.

Des cosmétiques. — Leurs dangers.

Des bains. — De la propreté corporelle.

De l'exercice. — Son influence sanitaire.

De la marche, de la course, de l'équitation.

Des habitations. — Sol. — Exposition et disposition des maisons. — Cube d'air. — Ventilation. — Éclairage naturel et artificiel. — Matières éclairantes. — Gaz. — Éclairage électrique. — Action sur l'œil des rayons diversement colorés.

Du mode de transmission de quelques maladies contagieuses. — Précautions à prendre pour les prévenir. — Isolement et désinfection.

Économie domestique.

Du rôle de la femme dans la famille. — Sa part dans l'administration de la maison.

Nécessité de l'ordre, de la prévoyance et de l'économie. — Emploi du temps.

De l'habitation. — Choix et disposition de l'habitation.

De l'ameublement et des vêtements. — Entretien du mobilier, des étoffes et du linge.

Raccommodage.

Emploi des machines à coudre.

Lessive et repassage.

Des achats en général. — Provenance des principaux objets de consommation usuelle; prix auxquels il convient de faire les achats.

De l'alimentation. — Ordre et composition des repas.

Notions élémentaires de cuisine.

Gouvernement de la maison. — Choix et surveillance des serviteurs.

Comptabilité du ménage. — Budget des recettes et des dépenses. — Dépenses nécessaires. — Dépenses inutiles. — Livres à tenir. — Epargne ; assurances sur la vie.

Du luxe, ses dangers. — Du goût dans la tenue de la maison. — Dignité du foyer domestique.

Dessin.

1. Notions d'architecture. — Perspective et ombres. — Dessin de figure. — Ensembles, d'après l'estampe d'abord, puis d'après la bosse. — Leçon orale sur l'anatomie, les proportions, les caractères de la beauté.

Copie de fleurs et feuillages combinés.

Composition d'ornement. — Explication sur les styles. — Exercices au tableau, reproduits ensuite sur les cahiers.

2. Dessin d'après le plâtre. — Dessin d'après la nature pour les fleurs. — Composition d'ornement. — Céramique, éventails, étoffes, broderies, meubles.

Musique vocale.

Exécutions chorales.

Étude élémentaire de l'accompagnement et de l'harmonie simple.

Notions sur l'histoire de la musique et les principales œuvres des maîtres.

La musique instrumentale comprend l'orgue et le piano.

Éducation physique et préparation à l'apprentissage professionnel.

1. GYMNASTIQUE

Même programme que pour les deux cours précédents.

2. TRAVAIL MANUEL

1. Festons de différentes sortes.

Couture. — Reprises perdues. — Petits plis. — Pose de garnitures. — Points de fantaisie pour lingerie fine (point d'épine, point russe, etc.).

Coupe et assemblage (même programme qu'au deuxième cours).

Coupe, assemblage, essayage et rectification des objets de lingerie. — Chemises de femmes et d'enfants, camisoles, pantalons, brassières, bavettes, maillots, chemises de nuit à empiècement.

Maniement de la machine à coudre.

Emploi des différents guides.

2. Ourlets à jour. — Festons divers. — Broderie au plumetis (lettres anglaises et lettres gothiques).

Coupe et assemblage. — Théorie et tracé du corsage à basque et de la robe à corsage rond.

(Les élèves seront exercées à dessiner au tableau noir et sur le papier.)

Coupe, assemblage, essayage et rectification. — Couture de la robe entière, essayage définitif. — Matinée. — Robes d'enfant, robe princesse.

Tabliers, formes diverses ; pantalon et blouse de petit garçon.

Maniement de la machine à coudre ; soins à prendre pour son entretien.

PLAN D'ÉTUDES ET PROGRAMMES

DE L'ENSEIGNEMENT SECONDAIRE CLASSIQUE

DANS LES LYCÉES ET COLLÈGES D'HAÏTI

Prescrits par arrêté du Secrétaire d'État de l'Instruction Publique le 26 juillet 1893

RÉPARTITION HEBDOMADAIRE

DES DIVERSES MATIÈRES DE

l'enseignement secondaire des Lycées et Collèges

DIVISION DE GRAMMAIRE

CLASSE DE SIXIÈME

Instruction religieuse	1 heure par semaine		1 leçon.
Langue française	4 h. 1/2	—	3 leçons.
Lecture expressive (principes de diction française)	2 heures	—	2 leçons.
Langue latine	2 heures	—	2 leçons.
Langue anglaise	3 heures	—	3 leçons.
Langue espagnole	3 heures	—	3 leçons.
Histoire / Géographie	3 heures	—	3 leçons.
Arithmétique / Géométrie expérimentale	4 h. 1/2	—	3 leçons.
Chimie (premières notions) / Botanique	2 heures	—	2 leçons.
Dessin / Calligraphie	3 heures	—	1 leçon.
Musique vocale	2 heures	—	2 leçons.
Exercices physiques (pendant les récréations).	30 heures	—	

CLASSE DE CINQUIÈME

Instruction religieuse.	1 heure par semaine		1 leçon.
Langue française.	4 h. 1/2	—	3 leçons.
Lecture expressive (principes de diction française)	1 heure	—	1 leçon.
Langue latine	2 heures	—	2 leçons.
Langue anglaise.	3 heures	—	3 leçons.
Langue espagnole.	3 heures	—	3 leçons.
Histoire . . . . } Géographie. . . . . }	3 heures	—	3 leçons.
Arithmétique. . . . . } Géométrie expérimentale . . . . . . }	4 h. 1/2	—	3 leçons.
Physique (premières notions) et revision des premières notions de Chimie.	2 heures	—	2 leçons.
Physiologie animale (premières notions) et revision des premières notions de botanique	2 heures	—	2 leçons.
Dessin et Calligraphie	2 heures	—	2 leçons.
Musique vocale	2 heures	—	2 leçons.
Exercices physiques (pendant les récréations).	30 heures	—	

CLASSE DE QUATRIÈME

Instruction religieuse.	1 heure par semaine		1 leçon.
Morale pratique et instruction civique (revision)	1 heure	—	1 leçon.
Langue française	4 h. 1/2	—	3 leçons.
Lecture expressive (principes de diction française)	1 heure	—	1 leçon.
Langue latine	2 heures	—	2 leçons.
Langue grecque	1 heure	—	1 leçon.
Langue anglaise.	3 heures	—	3 leçons.
Langue espagnole.	3 heures	—	3 leçons.
Histoire et Géographie	3 heures	—	3 leçons.
Arithmétique, Géométrie et Cosmographie (premières notions)	4 h. 1/2	—	3 leçons.
Revision du cours précédent de Physique, Zoologie, et revision du cours précédent de Physiologie.	2 heures	—	2 leçons.
Dessin et Calligraphie	2 heures	—	2 leçons.
Musique vocale	2 heures	—	2 leçons.
Exercices physiques (pendant les récréations)	30 heures	—	

DIVISION SUPÉRIEURE

CLASSE DE TROISIÈME

Langue française	4 h. 1/2	par semaine	3 leçons.
Diction française	1 heure	—	1 leçon.
Langue latine	2 heures	—	2 leçons.
Langue grecque	2 heures	—	2 leçons.
Langue anglaise	3 heures	—	3 leçons.
Langue espagnole	3 heures	—	3 leçons.
Histoire	3 heures	—	3 leçons.
Géographie	1 heure	—	1 leçon.
Arithmétique, Géométrie et Algèbre	4 h. 1/2	—	3 leçons.
Physique et Chimie	3 heures	—	2 leçons.
Géologie et Botanique	1 heure	—	1 leçon.
Dessin	2 heures	—	2 leçons.
Musique vocale (facultative).			
Exercices physiques (pendant les récréations).	30 heures	—	

CLASSE DE SECONDE

Langue française	4 h. 1/2	par semaine	3 leçons.
Diction française	1 heure	—	1 leçon.
Langue latine	2 heures	—	2 leçons.
Langue grecque	3 heures	—	2 leçons.
Langue anglaise	3 heures	—	3 leçons.
Langue espagnole	2 heures	—	3 leçons.
Histoire	3 heures	—	2 lecons.
Géographie	1 heure	—	1 leçon.
Géométrie, Algèbre, Trigonométrie, Géométrie descriptive et Cosmographie	4 h. 1/2	—	3 leçons.
Physique et Chimie	3 heures	—	2 leçons.
Manipulations chimiques	1 heure	—	1 leçon.
Dessin	2 heures	—	2 leçons.
Musique vocale (facultative).			
Exercices physiques (pendant les récréations).	30 heures	—	

CLASSE DE RHÉTORIQUE

Langue française	4 h. 1/2	par semaine	3 leçons.
Diction française	1 heure	—	1 leçon.
Langue latine	2 heures	—	2 leçons.
Langue grecque	2 heures	—	2 leçons.
Langue anglaise	3 heures	—	3 leçons.
Langue espagnole	3 heures	—	3 leçons.
Principes du droit et économie politique.	1 heure	—	1 leçon.

Histoire	3 heures par semaine	2 leçons.	
Géographie	2 heures	—	2 leçons.
Revision des cours précédents d'Algèbre, de Trigonométrie et de Géométrie descriptive, Courbes usuelles, Cosmographie (revision et compléments).	4 h. 1/2	—	3 leçons.
Anatomie et physiologie animales et végétales	1 heure	—	1 leçon.
Dessin.	2 heures	—	2 leçons
Comptabilité.	1 heure	—	1 leçon.
Musique vocale (facultative).			
Exercices physiques (pendant les récréations).	30 heures	—	

CLASSE DE PHILOSOPHIE

Philosophie et auteurs philosophiques français, grecs et latins.	9 heures par semaine	6 leçons.	
Langue anglaise	2 heures	—	2 leçons.
Langue espagnole	2 heures	—	2 leçons.
Histoire de la civilisation	3 heures	—	2 leçons.
Compléments d'Algèbre, Trigonométrie, Géométrie descriptive, Mécanique	4 h. 1/2	—	3 leçons.
Physique et Chimie.	4 h. 1/2	—	3 leçons.
Manipulations chimiques.	1 heure	—	1 leçon.
Hygiène (2e semestre)	1 heure	—	1 leçon.
Dessin.	2 heures	—	2 leçons.
Comptabilité	1 heure	—	1 leçon.
Musique vocale (facultative).			
Exercices physiques (pendant les récréations).	30 heures	—	

PROGRAMMES

DE L'ENSEIGNEMENT SECONDAIRE CLASSIQUE

DIVISION DE GRAMMAIRE

CLASSE DE SIXIÈME

(Élèves de 11 à 12 ans en moyenne.)

Langue et Littérature françaises.

ENSEIGNEMENT ET EXERCICES

Grammaire de l'usage.
Exercices simples d'analyse grammaticale et d'analyse logique.

Exercices sur le vocabulaire.

Lectures (vers et prose) suivies de questions et d'explications.

Récitation. — On fera, de préférence, apprendre par cœur des morceaux de poésie.

Reproduction libre, de vive voix et par écrit, des écrivains lus en classe.

Petits exercices de composition.

Principes de diction française, et lecture expressive.

TEXTES D'EXPLICATION ET DE RÉCITATION

Fénelon : *Télémaque*, extraits et analyse.

Recueil de morceaux choisis du moyen âge au XVIIIe siècle.

Recueil de morceaux choisis des prosateurs du XIXe siècle.

Recueil de morceaux choisis des poètes du XIXe siècle.

LIVRES DE LECTURE ET D'ANALYSE

Homère : *Odyssée*, analyse et extraits.

Plutarque : *Vie des Grecs illustres* (choix).

Hérodote : Extraits.

Langue latine.

Grammaire latine.

Explication et récitation d'auteurs latins.

(Une grande importance sera donnée à la préparation et à l'explication des textes.)

Recueil de textes faciles.

(Le professeur devra exercer les élèves à retenir les mots qui reviennent le plus souvent dans l'explication.)

Epitome historiæ Græcæ (édition simple et graduée).

Thème latin, surtout oral.

Version latine.

PROGRAMME D'ENSEIGNEMENT DE LA LANGUE LATINE

Lecture. — Voyelles brèves et longues. — Accent tonique. — Différents ordres de consonnes.

Le nom, l'adjectif, les pronoms. — Degrés de comparaison. — Noms de nombre. — Le verbe substantif. — Conjugaison régulière de l'actif et du passif. — Verbes déponents. — Principales particules indéclinables.

Indications sur la manière de traduire une phrase latine.

(Les élèves seront exercés en classe à reconnaître la construction, à distinguer le verbe, le sujet, le complément.)

Petits exercices instantanés de traduction en latin.

(Le professeur lit lentement une phrase française dont tous les mots ont déjà été vus des élèves, et ceux-ci écrivent la phrase en latin.)

Langues anglaise et espagnole.

Prononciation et accentuation.

Exercices de vocabulaire. — Les mots sont dits à haute voix par le professeur ; les élèves les répètent : les mots sont ensuite écrits au tableau, copiés par les élèves et appris par cœur.

Les mots choisis parmi ceux qui sont les plus notés sont, autant que possible, présentés par séries se rapportant à un même ordre d'idées : le mobilier de la classe, les parties du corps, le vêtement, etc.

Exercices gradués de lecture.

Exercices oraux à l'aide des mots appris et des lectures faites.

Les noms de nombre. Petits exercices de calcul.

Poésies faciles apprises par cœur.

Dictée des mots connus des élèves.

Grammaire élémentaire.

Thèmes d'imitation, oraux et écrits, sur les mots et les phrases déjà connus.

TEXTES D'EXPLICATION, DE RÉCITATION ET DE LECTURE

Anglais.

Sultan Mahmoud, by T. Robertson.

Lessons for children, by Mrs Barbauld.

Royal Readers, nos I and II.

East : *Poésies amusantes*.

Miss Corner : *A Short History of England*.

Espagnol.

Cours de langue espagnole. par L. Mallefille.

Manuel de la conversation.

Libros primero y segundo de lectura, por el doctor Mandevil.

Histoire.

HISTOIRE DE L'ANCIEN ORIENT ET DE LA GRÈCE

L'Égypte : le Nil. — Memphis et Thèbes. — Religion, monuments, mœurs, industrie. — Découvertes modernes.

Les Assyriens. — La région du Tigre et de l'Euphrate. — Babylone et Ninive d'après les récits anciens et les découvertes modernes.

Les Israélites. — La Palestine. — Jérusalem. — Le Temple. — Dispersion des Juifs.

Les Phéniciens. — Tyr et Carthage. — Le commerce et les colonies. — L'alphabet.

Les Mèdes et les Perses. — Le plateau de l'Iran. — Monuments et religion. — L'empire de Cyrus.

Géographie de la Grèce ancienne et du littoral de la Méditerranée orientale.

Grèce primitive : Légendes. — La guerre de Troie. — Les dieux, les oracles, les jeux.

Commerce et colonie des Grecs dans le bassin de la Méditerranée. — Les institutions de Sparte et d'Athènes : Lycurge et Solon.

Les guerres médiques : Léonidas, Thémistocle, Aristide.

Suprématie d'Athènes au temps de Périclès : Lettres, théâtre, arts. — Principaux monuments.

Rivalités entre les cités grecques. — Guerre du Péloponèse. — Prise d'Athènes. — Mort de Socrate. — Suprématie de Sparte.

Suprématie de Thèbes : Épaminondas.

Suprématie de la Macédoine : Philippe et Démosthène.

Alexandre le Grand : Conquête de l'Orient.

Démembrement de l'empire d'Alexandre : les Ptolémées.

La fin de la Grèce. — La conquête romaine.

Revision des grands faits et résumé du cours.

Nota. — Il sera bon de mettre entre les mains des élèves, pour faciliter l'intelligence du cours, un *choix de lectures extraites des auteurs anciens et modernes sur l'histoire grecque.*

Géographie.

GÉOGRAPHIE ÉLÉMENTAIRE D'HAÏTI

Configuration et dimensions d'Haïti. Superficie.

Mers et côtes, golfes, presqu'îles, caps, îles, dunes, falaises, plages, côtes rocheuses, marais salants, lagunes, principaux ports.

Frontières de terre de la République d'Haïti.

Relief du sol : chaînes de montagnes, massifs, plateaux, plaines et grandes vallées.

Eaux ; versants et bassins, fleuves principaux, affluents, lacs, régions de marais.

Climat et principales productions.

Départements, arrondissements et chefs-lieux, villes importantes de la République d'Haïti.

Provinces et chefs-lieux, villes importantes de la Dominicaine.

Iles adjacentes.

Voyages d'un point du pays à un autre.

Éléments de dessin géographique à l'aide du tableau noir.

Petits croquis.

Géographie physique.

PREMIÈRES NOTIONS

La forme de la terre.

Le jour et la nuit.

L'air ; De quoi l'air est fait. — Échauffement et refroidissement de l'air. — Ce qui arrive quand l'air s'échauffe et se refroidit. Le vent. — La vapeur dans l'air. Evaporation et condensation. — Rosée, brouillards, nuages. — D'où proviennent la pluie et la neige.

La circulation de l'eau sur la terre ; ce que devient la pluie. — Comment se forment les sources. — Le travail souterrain des eaux. — Comment se désagrège la surface de la terre. — Ce que deviennent les débris des roches. — Formation du sol. — Ruisseaux et rivières. — Leur origine. — Leur action. — Champs de neige et glaciers.

La mer : groupement de la terre et de la mer. — Pourquoi la mer est salée. — Les mouvements de la mer.

L'intérieur de la terre.

Conclusion.

Sciences.

(N. B. — Instruction générale. — Les cours de sciences ne seront jamais dictés. — Le professeur pourra mettre entre les mains des élèves un livre qui le dispense de développer personnellement toutes les parties du cours.)

Arithmétique.

Opérations sur les nombres entiers. Exercices de calcul mental.

Caractères de divisibilité par 2, 5, 9 et 3. (Règles pratiques.)

Fractions ordinaires. Réductions de plusieurs fractions au même dénominateur.

Opérations sur les fractions ordinaires.

Nombres décimaux. Opérations (Règles pratiques).

Sphère terrestre. — Verticale. — Horizon.

Simples notions sur les pôles, les méridiens, les parallèles et l'équateur terrestre. — Points cardinaux. — Longitude et latitude géographiques.

N. B. — Le professeur devra s'abstenir de toute théorie.

Géométrie.

Premiers éléments de géométrie expérimentale.

Définitions : les longueurs, les surfaces, les volumes. — Mesure des longueurs sur des lignes droites : longueur d'une droite dont les extrémités sont accessibles. — Longueur dont une seule extrémité est accessible. — Mesure de la hauteur d'un arbre. — Mesure de la longueur d'une droite dont les deux extrémités sont inaccessibles. — Mesure des surfaces planes limitées par des lignes droites : le rectangle, le carré. — Mesure de la surface du rectangle. — Le parallélogramme. — Mesure de la surface d'un parallélogramme. — Mesure de la surface d'un triangle. — Mesure d'une surface quelconque.

Mesure des volumes limités par des surfaces planes et des lignes droites : le cube. — Mesure du volume du parallélipipède droit. — Mesure du volume du cube. — Mesure du volume du prisme droit. — Mesure du volume des parallélipipèdes quelconques. — Mesure du volume de la pyramide.

Mesures des longueurs sur les lignes courbes : Principe de la mesure des longueurs courbes. Mesure de la longueur de la circonférence du cercle. Dimensions diverses des angles. — Mesure des angles et des arcs.

Sciences physiques et naturelles.

PREMIÈRES NOTIONS GÉNÉRALES (D'APRÈS HUXLEY) SUR :

1° La nature et la science ;
2° Les objets matériels : les corps minéraux. — Les corps vivants ;
3° Les objets immatériels.

Chimie.

LE FEU

Ce qui arrive quand une chandelle brûle. — Production d'acide carbonique et d'eau. — Quand une chandelle brûle, rien n'est perdu.

L'AIR

De l'air. — Ce que contient l'air. Ce qui arrive quand nous respirons. Action des plantes sur l'air. Croissance des plantes. Action à la fois des animaux et des plantes sur l'air.

DE L'EAU

De quoi l'eau est formée. On peut retirer l'hydrogène de l'eau. Comment l'hydrogène peut-il être recueilli. Autre moyen de préparer l'hydrogène. — L'hydrogène brûle; il est plus léger que l'air. De l'eau se forme quand l'hydrogène brûle. — Analyse de l'eau. — Différence entre l'eau de source et l'eau de mer. Moyen de reconnaître la présence du sel dans l'eau. Solution et cristallisation. — L'eau de pluie est de l'eau distillée. Matières dissoutes et matières en suspension dans l'eau de rivière. Eau douce et eau saumâtre. Ce qui rend l'eau saumâtre. Moyens de rendre douce l'eau saumâtre. Les eaux des rivières diffèrent selon les terrains qu'elles parcourent. L'impureté des eaux qui circulent dans les villes. Gaz dissous par l'eau.

TERRE

De la terre. Préparation de l'acide carbonique au moyen de la chaux. Préparation de l'oxygène au moyen de l'oxyde rouge de mercure. Les métaux deviennent plus lourds en s'oxydant. Métaux contenus dans les substances terrestres. Ce que c'est que le charbon de terre. Fabrication du gaz d'éclairage. Usages du charbon de terre. Gaz d'éclairage et flamme. Explosions dans les mines de charbon et lampes de Davy. Ce qu'est un corps simple, un corps composé. — Des corps simples et des corps composés.

MÉTALLOÏDES

Oxygène. Hydrogène. Azote et acide azotique. — Ce que c'est qu'un acide, un alcali, un sel. Charbon ou carbone. Le sucre contient du charbon. — Chlore retiré du sel marin. — Soufre et ses composés. Propriétés du phosphore. Verre, argile.

MÉTAUX

Fer, ses usages, ses propriétés. Aluminium, le métal retiré de l'argile. Calcium, le métal de la chaux. Magnésium, le métal du sel d'Epsom. Sodium, le métal de la soude et du sel de Glauber. Potassium, le métal de la potasse. Cuivre et ses composés. Zinc et ses usages. Étain obtenu à l'aide du chalumeau. Plomb et ses composés. Vif argent ou mercure. Usages de l'or. Conclusions : combinaison en proportion définie. Équivalents. Combinaisons en proportions multiples. Équation chimique.

Botanique.

Notions préliminaires. — Définition de la Botanique. Les plantes sont des êtres vivants. Durée des plantes. Distribution des plantes. Formes des plantes. Choses nécessaires à la vie des plantes. Organes et fonctions des plantes. Les tissus des plantes. Première division des plantes en plantes à fleurs et plantes sans fleurs.

Caractères généraux des plantes à fleurs.

Les tissus des plantes.

La nature de la cellule et accroissement du tissu cellulaire.

La nourriture des plantes.

Germination.

La racine.

La tige.
Les bourgeons et les branches axillaires.
Les feuilles.
L'inflorescence.
La fleur.
Le calice.
La corolle.
Le disque.
La préfloraison.
L'étamine.
Le pistil.
L'ovule.
Fécondation.
Le fruit.
La graine.
Appendices.
Plantes gymnospermes.
Principe de la classification des plantes.

Quelques expériences de physiologie végétale : absorption et évaporation de l'eau. — Décomposition de l'acide carbonique, dégagement de l'oxygène et fixation du carbone par les plantes exposées à la lumière. Respiration. Transpiration. Germination. Effet de la lumière sur la chlorophylle. — La couleur des fleurs ne dépend pas de la lumière. La tige se tourne du côté de la lumière.

Étude des principales familles végétales. Herborisations.

Dessin.

DESSIN A MAIN LEVÉE

1. — Tracé et division des lignes droites en parties égales. — Évaluation des rapports de lignes droites entre elles.

2. — Reproduction et évaluation des angles.

3. — Principes élémentaires du dessin d'ornement. — Circonférences. — Polygones réguliers. — Rosaces étoilées.

4. — Courbes régulières autres que la circonférence. — Courbes elliptiques. — Spirales, etc.

Courbes empruntées aux éléments du règne végétal, tiges, feuilles, fleurs.

5. — Premières notions sur la représentation des objets dans leurs dimensions vraies (éléments du dessin géométral) et sur la représentation de ces objets dans leur apparence (éléments de la perspective).

Nota. — Les exercices de cette partie du programme seront limités à la représentation, sans les ombres, des principaux solides géométriques : le cube, le prisme, le cylindre, la pyramide, le cône.

Dessin géométrique.

1. — Emploi des instruments pour le tracé des lignes droites et des circonférences. — Emploi de la règle, du compas, de l'équerre et du rapporteur.

2. — Exécution, avec les instruments, de dessins géométriques dans

lesquels n'entreront que des lignes droites et reproduisant des motifs simples de décoration de surfaces planes. — Carrelages, vitraux, parquetage, lavis à l'encre de Chine et à la couleur, de quelques-uns de ces dessins.

CLASSE DE CINQUIÈME

(*Élèves de 12 à 13 ans en moyenne.*)

Langue et littérature françaises.

ENSEIGNEMENT ET EXERCICES

Étude plus approfondie des principales difficultés de la syntaxe ; étude plus complète des formes.

Exercices écrits et oraux de langue française.

Notions élémentaires de versification.

Vers français à retourner et à compléter.

Lectures (vers et prose) suivies de questions et d'explications.

Récitation. — On fera, de préférence, apprendre par cœur des morceaux de poésie.

Analyse orale ou écrite de lectures d'auteurs français ou de traductions, faites hors de la classe sur l'indication du professeur.

Compositions très simples.

Principes de diction française et lecture expressive.

TEXTES D'EXPLICATION ET DE RÉCRÉATION

Racine : *Esther*.

Boileau : Choix de *Satires*, épisodes du *Lutrin*.

Recueil de morceaux choisis du moyen âge au XVIIIe siècle.

Recueil de morceaux choisis des prosateurs du XIXe siècle.

Recueil de morceaux choisis des poètes du XIXe siècle.

LIVRES DE LECTURE ET D'ANALYSE

Homère : *Iliade*, analyse et extraits.

Plutarque : *Vie des Romains illustres* (choix).

Tite-Live : Extraits.

Virgile : Analyse et extraits.

Langue latine.

Grammaire latine : revision des éléments; syntaxe complète.

Groupement des mots par familles. Mots primitifs et mots dérivés.

Éléments de prosodie latine.

Explication et récitation d'auteurs latins.

(Une grande importance sera donnée à la préparation et à l'explication des textes.)

De Viris illustribus Urbis Romæ.

Selectæ e profanis scriptoribus historiæ (édition simplifiée et graduée).

Phèdre : *Fables* choisies (second semestre).

Thème latin, écrit et surtout oral.

Version latine.

Biographie sommaire des auteurs, à l'occasion des textes expliqués et dictés.

PROGRAMME D'ENSEIGNEMENT DE LA LANGUE LATINE

Revision. — Déclinaison irrégulière. — Comparatifs et superlatifs irréguliers. — Étude détaillée des pronoms. — Conjugaison régulière et irrégulière.

Premiers éléments de syntaxe générale. Syntaxe d'accord. Emplois principaux des cas. Compléments directs et indirects des verbes. Propositions infinitives. Propositions secondaires.

Exercices instantanés de traduction du français en latin. — La construction latine comparée à la construction française. — Reproduction de mémoire des morceaux expliqués en classe.

Explication des auteurs, instantanée ou après préparation.

Vers hexamètres, pentamètres et ïambiques à scander.

Langues anglaise et espagnole.

Continuation des exercices de l'année précédente.

Acquisition de nouvelles parties du vocabulaire. Insister sur les principaux adverbes. — Monnaies, poids et mesures.

Exercices oraux sur les mots appris.

Exercices de conversation sur des objets usuels.

Les principales phrases dites en classe sont rapportées par écrit et apprises par cœur.

Exercices gradués de lecture en insistant sur l'accent des mots et sur l'accent de la phrase.

Exercices de conversation sur les lectures faites.

Textes faciles en vers ou en prose appris par cœur.

Dictées.

Grammaire élémentaire.

Thèmes d'imitation, oraux ou écrits.

TEXTES DE LECTURE, D'EXPLICATION ET DE RÉCITATION

Anglais.

Young John Lounger, by T. Robertson.
Royal Readers, nos III — IV.
De Foë : *Robinson Crusoé.*
Franklin : *Autobiography* (extraits).
Miss Corner : *History of Greece* (extraits).
Morceaux choisis de prose et de poésie.

Espagnol.

Cours de la langue espagnole, par L. Mallefille (continuation et fin).
Manuel de la conversation, français-espagnol, par Bustamente.
Antonio de Trueba : *Countos populares.*
Morceaux choisis de prose et de poésie.

Histoire.

HISTOIRE ROMAINE

Géographie de l'Italie : Latins, Étrusques, colonies grecques.

Fondation de Rome : Époque royale. — La religion, la famille, la cité. — Les rois, le Sénat.

Lutte des Patriciens et des Plébéiens. — La République. — Le consulat, la dictature et le tribunat.

Le décemvirat et la loi des Douze tables. — Conquête de l'égalité civile et politique. — Les comices. — Le forum.

Conquête de l'Italie. — L'armée. — Les colonies. — Les voies militaires.

Les guerres puniques. — Hamilcar et Annibal. — Les deux Scipions. — Ruine de Carthage.

Conquête du bassin de la Méditerranée. — Caractères de la politique romaine en Orient et en Occident.

Conséquences des conquêtes. — Influence du génie grec sur Rome. — Premiers écrivains latins. — Caton le Censeur. — Révolution dans la cité. — La plèbe romaine, l'esclavage. — Les Gracques et les lois agraires.

Marius et Sylla. — Guerres contra Jugurtha. — Les Cimbres. — Mithridate.

Guerres civiles. — Les proscriptions. — Dictature de Sylla. — Rôle militaire et politique de Pompée; Spartacus. — Cicéron, Verrès, Catilina.

César. — Premier triumvirat. — Conquête des Gaules. — Vercingétorix.

Guerre civile : Pharsale. — Dictature; réformes et projets de César. — Octave et Antoine. — Bataille d'Actium. — Fin du Gouvernement républicain.

L'Empire. — Auguste : Organisation du Gouvernement nouveau.

Administration de Rome et des provinces. — Lutte contre les Germains : Varus. — Limites de l'Empire.

Les lettres et les arts. — Grands écrivains à l'époque de César et d'Auguste. — Monuments, commerce. — Les routes, les postes.

Les empereurs de la famille d'Auguste; conquête de la Bretagne.

Les Flaviens. — Ruine de Jérusalem.

Les Antonins. — Conquêtes de Trajan. — Voyages d'Adrien. — Antonin et Marc-Aurèle.

Les arts. — Grands monuments à Rome et dans les provinces. — Les spectacles. — Les lettres. — Ecrivains et philosophes de l'époque des Antonins.

Le christianisme. — Église primitive. — Catacombes.

Septime-Sévère. — Les grands jurisconsultes; l'édit de Caracalla. — Anarchie. — Relèvement de l'Empire par Dioclétien.

Constantin : l'édit de Milan. le concile de Nicée. — Organisation de l'Eglise chrétienne. — Fondation de Constantinople.

Derniers temps de l'Empire. — Les invasions. — Théodose. — Les deux Empires. — Étendue du monde romain.

Revision des grands faits et résumé du cours.

Nota. — Il sera bon de mettre entre les mains des élèves, pour faciliter l'intelligence du cours, un « Choix de lectures extraites des auteurs anciens et modernes sur l'histoire romaine ».

Géographie.

GÉOGRAPHIE GÉNÉRALE : L'EUROPE, L'AMÉRIQUE

Géographie générale (1er *trimestre*).

La mer : marées, courants. Le fond des mers. Les régions polaires.

L'atmosphère : vents alizés, moussons, cyclones.

La pluie et la circulation des eaux. Climats. Végétaux.

Les continents : montagnes, plateaux et plaines, fleuves. Comparaison de leurs principaux traits dans les cinq parties du monde.

Notions élémentaires sur la répartition des races humaines. La vie civilisée et la vie sauvage.

L'Europe (2e *trimestre*).

Configuration, limites et dimensions.

Les mers. Description des côtes.

Les montagnes. Les plateaux et les grandes plaines. Volcans.

Fleuves et rivières. Principaux groupes de lacs.

Climats. Rapports de la végétation et du climat.

Description particulière des États de l'Europe.

Traits caractéristiques de leur géographie physique : leurs villes principales ; leur population.

L'Amérique (3e *trimestre*).

Situation et forme générale du continent. Océans : Pacifique, Atlantique, Glacial. Grandes divisions. Population. L'Amérique latine et l'Amérique anglo-saxonne.

Amérique du Nord, Amérique centrale, Amérique du Sud, Grands traits du relief du sol. Fleuves, lacs, climats, régions naturelles. Faune.

Principaux États et possessions européennes : productions les plus importantes de l'agriculture, des mines, de l'industrie. Immigration.

Communications principales des grands États entre eux et avec l'Europe, l'Asie, l'Océanie.

SCIENCES

Arithmétique.

Revision.

Nombres premiers. — Décomposition d'un nombre en ses facteurs premiers. — (Aucun développement théorique.)

Système métrique. — Exercices relatifs à la mesure des aires et des volumes.

Extraction de la racine carrée d'un nombre entier (Règle pratique).

Règle de trois par la méthode de réduction à l'unité.

Intérêt simple. — Escompte commercial. — Rentes.

Problèmes relatifs aux mélanges et aux alliages.

Géométrie.

PREMIERS ÉLÉMENTS DE GÉOMÉTRIE EXPÉRIMENTALE

(*Suite et fin.*)

Revision du cours précédent.

Mesure des surfaces planes terminées par des lignes courbes : mesure de la surface du cercle. — Mesure d'une surface quelconque.

Mesure des volumes terminés par des surfaces planes et des surfaces courbes. — Le cylindre. — Mesure du volume d'un cylindre. — Le cône. — Mesure du volume du cône.

Mesure des volumes terminés par des surfaces rondes : la sphère. — Surface et volume de la sphère.

Dessin des figures géométriques : Des instruments employés. — Tracé des droites, des parallèles et des perpendiculaires.

Division d'une droite en parties égales. Construction des figures terminées par des lignes droites. — Construction générale des figures régulières terminées par des droites. Juxtaposition des figures. — Tracés sur les angles. — Tracés sur le cercle.

Éléments d'arpentage et de levé des plans : Définitions. — Principaux instruments employés. — Tracé direct d'un plan. — Arpentage proprement dit. — Difficultés particulières.

Premières notions de physique.

Définition de la physique. Définition du mouvement. Définition de la force.

Les principales forces de la nature : Gravité, cohésion, attraction chimique. Usage de ces trois forces. Comment agit la gravité. Balance.

Les trois états de la nature : Remarques générales. Définition des solides, des liquides, des gaz.

Propriétés des solides : Remarques générales sur la cohésion. Élasticité. Résistance des matériaux. Frottement.

Propriétés des liquides : les liquides prennent la forme des vases qui les contiennent. Ils transmettent la pression. — Presse hydraulique. Pression de l'eau. Niveau des liquides. Niveau d'eau. Corps flottants. Poids spécifique. Capillarité.

Propriétés des gaz : Pression de l'air. Poids de l'air. Baromètre. Usages du baromètre. Machine pneumatique. Pompes. Siphon.

Corps en mouvement : Définition de l'énergie. Définition du travail. Travail fait par un corps en mouvement. Énergie d'un corps en repos.

Corps en vibration : Le son. Ce que c'est que le bruit et ce que c'est que la musique. Le son fait du travail. Il faut un intermédiaire pour la propagation du son. Son mode de propagation dans l'air. Sa vitesse. Écho ou réflexion du son. Comment trouver le nombre de vibrations par seconde correspondant à une note.

Corps soumis à l'action de la chaleur : Nature de la chaleur. Dilatation des corps chauffés. Description du thermomètre. Comment faire un thermomètre centigrade. Dilatation des solides. Dilatation des liquides. Dilatation des gaz. Chaleur spécifique. Changement d'état, table des points de fusion. Chaleur latente de l'eau. Chaleur latente de la vapeur. Ébullition et évaporation. Le point de fusion dépend de la pression. Autres effets de la chaleur. Mélanges réfrigérants. La chaleur se propage. Conductibilité des corps pour la chaleur. Propagation de la chaleur. Rayonnement de la lumière et de la chaleur. Vitesse de la lumière. Réflexion de la lumière. Réfraction de la lumière. Lentilles, images qu'elles donnent. Microscope et télescope. La réfraction diffère avec les rayons. Récapitulation et nouvelle définition de la nature de la chaleur.

Corps électrisés : Corps bons conducteurs et corps mauvais conducteurs de l'électricité. Deux sortes d'électricité, leur action réciproque. Elles existent combinées dans les corps non excités. L'étincelle électrique. Electroscope. — Action des pointes. Machine électrique. La bouteille de Leyde. Nature de l'énergie des corps électrisés. Courants électriques. Batterie de Grove. Propriétés des courants. Effets caloriques, chimiques et magnétiques. Télégraphie électrique.

Physiologie animale.

Notions préliminaires : ce que c'est que la physiologie. Les animaux se meuvent à volonté. — Les animaux sont chauds. Pourquoi les animaux sont chauds et se meuvent : combustion. Le besoin d'oxygène. — Les déchets.

Les différentes parties du corps : Les tissus. — Les cavités du thorax et de l'abdomen. La colonne vertébrale. — Tête et cou. — Nerfs. — Arrangement général de toutes ces parties.

Ce qui a lieu quand nous nous mouvons : Les os du bras. — La structure de la jointure du coude. — Autres jointures du corps. — Le bras est fléchi par la contraction du biceps. — Comment le biceps se contracte sous l'empire de la volonté. La contractilité d'un muscle dépend de la circulation du sang. C'est la nourriture contenue dans le sang qui donne de la force au muscle. — Besoin continuel de nourriture.

La nature du sang. — Le sang dans les capillaires. Les globules sanguins. La coagulation du sang. — Les substances contenues dans le sérum. — Les minéraux du sang.

La circulation du sang : les artères, les capillaires et les veines. Le cœur d'un mouton. Le trajet de la circulation. — Pourquoi le sang se meut dans une seule direction : les valvules des veines. Les valvules triscupides. Les valvules sigmoïdes.

Le cœur gauche.

Pourquoi le sang se meut toujours : Battement du cœur. — L'action du cœur considérée comme un tout. Les capillaires et les tissus.

Comment le sang est modifié par l'air : Respiration. Sang veineux et sang artériel. — Le changement du sang artériel en sang veineux et du sang veineux en sang artériel. — Les poumons. — Le renouvellement de l'air dans les poumons. — Comment la contraction du diaphragme dilate les poumons. — La dilatation naturelle des poumons. Inspiration. Expiration. Comment se contracte le diaphragme. La poitrine est aussi dilatée par les mouvements des côtes et du sternum. La respiration est un acte involontaire.

Comment le sang est changé par la nourriture : digestion. Pourquoi l'intérieur de la bouche est toujours rouge et humide. — Pourquoi la peau est quelquefois humide. Glandes sudorifiques. — La membrane muqueuse du canal alimentaire et ses glandes. Les glandes salivaires. — Le pancréas et le foie. — La partie nutritive des aliments. — Comment les matières protéiques et l'amidon sont changés. — Vaisseaux lactés et vaisseaux lymphatiques. — Ce que devient la partie nutritive des aliments.

Comment le sang se débarrasse des déchets. — Nécessité de se débarrasser des matières non utilisées. — Expulsion de l'ammoniaque sous la forme d'urine.

Résumé général et succinct de tout le cours. — Comment nous sentons et voulons.

Dessin.

DESSIN A MAIN LEVÉE

1. Représentation géométrale, au trait, et représentation perspective. avec les ombres, de solides géométriques et d'objets usuels simples.
2. Dessin, d'après des ornements en relief empruntant leurs éléments à des formes non vivantes ; moulures, rais de cœur, oves, perles, denticules, etc.

DESSIN GÉOMÉTRIQUE

1. Exécution, avec les instruments, de dessins géométriques, dans lesquels entreront des lignes droites et des circonférences, et empruntés à des motifs de décoration de surfaces planes. — Parquetages. — Dallages. — Mosaïques, vitraux. — Reliures.

Lavis, à l'encre de Chine et à la couleur, de ces dessins.

2. Relevé avec cotes, et représentation géométrale, au trait, à une échelle déterminée, de solides géométriques et d'objets très simples.

CLASSE DE QUATRIÈME

(*Élèves de 13 à 14 ans.*)

Langue et Littérature françaises.

ENSEIGNEMENT ET EXERCICES

Notions élémentaires de grammaire historique. Notions d'étymologie. Lois principales qui ont présidé à la formation de la langue française. Époques de l'histoire de la langue.

Développement du vers français.

Exercices sur la langue française. — Lectures expliquées de quelques textes français du moyen âge et du XVIe siècle.

Vers français à retourner et à compléter.

Explication, récitation et lecture d'auteurs français (vers et prose).

Analyse écrite ou orale d'auteurs français ou de traductions, lus hors de la classe sur l'indication du professeur.

Compositions françaises : narrations, lettres, développement d'une idée morale, résumés et analyses d'auteurs.

Principes de diction et lecture expressive.

TEXTES D'EXPLICATION ET DE RÉCITATION

Corneille : *Le Cid, Horace.*
Racine : *Iphigénie, Les Plaideurs.*
Molière : *L'Avare. Le Malade imaginaire.*
La Fontaine : *Fables* (I à VI).
Voltaire : *Histoire de Charles XII.*
Recueil de morceaux choisis du moyen âge au XVIIIe siècle.
Recueil de morceaux choisis des prosateurs du XIXe siècle.
Recueil de morceaux choisis des poètes du XIXe siècle.

LIVRES DE LECTURE ET D'ANALYSE

Xénophon : Analyse et extraits.
Salluste.
Cervantès : Analyse et extraits.
Le Tasse : *Jérusalem délivrée* (extraits et analyse).
Analyse et extraits des chroniqueurs français : Villehardouin, Joinville, Comines.
Recueil de morceaux choisis de littératures étrangères. (Traductions et notions d'histoire littéraire à propos des textes lus.)

Langue latine.

Grammaire latine : revision.
Éléments de prosodie latine.
Explication et récitation d'auteurs latins.
(Une grande importance sera donnée à la préparation et à l'explication des textes.)
Virgile : *Enéide* (livres I et II).
Ovide : *Métamorphoses* (morceaux choisis).
César : *De Bello Gallico.*
Cornélius Nepos.
Quinte-Curce.
Exercices oraux de thème latin.
Version latine.
Biographie sommaire des auteurs, à l'occasion des textes expliqués et dictés.

PROGRAMME D'ENSEIGNEMENT DE LA LANGUE LATINE

Revision du cours de cinquième, en insistant sur la syntaxe particulière.
Gallicismes et latinismes. — La construction latine comparée à la construction française. Exemples tirés des textes expliqués.
Exercices oraux sur les procédés de dérivation et de composition des mots.
Exercices oraux sur le vocabulaire.
Explication des auteurs.
(Les élèves seront encouragés à faire, en dehors de la classe, des lectures supplémentaires; les auteurs de l'année précédente peuvent être recommandés pour cette lecture privée.)
Exercices oraux de prosodie. — Vers hexamètres et pentamètres à retourner.

Langue grecque.

Éléments de la grammaire grecque.
Lecture en tenant compte de l'accent.
Écriture : esprits.
Exercices oraux et au tableau sur la déclinaison et la conjugaison.
Chrestomathie élémentaire.
(Le professeur devra exercer les élèves à retenir les mots qui reviennent le plus souvent dans l'explication.)

Langues anglaise et espagnole.

Continuation des exercices de l'année précédente.

Acquisition de nouvelles parties du vocabulaire, avec des exercices oraux correspondants.

Suite des exercices de lecture.

Explication et récitation d'auteurs.

Conversations sur les lectures faites et sur les textes expliqués.

Dictées.

Thèmes oraux.

Thèmes écrits, repris de vive voix.

Versions et thèmes d'imitation.

Etude méthodique des formes grammaticales et leur emploi.

AUTEURS ANGLAIS

T. Robertson : *Sit down to breakfast.*

Morceaux choisis (en prose et en vers).

Miss Edgeworth : *Old Poz.*

Swift : *Gullivers Travels* (extraits).

Ouida : *A Leaf in the Storm; A Dog of Flanders.*

Miss Corner : *History of Rome* (extraits).

AUTEURS ESPAGNOLS

Morceaux choisis de prose et de poésie.

Juanito : *Lecturas morales.*

El Eco de Madrid, par J. Eugenio Hartzenbusch et Enrique Lemming.

Histoire.

HISTOIRE DE L'EUROPE JUSQU'EN 1270

L'Empire romain à la fin du IVe siècle. — L'empereur, les préfets, l'impôt, la cité ; les grandes propriétés ; les colons.

Civilisation romaine : écoles, monuments, mœurs. Exemples pris en Gaule. Comparaison de la Gaule avant la conquête et de la Gaule romaine.

Le christianisme ; les évêques, les conciles.

Les Barbares. — Mœurs des Germains. — Les invasions germaniques : Alaric. Simple énumération des Etats fondés par les Germains. — Les Huns et Attila. — Les Goths et Théodoric.

Les Francs : Clovis. — Conquête de la Gaule et d'une partie de la Germanie.

Mœurs de l'époque mérovingienne : loi salique. Les rois, les grands, les évêques ; Grégoire de Tours. Les régions franques : Neustrie, Australie, Bourgogne, Aquitaine.

Empire romain d'Orient. — Justinien, mœurs byzantines, la cour, les lois : l'église Sainte-Sophie.

Les Arabes. — Mahomet, le Coran ; l'empire arabe ; la civilisation arabe.

La papauté. — Grégoire le Grand, monastères et missions en Occident.

Les ducs austrasiens. — Charles Martel. Relations avec les papes. Avènement de Pépin le Bref.

L'empire franc. — Charlemagne : la cour, les assemblées, les Capitulaires, les écoles ; l'armée et la guerre ; restauration de l'Empire.

Louis le Pieux. Le traité de Verdun. Démembrement de l'empire en royaumes. Les Normands en Europe.

La féodalité. — Démembrement de la France en grands fiefs. Avènement des Capétiens.

Le régime féodal : l'hommage, le fief, le château, le serf, la trêve de Dieu, évêques et abbés. — La Chevalerie.

L'Allemagne et l'Italie. — Les duchés allemands ; Henri Ier ; les Marches ; Othon Ier en Italie. Nouvelle restauration de l'Empire.

L'empereur et le pape ; la réforme de l'Église ; Grégoire VII : la querelle des investitures. Alexandre III et Frédéric Barberousse. Innocent III ; Frédéric II.

Les croisades. — Fondation du royaume de Jérusalem. La prise de Constantinople. Influence de la civilisation orientale sur l'Occident. — Croisades et missions dans l'orient de l'Europe.

Les villes. — Progrès des populations urbaines et rurales en Occident. — Les communes. L'industrie, le commerce, les métiers, les foires.

La royauté française. — Les premiers rois capétiens. Le roi, sa cour, son domaine ; les grands vassaux.

Louis VI, Louis VII et Philippe-Auguste. Progrès du pouvoir royal ; extension du domaine.

Le règne de saint Louis.

L'Angleterre. — Guillaume le Conquérant ; Henri II. La Grande Charte. Le Parlement.

Civilisation chrétienne et féodale. — L'Église ; les hérésies ; les ordres mendiants ; la croisade albigeoise ; l'Inquisition. — Les écoles ; l'Université de Paris. — La littérature : trouvères, troubadours ; Villehardouin, Joinville. Les arts : un château, une église romane, une église gothique.

Revision des grands faits et vue d'ensemble du cours.

Morale pratique.

Notions préliminaires. — Premières données de la conscience.

Devoirs domestiques. — Devoirs des enfants envers les parents.

Devoirs des parents envers les enfants.

Devoirs des frères et sœurs.

Devoirs sociaux. — Respect de la vie humaine.

Respect de l'honneur et de la réputation. Les outrages, la calomnie, la médisance. Condamnation de la délation et de l'envie.

Respect de la propriété. Le vol et la fraude sous toutes ses formes.

Caractère sacré des promesses et des contrats.

Équité. Reconnaissance. La bienfaisance : l'aumône ; l'obligation d'assister ses semblables dans le péril ; le dévouement, le sacrifice. Devoirs de l'amitié. Respect de la vieillesse, des supériorités morales.

Devoirs à l'égard des animaux.

Devoirs réciproques des maîtres et des serviteurs.

Devoirs civiques. — La patrie et le patriotisme. L'obéissance aux lois, le respect des magistrats, l'impôt, le service militaire, le vote.

Devoirs personnels. — Devoirs de conservation personnelle, le suicide.

Principales formes du respect de soi-même ; tempérance, prudence, courage. Respect de la vérité ; sincérité vis-à-vis de soi-même.

Devoir de cultiver et de développer toutes nos facultés. Le travail : sa nécessité, son influence morale.

Devoirs religieux et droits correspondants.

Géographie.

AFRIQUE, ASIE, OCÉANIE

Configuration, superficie ; mers et côtes ; archipels et grandes îles.

Grands traits du relief du sol ; fleuves, lacs, climats, régions naturelles. Faune.

Principaux États et possessions européennes.

Productions les plus importantes de l'agriculture, des mines, de l'industrie.

Populations : races indigènes et immigrations.

Langues et religions. Grands souvenirs historiques. Grands voyages de découvertes.

Commerce extérieur. Principaux ports. Grandes voies de communications par terre et par mer.

Résumé. — Les plus grands États des cinq parties du monde comparés entre eux. Relations entre les cinq parties du monde. Répartition des races. Grandes lignes de navigation et de télégraphie.

SCIENCES

Arithmétique.

Revision.

Rapports et proportions. — Grandeurs proportionnelles.

Applications à l'arithmétique commerciale : Escompte, méthodes des diviseurs et des parties aliquotes ; bordereau d'escompte ; comptes courants ; règles de société et de mélanges. Application aux calculs des rentes.

Géométrie.

Ligne droite et plan. — Angles. — Droites perpendiculaires.

Triangles. — Triangle isocèle. — Cas d'égalité des triangles.

Perpendiculaires et obliques. — Triangles rectangles. — Cas d'égalité. — Définition d'un lieu géométrique. — Lieu géométrique des points équidistants de deux points ou de deux droites.

Droites parallèles. Somme des angles d'un triangle, d'un polygone convexe. Propriété des parallélogrammes.

Figures symétriques par rapport à un point ou à une droite. — Deux figures symétriques sont égales.

Usage de la règle et de l'équerre.

Cercle. — Intersection d'une droite et d'un cercle. — Tangente au cercle ; les deux définitions de la tangente. — Arcs et cordes.

Positions relatives de deux circonférences.

Mesure des angles.

Usage de la règle et du compas. — Rapporteur.

Problèmes élémentaires et lieux géométriques. Mener une tangente à un cercle parallèlement à une droite donnée. Mener une tangente commune à deux cercles. Décrire sur une droite donnée un segment capable d'un angle donné.

Premières notions de Cosmographie.

La Terre et ses mouvements : La Terre est ronde. — La Terre est grande. — La Terre n'est pas en repos. La Terre tourne sur elle-même. La Terre fait un tour sur elle-même en un jour. La rotation de la Terre n'est pas son seul mouvement. — La Terre fait le tour du Soleil en une année. Les deux mouvements de la Terre ne sont pas dans le même plan. Pourquoi les jours et les nuits sont inégaux. — Les saisons dépendent de la différence de longueur du jour et de la nuit. — Pourquoi les mouvements du Soleil et des étoiles apparaissent différents dans les différentes parties de la Terre.

La lune et ses mouvements : La lune voyage parmi les étoiles. — La Lune change de forme. — Comment la Lune cause les éclipses. — Comparaison de la Lune avec la Terre.

Le système solaire : Comment doivent nous paraître des corps semblables à la Terre, mais plus proches du Soleil. — Y a-t-il de tels corps? Les planètes. Les planètes plus près du Soleil que la Terre. — Les planètes plus éloignées du Soleil que la Terre. — Les comètes, les météores et les étoiles filantes.

Le soleil : L'influence du Soleil sur le système solaire. — La chaleur, la lumière, la grandeur et la distance du Soleil. Apparence que présente le Soleil. Taches du Soleil. — L'atmosphère du Soleil. — Eléments constitutifs du Soleil. — Le Soleil est l'étoile la plus rapprochée de la terre.

Les étoiles et les nébuleuses : Les étoiles sont des soleils éloignés les uns des autres. — La clarté des étoiles. — Les constellations. — Mouvements apparents des étoiles. — Mouvements réels des étoiles. — Étoiles multiples. — Groupe d'étoiles et nébuleuses. — La nature des étoiles et des nébuleuses.

Comment sont déterminées les positions des corps célestes et l'usage qu'on en fait : Cartes célestes. — Distance polaire des étoiles. — La distance polaire ne suffit pas pour déterminer la position d'un astre. — Ascension droite. — La latitude des lieux terrestres. — La longitude des lieux terrestres.

Pourquoi les mouvements des corps célestes sont si réguliers : Ce que c'est que le poids.

La gravité diminue à mesure qu'augmente la distance. — Explication de l'orbite parcouru par la lune autour de la terre. — L'attraction ou gravitation.

Zoologie.

DIVISION DES ANIMAUX EN EMBRANCHEMENTS

Embranchement des Vertébrés. — Caractères généraux. (Examen rapide des principaux appareils anatomiques et des fonctions de ces appareils). — Division en classes.

Embranchement des Annelés. — Caractères généraux. — Division en classes.

Embranchement des Mollusques. — Caractères généraux. — Division en classes.

Embranchement des Radiaires. — Caractères généraux. — Division en groupes naturels.

Protozoaires. — Notions succinctes sur les Infusoires.

N. B. — Prendre comme types, dans les principales classes, les animaux les plus utiles, et caractériser l'ordre auquel ils appartiennent.

Géologie (premières notions).

Les différentes espèces de pierres.

Ce que les pierres ont à nous apprendre.

Les roches sédimentaires. Qu'est-ce qu'un sédiment? — Origine du gravier, du sable et du limon. Formation des roches sédimentaires. Les fossiles. — Une carrière et ses leçons. — Les roches organiques : Roches formées de débris végétaux. — Roches formées de débris animaux.

Les roches ignées : leur nature, leur origine.

La croûte terrestre : Soulèvements. — Affaissements. — Dislocations. — Origine des montagnes. — L'histoire de la terre racontée par les roches.

Dessin.

DESSIN A MAIN LEVÉE

1. — Dessin d'après des ornements en bas-relief empruntant leurs éléments au règne végétal. — Feuilles et fleurs ornementales. — Palmettes, rinceaux, etc.

2. — Dessin d'après des fragments d'architecture. — Piédestaux. — Bases et fûts de colonnes. — Antes. — Corniches. — Vases.

3. — Dessin de la tête humaine. — Premières notions sur la structure et les proportions de ses différentes parties.

DESSIN GÉOMÉTRIQUE

1. — Notions sur la ligne droite, sur le plan et sur les projections.

2. — Projection des solides géométriques et d'objets usuels les plus simples. — Déplacements de ces objets et de ces solides parallèlement aux plans de projection.

Notions pratiques élémentaires sur le lavis des surfaces planes et des surfaces courbes.

3. — Éléments du dessin d'architecture. — Les murs et les moulures.

Ensemble et détails de l'ordre dorique. (Cette étude d'architecture sera faite d'après un monument de l'art grec ou de l'art romain.)

DIVISION SUPÉRIEURE

CLASSE DE TROISIÈME

(*Elèves de 14 à 15 ans en moyenne.*)

Langue et Littérature françaises.

ENSEIGNEMENT ET EXERCICES

Étude grammaticale et littéraire de la langue francaise.

Notions sur les principales qualités du style et les règles essentielles de la composition, étudiées, non d'après un cours théorique, mais sur les textes et à l'occasion des devoirs journaliers.

Histoire sommaire de la littérature française jusqu'à la mort de Henri IV.

Explication, récitation, lecture et analyse d'auteurs français.

Lecture et analyse de traductions choisies.

Compositions et exercices littéraires de genres divers : narrations, discours, dialogues, portraits, développement de pensées (littérature, morale, histoire, etc.).

Principes de diction et lecture expressive.

TEXTES D'EXPLICATION ET DE RÉCITATION

Montaigne : Extraits.
Boileau : *Epîtres.*
Bossuet : *Oraisons funèbres.*
La Bruyère : *Caractères.*
Molière : *Les Précieuses ridicules; Les Femmes savantes.*
Lettres choisies du XVIIe siècle.
Rousseau : Extraits de prose.
Recueil de morceaux choisis (du moyen âge au XVIIIe siècle).
Recueil de morceaux choisis des prosateurs du XIXe siècle.
Recueil de morceaux choisis des poètes du XIXe siècle.

LIVRES DE LECTURE ET D'ANALYSE

Eschyle, Sophocle, Euripide (choix).
Plaute, Térence : Extraits choisis.
César.
Bossuet : *Histoire universelle,* IIIe partie.
Montesquieu : *Considérations sur les causes de la grandeur des Romains et de leur décadence.*
Recueil de morceaux choisis de littératures étrangères (traduction) et notions d'histoire littéraire à propos des textes lus.

PROGRAMME D'HISTOIRE DE LA LITTÉRATURE FRANÇAISE

1. Formation de la langue française : résumé rapide. — Langue d'oc et langue d'oïl. — Poésie lyrique du Midi : les Troubadours.
2. Les Trouvères. — Chansons de Gestes. — Les trois Cycles.
3. Les fabliaux et le *roman de Renard.*

4. *Le roman de la Rose* et la *poésie allégorique.* — Poésie lyrique du Nord (XIIIe au XVe siècle).

5. Poésie dramatique : *Les Mystères.*

6. Suite de la poésie dramatique : *Farces, Soties et Moralités.*

7. La prose : les quatre grands chroniqueurs ; Villehardouin, Joinville, Froissart, Comines.

8. XVe siècle : aperçu rapide. — XVIe siècle : la Renaissance, la Réforme.

9 et 10. La poésie. Clément Marot et son école. Ronsard et la Pléïade.

11. Le théâtre : commencements de la Tragédie et de la Comédie.

12. La prose : sa richesse en tous les genres : érudits, philosophes, théologiens, politiques, historiens, conteurs.

13. Rabelais. — Montaigne.

14. Les auteurs de mémoires. — *La Satire Ménippée.*

15. D'Aubigné. — Régnier. — Malherbe.

Langue latine.

Grammaire latine : revision.

Prosodie latine.

Explications et récitation d'auteurs latins.

(Une grande importance sera donnée à la préparation et à l'explication des textes.)

Tite-Live : *Narrationes.*

Cicéron : *Pro Archia ; De Senectute.*

Pline : Choix de lettres.

Salluste.

Térence : *Les Adelphes.*

Virgile : *Épisode des Géorgiques ; Enéide* (livres III-VII).

Version.

Notions sommaires d'histoire littéraire à l'occasion des textes expliqués ou dictés.

Analyses écrites et orales de morceaux empruntés aux poètes et aux prosateurs latins.

Langue grecque.

Lecture et écriture, en tenant compte de l'accent. Notions élémentaires d'accentuation.

Exercices oraux sur les procédés de dérivation et de composition des mots. Mots simples. Groupement des mots dérivés ou composés.

Exercices oraux et au tableau sur la déclinaison et la conjugaison.

Exercices oraux de traduction du français en grec et du grec en français.

Exercices oraux sur le vocabulaire.

Chrestomathie.

Xénophon : *Anabase*, extraits.

Lucien : Choix de *Dialogues des Morts.*

Babrius : *Fables.*

Notions sommaires de la littérature grecque.

PROGRAMME D'HISTOIRE DE LA LITTÉRATURE GRECQUE

1. Les premières traductions poétiques de la Grèce : Homère, Hésiode.

2. Les poètes lyriques.
3. Les poètes tragiques.
4. Les poètes comiques.

Langues et Littératures anglaise et espagnole.

Continuation des exercices de l'année précédente.

Etudes du vocabulaire.

Reproduction de vive voix de lecture ou de récits faits en classe.

Explication et récitation d'auteurs. — L'explication prendra un caractère plus littéraire que dans les classes précédentes : on choisira de temps en temps des morceaux qui donnent lieu à des comparaisons avec la littérature française.

Lecture courante de textes faciles.

Exercices de conversation sur les textes lus ou expliqués et sur les mots appris.

Étude méthodique des différentes parties du discours.

Thèmes oraux et écrits; thèmes grammaticaux.

Versions dictées ; thèmes d'imitation.

Essais de composition très simples : récits. descriptions, lettre familières, etc.

Notions d'histoire littéraire.

AUTEURS ANGLAIS

Morceaux choisis.

Goldsmith : *She stoops to conquer : The Vicar of Wakefield.*

Lamb : *Tales from Shakespeare.*

Macaulay : *Essays* (extraits).

Cox : *The gods and the heroes.*

AUTEURS ESPAGNOLS

Morceaux choisis de prose et de poésie.

Choix de fables de Iriarte, de Samaniego.

Diego de Mendoza : *Guerra de Granada.*

Antonio de Solis : *Historia de la conquista de Mejico.*

Don M.-J. Quintana : *Vidas de Españoles celebres.*

Histoire.

HISTOIRE DE L'EUROPE DE 1270 A 1610

L'Europe à la fin du XIIIe siècle. — Empire et papauté. Principaux États.

La royauté en France. — Philippe le Bel ; caractère nouveau du gouvernement ; l'impôt et l'armée ; le Parlement ; les États généraux. Lutte contre Boniface VIII. Condamnation des Templiers. Avènement des Valois.

La guerre de Cent ans. — Les armées et les grandes compagnies. Les États généraux : Étienne Marcel. La Jacquerie. — Charles V et Duguesclin. Paris au XIVe siècle. — Charles VI et la maison de Bourgogne. — Charles VII. Jeanne d'Arc. — Expulsion des Anglais.

France et Angleterre à la fin de la guerre de Cent ans. — Institutions de Charles VII : armée permanente ; pragmatique de Bourges. —

Féodalité : Bretagne et Bourgogne. — Troubles en Angleterre : Henri VI.

L'Église. — Les papes à Avignon ; le grand schisme d'Occident ; Wiclef et Jean Huss ; les grands conciles.

L'anarchie en Allemagne et en Italie. — Avènement des Habsbourgs : Affranchissement de la Suisse ; la Bulle d'or ; la Hanse. Les grandes villes d'Italie : Florence et Venise.

Démembrement de l'empire grec et formation de l'empire ottoman. — Slaves et Hongrois ; les Turcs : Mahomet II. L'Europe orientale : La Moscovie. Ivan III.

Les États de l'Europe occidentale à la fin du XV° siècle. — France : Louis XI et Charles le Téméraire. Charles VIII et Anne de Beaujeu. États de 1484.

Angleterre : les Tudors.

Espagne : Formation du Royaume : Ferdinand et Isabelle.

Le déclin du moyen âge. — Commencement de la Renaissance en Italie ; Dante, Giotto, Pétrarque, Brunelleschi, Donatello.

Les grandes inventions et leurs effets sur la civilisation générale. — Poudre à canon, boussole, papier, imprimerie. — Les découvertes maritimes : connaissances géographiques à la fin du XV° siècle : Découvertes des Portugais et des Espagnols ; Christophe Colomb. Les voies de commerce ; les épices et l'or.

La politique européenne. — Guerre d'Italie : les États Italiens à la fin du XV° siècle ; les belligérants : France, Espagne, Maison d'Autriche, Jules II et Léon X.

La rivalité des maisons de France et d'Autriche. — François Ier et Charles-Quint ; Henri VIII et Soliman. Henri II. Abdication de Charles-Quint ; traité de Cateau-Cambrésis.

Le pouvoir royal en France. — La Cour au temps de François Ier et de Henri II ; les principales familles nobles ; le clergé et le concordat de 1516 : l'armée, la justice, les finances.

La Renaissance. — Les arts et les lettres en Italie : Machiavel, Arioste, le Tasse ; Léonard de Vinci, Raphaël, Michel-Ange, Titien. — Renaissance aux Pays-Bas et en Allemagne : Retour sur l'histoire de l'art aux Pays-Bas : Les Van Eyck. — Erasme, Dürer. — Kopernik. — Renaissance en France : Le Cardinal d'Amboise ; le Collège de France ; Rabelais, Ronsard, Montaigne ; les Italiens à Fontainebleau ; Jean Goujon et Philibert Delorme. Châteaux et palais.

La Réforme. — Zwingle, Luther, Calvin. La paix d'Augsbourg. — Propagation du luthérianisme au Nord, du calvinisme à l'Ouest. — Henri VIII et l'anglicanisme.

La Contre-Réforme. — Le Concile de Trente ; l'Inquisition : la Société de Jésus.

Guerres politiques et religieuses. — Philippe II : Politique religieuse en Espagne et aux Pays-Bas. Affranchissement des Provinces-Unies : Guillaume le Taciturne. Aperçu général de la politique de Philippe II en Europe. Décadence de l'Espagne.

Angleterre : Lutte d'Elisabeth contre Philippe II ; Marie Stuart. — Prospérité de l'Angleterre : Bourgeoisie, industrie, marine. Shakespeare.

France : Catholiques et protestants : L'Hospital et le parti de la tolérance ; les Guises, Coligny, la Saint-Barthélemy ; Henri III et la Ligue.

Henri IV : Lutte contre l'Espagne; édit de Nantes; Sully; reconstitution du royaume.

Revision des grands faits et vue d'ensemble du cours.

Histoire d'Haïti.

I

DE LA DÉCOUVERTE A LA COLONISATION FRANÇAISE

Découverte de l'île par Christophe Colomb et ses trois voyages. — Les Cacicats et les Caciques. Anacouana. — Traite des Indiens. — Révoltes et destruction des Indiens. — Cobadilla, Ovando, don Diego, Colomb, gouverneurs. — Las Casas.

Origine de la ville de Santo-Domingo.

Premier transport d'esclaves africains en 1503.

Introduction de la canne à sucre (1506).

Dernières luttes des Haïtiens. — Henri.

Bombardement et pillage de Santo-Domingo par Francis Drake (1586). — Santo-Domingo, seul port ouvert au commerce (1606).

Décadence de la colonie espagnole.

Géographie.

EUROPE

1° *Étude générale.*

Bornes et superficie de l'Europe. Configuration générale. Place de l'Europe dans l'ancien continent.

Description des mers principales et des côtes. Courants.

Relief du sol : Principaux massifs de montagnes ; plateaux, plaines et grandes vallées.

Hydrographie : Principaux centres de distribution et direction générale des eaux. Principaux groupes de lacs. Les grands fleuves.

Climat moyen de l'Europe et climat moyen des principales régions. Extrêmes de froid et de chaud. Rapports de la végétation et du climat, de la végétation et de l'altitude. Exemples pris parmi les végétaux les plus caractéristiques.

Les races européennes et les familles de peuples. Les religions ; les langues.

2° *Description des États.*

Énumération des États avec leur population, leurs capitales, leurs grandes villes.

Étudier pour chacun des principaux États les traits caractéristiques de la géographie physique et de la géographie économique; les éléments de la géographie politique et administrative, les régions historiques, les grandes villes.

3° *Résumé.*

Superficie et population comparée des principaux États ; comparaison de la puissance économique et des forces militaires. Grandes voies de communications internationales.

Rapports entre l'Europe et les autres parties du monde. Tableau des colonies européennes.

SCIENCES

Instruction générale. — Les cours de sciences ne seront jamais dictés. — Le professeur mettra entre les mains des élèves un livre qui le dispense de développer personnellement toutes les parties du cours.

Mathématiques.

ARITHMÉTIQUE THÉORIQUE

Numération.

Addition, soustraction et multiplication des nombres entiers.

Théorèmes relatifs à la multiplication.

Division des nombres entiers. Caractères de divisibilité par 2, 5, 4, 9 et 3. Reste de la division par chacun de ces nombres.

Plus grand commun diviseur de deux nombres. — Propriétés élémentaires des nombres premiers. — Plus grand commun diviseur et plus petit commun multiple de plusieurs nombres.

Opérations sur les fractions.

Fractions décimales. — Opérations sur les nombres décimaux ; quotient de deux nombres entiers ou décimaux, à moins d'une unité d'un ordre décimal donné.

Carré et racine carrée.

Problèmes et exercices divers.

Géométrie.

Revision.

Lignes proportionnelles. — Toute parallèle à l'un des côtés d'un triangle divise les autres côtés en parties proportionnelles. — Réciproque.

Propriétés des bissectrices d'un triangle. — Lieu géométrique des points dont le rapport des distances à deux points fixes est constant.

Triangles semblables. — Cas de similitude. Polygones semblables.

Théorème relatif aux sécantes d'un cercle issues d'un même point.

Relations métriques dans le triangle rectangle.

Relations métriques dans un triangle quelconque.

Problèmes. — Diviser une droite donnée en parties égales, en parties proportionnelles à des longueurs données. — Quatrième proportionnelle. — Moyenne proportionnelle.

Polygones réguliers. — Inscription du carré, de l'hexagone, du triangle équilatéral.

Longueur d'un arc de cercle. — Rapport de la circonférence au diamètre. Calcul de π.

Aires des polygones, aire du cercle. — Mesure de l'aire du rectangle, du carré, du parallélogramme, du triangle, du trapèze, d'un polygone quelconque. Applications et problèmes.

Le carré construit sur l'hypoténuse d'un triangle rectangle est égal à la somme des carrés construits sur les côtés de l'angle droit. — Rapport des aires de deux polygones semblables.

Aire d'un polygone régulier convexe. — Aire d'un cercle, d'un secteur, d'un segment. — Rapport des aires de deux cercles.

Notions d'arpentage. — Usage de la chaîne et de l'équerre d'arpenteur.

Notions sur le levé de plans. — Levé au mètre, levé à l'équerre, levé au graphomètre, levé à la planchette.

Algèbre.

Emploi des lettres. — Formules algébriques. — Problèmes conduisant à des équations numériques du premier degré. — Nombreux exemples.

Introduction des nombres négatifs. — Exemples : position d'un point sur un axe ; formule du mouvement uniforme. — Opération sur les nombres négatifs. — Fractions algébriques. — Extension des propriétés démontrées en arithmétique.

Monômes. — Polynomes. — Termes semblables.

Addition, soustraction et multiplication des polynomes.

Équations du premier degré à une inconnue.

Équations numériques à plusieurs inconnues. Diverses méthodes de résolution.

Problèmes. — Mise en équation ; résolution des équations.

Inégalités numériques du premier degré à une inconnue.

Physique et Chimie.

(A la démonstration des vérités scientifiques, le professeur rattachera à l'occasion *l'exposé des méthodes* et *l'histoire des découvertes.*)

1° PHYSIQUE

Pesanteur. — Équilibre des liquides et des gaz.

Divers états de la matière.

Direction de la pesanteur. — Fil à plomb. — Centre de gravité. — Poids. — Balance. — Poids spécifique (définition).

Surface libre des liquides en équilibre.

Étude expérimentale de la pression sur le fond et sur les parois des vases. — Vases communiquants. — Presse hydraulique ; puits ; puits artésiens.

Principes d'Archimède.

Pression atmosphérique. — Baromètre.

Loi de Mariotte. — Loi du mélange des gaz.

Machine pneumatique.

Pompes. — Siphon. — Aérostats.

Chaleur.

Dilatation des corps. — Thermomètres.

Coefficients de dilatation. — Applications usuelles.

Maximum de densité de l'eau.

Conductibilité des corps pour la chaleur.

Définition de la chaleur spécifique des solides et des liquides. — Principe de la méthode des mélanges.

Changements d'état des corps. — Fusion et dissolution. — Solidification. — Cristallisation. — Chaleur de fusion.

Mélanges réfrigérants.

Vaporisation. — Formation des vapeurs dans le vide. — Vapeurs saturantes et non saturantes. — Force élastique maximum.

Mélange des gaz et des vapeurs.
Définition de l'état hygrométrique.
Evaporation. — Ebullition. — Distillation. — Chaleur de vaporisation.

2° CHIMIE

Métalloïdes.

Eau. Analyse et synthèse. — Hydrogène. — Oxygène.
Air ; analyse. — Azote. Combustion.
Etats divers de la matière. — Notions générales sur les combinaisons chimiques. — Corps simples et corps composés.
Acides, bases, sels. — Nomenclature parlée et écrite.
Oxydes de l'azote. — Acide azotique. — Ammoniaque.
Chlore. Acide chlorhydrique. — Iode. — Brome. — Acide fluorhydrique.
Soufre. Acide sulfureux. Acide sulfurique. Acide sulfhydrique.
Phosphore. Acide phosphorique. — Hydrogène phosphoré.
Carbone. Oxyde de carbone. Acide carbonique. Sulfure de carbone.
Acétylène. — Gaz des marais. — Gaz oléifiant.
Acide borique. — Silice.

Manipulation de chimie.

Hydrogène. — Oxygène.
Azote. — Protoxyde d'azote. — Bioxyde d'azote.
Acide azotique. — Ammoniaque.
Chlore. — Acide chlorhydrique. — Chlorate de potasse.
Soufre. — Acide sulfureux. — Acide sulfhydrique.
Acide sulfurique. — Acide phosphorique.
Iode. — Extraction du brome.
Oxyde de carbone. — Acide carbonique.
Noir animal. — Noir de fumée. Préparation du sulfure de carbone.
Gaz de la houille. — Acide borique. — Acide silicique.

Histoire naturelle.

GÉOLOGIE ET BOTANIQUE

1. *Géologie* (*Revision et compléments*).

(Le professeur devra toujours faire porter ses explications sur des échantillons de roches ou de fossiles mis sous les yeux des élèves. Il se servira également de planches ou mieux de dessins tracés au tableau. L'enseignement sera complété, autant que possible, par des excursions dirigées par le professeur.)

Notions sur les principales roches : granit, porphyre, argile, schiste, calcaire, marne, grès.

I. — Modifications continues du sol. — Dégradations des roches par l'action de l'eau et de l'air. — Creusement des vallées. — Alluvions, deltas, dépôts marins.
Glaciers, moraines. Blocs erratiques.
Sources thermales, dépôts, filons métallifères.
Volcans. — Filons de roches.
Soulèvements et affaissements lents. — Tremblements de terre. — Failles.

II. — Roches stratifiées et non stratifiées.

Fossiles; leur utilité pour caractériser les terrains.

Aperçu général sur la formation du sol d'Haïti.

Indication sommaire des terrains qu'on y rencontre.

2. *Botanique* (*Revision et compléments*).

(Le professeur devra faire porter ses explications soit sur des échantillons de plantes mis entre les mains des élèves, soit sur des planches ou mieux des dessins tracés au tableau, indiquant les caractères essentiels. — L'enseignement sera complété, autant que possible, par des excursions dirigées par le professeur.)

Étude des différents organes d'une plante à fleurs : racine, tige, feuille, fleur, fruit, graine. — Exemples importants des variations de forme de ces organes.

Grandes divisions du règne végétal. — Exemples empruntés à quelques-unes des familles les plus importantes et les plus répandues en Haïti.

Phanérogames : Dicotylédones. Monocotylédones. — Gymnospermes.

Cryptogames. — Notions sommaires sur les cryptogames. — Cryptogames à racines : fougères, prêles, lycopodes. — Cryptogames sans racines : mousses, algues, champignons, lichens.

Dessin.

DESSIN A MAIN LEVÉE

1. Dessin d'après les fragments d'architecture tels que : chapiteaux, mascarons, griffes et griffons, vases, têtes décoratives d'animaux, etc.

2. Dessin de l'ensemble de la figure humaine, d'après les bas-reliefs empruntés à l'art antique.

3. Étude et dessin des parties du corps humain. Premières notions simplifiées d'anatomie.

Copie de détails de la figure humaine, alternativement d'après la bosse et d'après l'estampe.

DESSIN GÉOMÉTRIQUE

1. Ombres usuelles et pratiques raisonnées du lavis (ombres propres, ombres portées). — Lavis des surfaces de révolution les plus simples.

2. Dessin et lavis d'architecture. Ensemble et détails de l'ordre ionique. — Porte ou fenêtre.

(Ces études d'architecture seront faites d'après les monuments de l'art grec ou de l'art romain.)

3. Dessin et lavis de machines. Les organes de machines les plus simples. — Relevé avec cotes de ces organes et leur représentation géométrale à une échelle déterminée. — Quelques-uns de ces dessins seront lavés.

CLASSE DE SECONDE

(*Élèves de 15 à 16 ans en moyenne.*)

Langue et littérature françaises.

ENSEIGNEMENT ET EXERCICES

Histoire sommaire de la littérature française depuis l'avènement de Louis XIII jusqu'en 1789.

Explication, récitation, lecture et analyse d'auteurs français.

Lecture et analyse de traductions choisies.

Compositions françaises de genres divers : narrations, discours, dialogues, portraits, développement de pensées (littérature, morale, histoire, etc.)

Lecture expressive.

TEXTES D'EXPLICATION ET DE RÉCITATION

Corneille : *Cinna, Polyeucte.*
Racine : *Athalie, Britannicus, Andromaque.*
Pascal : Choix de *Pensées.*
Bossuet : *Sermons* choisis et extraits des autres œuvres.
Molière : *Le Misanthrope, Tartufe.*
La Fontaine : *Fables* (VII à XII).
Voltaire : Extraits de prose.
Lettres choisies du XVIIIe siècle.
Recueil de morceaux choisis (du moyen âge au XVIIIe siècle).
Recueil de morceaux choisis des prosateurs du XIXe siècle.
Recueil de morceaux choisis des poètes du XIXe siècle.

LIVRES DE LECTURE ET D'ANALYSE

Eschyle, Sophocle, Euripide (pièces choisies).
Aristophane : Pièces choisies, extraits.
Cicéron : Extraits (traités, discours, lettres).
Sénèque : Extraits.
Tacite : Extraits.
Fénelon : *Lettre à l'Académie.*
Saint-Simon : Extraits.
Buffon : *Époques de la nature.*
Diderot : Extraits.
Michelet : Extraits.
Recueil de morceaux choisis de littératures étrangères. (Traductions et notions d'histoire littéraire.)

PROGRAMME D'HISTOIRE DE LA LITTÉRATURE FRANÇAISE

1. La littérature sous Louis XIII et Richelieu : l'hôtel de Rambouillet, l'Académie française.
2. La tragédie au XVIIe siècle.
3. La comédie au XVIIe siècle.
4. La poésie didactique. — *La Satire.* — *La Fable.*
5. Les moralistes.
6. L'éloquence de la chaire.
7. Les lettres; les mémoires.

8. Montesquieu et Buffon.
9. Voltaire.
10. Jean-Jacques Rousseau.
11. Le théâtre et la poésie au XVIIIe siècle.
12. Caractère général du XVIIIe siècle : les philosophes et les savants.

Langue latine.

Exercices de prosodie; étude des principaux mètres employés par Horace.

Explication et récitation d'auteurs latins.

(Une grande importance sera donnée à la préparation et à l'explication des textes.)

Virgile : *Enéide* (livres VIII—XII).

Horace : *Odes.*

Cicéron : *Catilinaires; De Amicitia.*

Tite-Live : livres XXIII, XXIV et XXV.

Tacite : *Vie d'Agricola.*

Version latine.

Notions sommaires d'histoire de la littérature latine.

PROGRAMME D'HISTOIRE DE LA LITTÉRATURE LATINE

1. Premiers temps de la littérature latine : premiers essais de poésie sous l'influence de la Grèce.
2. Les poètes comiques.
3. Cicéron.
4. La poésie au temps de Cicéron.
5. Les grands historiens.
6. Les poètes au siècle d'Auguste.
7. Sénèque. — Les deux Plines. — Quintilien.
8. Les poètes épiques après Virgile.
9. Les poètes satiriques après Horace.
10. Dernier temps de la littérature latine. — La littérature chrétienne.

Langue grecque.

Revision des principes de l'accentuation et de la syntaxe.

Explication d'auteurs grecs.

Homère : *Iliade* (chant I), *Odyssée* (chants I et II).

Hérodote : Morceaux choisis.

Euripide : *Iphigénie à Aulis; Alceste.*

Platon : *Apologie.*

Xénophon : *Économique.*

Plutarque : *Vie de Périclès; Vie de César.*

Analyse littéraire d'auteurs grecs.

Notions sommaires d'histoire de la littérature grecque.

1. Revision du cours précédent.
2. Les historiens au IVe et au Ve siècle.
3. Les philosophes.
4. Les orateurs.
5. Les poètes alexandrins.
6. La littérature gréco-romaine.
7. L'éloquence chrétienne au IVe siècle.

LANGUES ET LITTÉRATURES ANGLAISES ET ESPAGNOLES

Continuation des exercices de l'année précédente.

Suite des études de vocabulaire, avec des exercices oraux correspondants.

Explication et récitation d'auteurs. Les textes expliqués sont commentés autant que possible en langue étrangère.

Lecture courante.

Reproduction de vive voix de lectures ou de récits faits en classe.

Thèmes oraux et écrits. Versions. — L'exercice du thème et de la version devra prendre, dans cette classe, un caractère plus littéraire.

Essais de composition sur les textes lus et expliqués.

Étude méthodique de la syntaxe. Formation et composition des mots. Notions de prosodie.

Notions d'histoire littéraire dans l'ordre chronologique.

AUTEURS ANGLAIS

Shakespeare : *Julius Cæsar, Coriolanus.*
Milton : Extraits.
Walter Scott : *Un roman.*
Byron : *Childe Harold.*
Dickens : *A Christmas Carol, David Copperfield.*
Longfellow : Extraits.
Extraits des voyageurs, des historiens et des économistes anglais.

AUTEURS ESPAGNOLS

Cervantès : *Don Quijote* (1re partie). — *Novelas ejemplares.*
Ramon Mesonero : *Romanos.* — *Escenas matritenses.*
Guillen de Castro : *Mocedades del Cid.*
Alarcon : *La Verdad sospechosa.*
Choix de lectures historiques, géographiques et scientifiques.

Histoire.

HISTOIRE DE L'EUROPE DE 1610 A 1789

La France, de l'avènement de Louis XIII à la mort de Mazarin. — Les États de 1614. — Richelieu : lutte contre les protestants et les grands. Accroissement de l'autorité monarchique. Marine et colonies. — Minorité de Louis XIV. Mazarin, la Fronde.

La politique européenne. — La maison d'Autriche. Les catholiques et les protestants en Allemagne. — La guerre de Trente ans : intérêts des puissances qui y sont engagées; les armées et les bandes; grands généraux; principales actions militaires.

La paix de Westphalie et la paix des Pyrénées.

L'Angleterre sous les Stuarts. — La révolution de 1648. Cromwell. La Restauration.

Etat de l'Europe vers 1660. — Décadence de l'Espagne. — Prospérité de la Hollande. — Prépondérance de la Suède dans le Nord. La paix d'Oliva.

Mouvement intellectuel. — Sciences et philosophie : Bacon, Galilée, Descartes, Spinoza. — Lettres : l'influence espagnole. Cervantès et

Lope de Vega. — L'Académie française : Corneille, Pascal. — Les arts : Poussin, Le Sueur.

La société française. — L'hôtel de Rambouillet. La misère au temps de la Fronde : saint Vincent de Paul.

Louis XIV, la monarchie absolue. — Théorie du roi sur le pouvoir royal. La cour, les conseils, les secrétaires d'État. Colbert, Louvois, Vauban. Les affaires religieuses : la déclaration de 1682; la révocation de l'édit de Nantes.

La politique de Louis XIV. — Lionne et Pomponne. — Guerre de Hollande. — Formation de la Ligue d'Augsbourg.

La Révolution d'Angleterre. — Les Stuarts et le Parlement : Whigs et Tories. — Déclaration des droits : avènement de Guillaume III.

Les coalitions contre Louis XIV. — La succession d'Espagne.

Dernières années de Louis XIV. — La cour; Port-Royal; détresse financière; testament et mort du roi.

Le mouvement intellectuel. — Les lettres : les grands classiques. — Les arts : Le Brun, Mansart, le Louvre, Versailles. — Les sciences.

Commencement d'opposition : Fénelon et le duc de Bourgogne. Vauban. — Bayle.

L'Europe vers 1715. — L'Europe occidentale après les traités d'Utrecht et de Rastadt. L'Europe orientale après les traités de Carlowitz, de Passarowitz et de Nystadt. Pierre le Grand.

La France, de 1715 jusqu'au milieu du XVIIIe siècle. — La Régence et les essais de réforme. Law. Fleury, D'Argenson. Machault.

Les affaires européennes. — Règlement de la succession d'Espagne, des successions de Pologne et de Toscane. Les Bourbons d'Espagne en Italie. Stanislas Leczinski en Lorraine.

Autriche et Prusse pendant la première moitié du XVIIIe siècle. — L'État prussien. Frédéric II et Marie-Thérèse. Guerres de la succession d'Autriche et de Sept Ans : exposé général de la politique. Indication des principales actions militaires. Rôle de la France dans ces guerres.

Les affaires maritimes et coloniales. — Rivalité de la France et de l'Angleterre en Amérique et aux Indes. L'Empire anglais. Voyages de découvertes.

L'Europe orientale. — La Russie : Catherine II. Conquêtes sur la Turquie. — Partages de la Pologne.

La fin du règne de Louis XV. — Le Parlement. — Choiseul et Maupeou.

Le mouvement intellectuel et politique. — Les lettres et les arts, les sciences, les philosophes et les économistes en France. — Les livres, la presse, les salons; les parlements.

Le gouvernement parlementaire en Angleterre. — Rois. — Parlement et ministres; triomphe des Whigs : les libertés politiques, la presse.

Mouvement de réforme en Europe. — Influence des idées françaises. — Charles III en Espagne. Pombal en Portugal; Léopold de Toscane et Beccaria en Italie; Gustave III en Suède.

Joseph II en Autriche. — Frédéric II en Prusse. — Situation de la Prusse en Allemagne à la fin du règne de Frédéric II.

Préludes de la Révolution française. — La France à l'avènement de Louis XVI. — État des esprits à cette époque; opposition entre les idées et les institutions. — Essais de réforme : Turgot. — Malesherbes, Necker. — Désordres financiers. — Les États Généraux.

La guerre d'Indépendance en Amérique. — Les colonies anglaises d'Amérique : leur soulèvement. — Intervention de la France. — Constitution américaine de 1787.

Vue générale sur l'Europe en 1789. — Conclusion du cours.

Histoire d'Haïti.

De la colonisation française à la Révolution française (1503-1789).

Saint-Domingue, colonie française ; Les Flibustiers dans les Antilles. — Premiers établissements français. — Les Boucaniers. — La Compagnie des Indes occidentales (1664).

Développement des établissements francais de Saint-Domingue. — Fondation de la ville du Cap-Français (1678). — Administration du comte de Cussy. — Organisation de la justice à Saint-Domingue. — Le Code Noir. — Le traité de Ryswick (1697). — Introduction du café en Haïti (1720). — Incorporation de Saint-Domingue aux domaines du Gouvernement français (1728). — Fondation de Port-au-Prince. — Division territoriale de la colonie française de Saint-Domingue. — Les différentes classes à Saint-Domingue. — Audience espagnole. — Conspiration et mort de Mackandal. — Tremblement de terre en Haïti; destruction de Port-au-Prince (1770). — Traité des limites (1776). — Traité d'Aranjuez (1777). — Coopération des affranchis de Saint-Domingue à la guerre de l'Indépendance des États-Unis (1779). — Souffrances des esclaves, état des affranchis. — Barbarie des colons. — L'ordonnance du 3 décembre 1784. — Division des blancs de différentes conditions sociales. — Immense développement de la prospérité de Saint-Domingue. — M. de Marbois et son administration.

Géographie.

GÉOGRAPHIE D'HAÏTI

Observations sur la configuration, la constitution géologique, le relief du sol, le régime des eaux, le climat.

Etude d'Haïti par grandes régions naturelles et par départements ou provinces : traits caractéristiques de l'orographie, de l'hydrographie, de la géographie économique. — Mœurs, traditions, grands souvenirs historiques.

La nationalité haïtienne et la nationalité dominicaine.

La population de la République d'Haïti.

Le régime administratif étudié avec détails dans l'arrondissement et dans la commune.

L'organisation militaire de la République d'Haïti. — Défenses naturelles et places fortes de la République d'Haïti. — Rapports d'Haïti avec les grands pays du globe. — Échanges. — Voies internationales de communication.

SCIENCES

Mathématiques. — Géométrie.

Du plan et de la ligne droite dans l'espace. — Perpendiculaire et obliques au plan. — Parallélisme des droites et des plans.

Angles dièdres. — Plans perpendiculaires.

Notions sur les angles trièdres et polyèdres.

Polyèdres. — Prisme, pyramide.

Mesure des volumes. — Parallélipipède, prisme, pyramide, tronc de pyramide.

Notions sommaires sur les polyèdres semblables. — Rapport des surfaces, des volumes.

Cylindre droit à base circulaire. — Surface latérale du cône, du tronc de cône à bases parallèles; volume du cône et du tronc de cône.

Sphère; sections planes; grands cercles, petits cercles; pôles d'un cercle. — Étant donnée une sphère, trouver son rayon par une construction plane.

Plan tangent à la sphère.

Mesure de la surface engendrée par une ligne brisée régulière tournant autour d'un axe mené dans son plan et par son centre; aire de la zone, de la sphère.

Mesure du volume de la sphère.

Algèbre.

Équation du deuxième degré à une inconnue.

Relations entre les coefficients et les racines de l'équation : $ax^2 + bx - c = o$.

Inégalités du second degré à une inconnue.

Progressions arithmétiques. — Progressions géométriques.

Logarithmes vulgaires. — Définition et propriétés. (On ne considérera que les nombres qui peuvent faire partie de la progression géométrique après insertion de moyens géométriques.)

Usage des tables à cinq décimales.

Application des logarithmes aux questions d'intérêts composés et d'annuités.

Trigonométrie.

Définition du sinus, du cosinus, de la tangente et de la cotangente d'un angle plus petit que 90°. — Formules relatives au triangle rectangle.

Usage des tables trigonométriques (à cinq décimales).

Résolution d'un triangle rectangle dans lequel on connaît deux éléments dont un côté. — Applications numériques.

Détermination de la hauteur d'une tour verticale.

Extension de la définition des lignes trigonométriques aux angles compris entre 90° et 180°. — Principales relations entre les éléments d'un triangle.

Résolution d'un triangle dans lequel on connaît trois éléments dont un côté. (On établira géométriquement les formules dont on a besoin.) Applications numériques.

Hauteur d'une tour verticale dont le pied est inaccessible. — Distance de deux points inaccessibles. — Notions sur la triangulation.

Géométrie descriptive.

Préliminaires. — Point. — Ligne droite. — Représentation d'un plan.

Problèmes sur l'intersection de deux plans, de trois plans, d'une droite et d'un plan. — Droite et plan perpendiculaires.

Méthode des rabattements. — Application de cette méthode aux problèmes sur les angles et les distances.

Cosmographie.

Sphère céleste. — Principales constellations. — Mouvement diurne. — Ascension droite et déclinaison.

Forme sphérique de la terre. — Détermination de la longitude et de la latitude. — Rayon de la terre.

Soleil. — Mouvement apparent sur la sphère céleste. — Écliptique; constellations zodiacales. — Saisons.

Lune. — Ses phases.

Éclipses de lune et de soleil.

Description générale du système solaire. — Planètes et leurs satellites. — Système de Kopernik.

Détails succincts sur les diverses planètes.

Comètes. — Étoiles filantes.

Amas d'étoiles. — Nébuleuses.

Physique et chimie.

(A la démonstration des vérités scientifiques, le professeur rattachera, à l'occasion, l'exposé des méthodes et l'histoire des découvertes.)

Physique.

ÉLECTRICITÉ STATIQUE

Électrisation par le frottement. — Énoncé de la loi des attractions et des répulsions électriques. — Notions sur la distribution de l'électricité à la surface des corps conducteurs. — Effets des pointes.

Electrisation par influence. — Electroscopes. — Electrophore. — Machine électrique.

Condensation. — Bouteille de Leyde. — Batteries.

Foudre. — Paratonnerres.

MAGNÉTISME

Aimants naturels et artificiels. — Pôles. — Aiguille aimantée.

Définition de la déclinaison et de l'inclinaison.

Boussoles usuelles.

Alimentation par simple touche.

ÉLECTRICITÉ DYNAMIQUE

Pile de Volta. — Effets chimiques du courant.

Piles à courant constant.

Effets caloriques et lumineux.

Action du courant sur l'aiguille aimantée. — Galvanomètre.

Action des courants sur les courants. — Solénoïde.

Aimantation par les courants. — Électro-aimants.

Notions élémentaires sur l'induction électrique.

ACOUSTIQUE

Production du son. — Sa propagation dans l'air ; sa vitesse.

Réflexion. — Écho. — Résonnances.

Qualités du son. — Intensité. — Hauteur. — Mesure du nombre de vibrations.

OPTIQUE

Propagation rectiligne de la lumière. — Ombre ; pénombre. — Comparaison des intensités de deux sources lumineuses.

Lois de la réflexion. — Propriétés des miroirs plans et des miroirs sphériques.

Lois de la réfraction. — Prisme. — Réflexion totale. — Chambre claire.

Lentilles.

Décomposition et recomposition de la lumière. Spectre solaire.

Microscope solaire. — Loupe. — Microscope. — Lunette astronomique. — Lunette de Galilée. — Télescope de Newton.

Chaleur rayonnante (étude expérimentale).

Chimie.

MÉTAUX

Métaux. Propriétés générales. — Alliages. — Oxydes. — Sulfures. — Chlorures.

Sels; propriétés générales.

Actions des acides, des bases et des sels sur les sels.

Notions sur les équivalents.

Azotates. — Sulfates. — Carbonates.

Potassium. — Sodium. — Oxydes, chlorures, azotates, sulfates, carbonates.

Sels ammoniacaux.

Baryte.

Chaux. Carbonate, sulfate, phosphate. — Chlorures décolorants.

Magnésium. — Magnésie, carbonate et sulfate.

Zinc. — Oxydes, chlorure, sulfate.

Aluminium. — Alumine. — Aluns, feldspaths, argiles, poteries, verres.

Manganèse (composés oxygénés).

Fer. — Oxydes, chlorures, sulfates.

Minerais de fer. — Principes de la métallurgie du fer. — Fontes. — Aciers.

Nickel. — Chlorure, sulfate.

Étain. — Oxydes et chlorures.

Cuivre. — Plomb. — Oxydes, sulfures, chlorures, sulfates, carbonates.

Mercure. — Argent. — Principaux composés.

Or. — Platine.

MANIPULATIONS DE CHIMIE.

Oxydation du fer, du zinc, du plomb par l'oxygène.

Réduction des oxydes de fer et de cuivre par l'hydrogène.

Réduction des oxydes de plomb. — Action du chlore sur l'antimoine, sur la chaux éteinte, sur la chaux vive.

Action du soufre sur le fer. Réduction du sulfure de plomb par le fer. — Réduction du chlorure d'argent par voie sèche. — Action du charbon sur le sulfate de chaux.

Électrolyse de l'eau. — Précipitation du cuivre par la pile. — Argenture et dorure galvaniques.

Potasse caustique en lessive et solide. Cuisson du plâtre. Cristallisation de l'azotate de potasse. — Bicarbonate de potasse. — Sulfate de soude.

Baryte caustique. — Chlorure de baryum. — Alumine. — Alun.

Permanganate de potasse. — Peroxyde de fer anhydre et hydraté.

Sulfate de protoxyde de fer.

Sulfate de zinc. — Bioxyde d'étain. — Protochlorure d'étain. — Bisulfure d'étain.

Céruse. — Bioxyde de plomb. — Sulfate de plomb. — Protoxyde de cuivre. — Sulfate de cuivre.

Oxyde de mercure. — Protochlorure et bichlorure de mercure. — Nitrate, oxyde et chlorure d'argent.

Dessin.

DESSIN A MAIN LEVÉE

1. Dessin d'après des fragments d'architecture. — Figures décoratives. — Cariatides. — Vases ornés de figures. — Frises ornées.
2. Dessin d'animaux d'après les bas-reliefs et d'après la ronde bosse.
3. Dessin de la figure humaine entière d'après l'antique.

DESSIN GÉOMÉTRIQUE

1. Complément de la théorie des ombres et du lavis. — Surfaces annulaires. — Surfaces hélicoïdales.
2. Notions de perspective linéaire.
3. Dessin et lavis d'architecture. L'ordre corinthien. Ensemble et détails d'après les monuments de l'art grec ou de l'art romain.
4. Dessin de machines et dessin de construction. — Relevé avec cote et représentation géométrale à une échelle déterminée, d'organe ou de partie de machines, et d'éléments de construction.

CLASSE DE RHÉTORIQUE

(Elèves de 16 à 17 ans en moyenne.)

Langue et Littérature françaises.

ENSEIGNEMENT ET EXERCICES

Esquisse sommaire de la littérature française de 1789 jusqu'à nos jours.

Compositions françaises de genres divers.

Lecture expressive.

TEXTES DE LECTURE, D'EXPLICATIONS ET D'ANALYSE

I. Traductions des principaux chefs-d'œuvres grecs et latins.

II. L'éloquence en France depuis 1789 (genres divers) : Choix de discours et d'extraits de discours.

Les historiens français du XIXe siècle : Augustin Thierry, Guizot, Michelet, Thierry, Mignet, etc. : Extraits.

La critique littéraire : Extraits des principaux critiques français.

Chateaubriand : Extraits.

Mme de Staël : Extraits.

De Tocqueville : *Introduction à la Démocratie en Amérique;* extraits de ses œuvres.

Sainte-Beuve : Extraits des *Lundis* et des *Portraits*.

Victor Hugo : Choix de poésies.

Lamartine : Choix de poésies.

Recueil de morceaux choisis du moyen âge au XVIIIe siècle.

Recueil de morceaux choisis des prosateurs du XIXe siècle.

Recueil de morceaux choisis des poètes du XIXe siècle.

Recueil de morceaux choisis de littératures étrangères (traductions) et notions d'histoire littéraire.

Langue latine.

Explication et récitation d'auteurs latins.

(Une grande importance sera donnée à la préparation et à l'explication des textes.)

Lucrèce : Extraits.

Virgile.

Horace : *Satires* et *Epitres*.

Cicéron : *Pro Milone ; Pro Murena;* Choix de *Lettres*.

Tite-Live (livres XXVI à XXX).

Tacite : *Annales ; Histoires*.

Version latine.

Analyses littéraires d'auteurs latins.

HISTOIRE LITTÉRAIRE

Le professeur, sans faire un cours suivi d'histoire littéraire, s'attachera, à propos de l'explication des auteurs et de la correction des devoirs, à mettre en lumière les caractères essentiels de la littérature des principales époques, à marquer la filiation des grandes œuvres et à indiquer la place occupée par les genres secondaires.

Langue grecque.

Explication d'auteurs grecs.

Homère.

Sophocle : *Œdipe Roi; Œdipe à Colone ; Antigone*.

Platon : *Criton ; Phédon*.

Démosthène : *Les sept Philippiques ; Discours sur la Couronne*.

Analyses littéraires d'auteurs grecs.

Langues et littératures anglaises et espagnoles.

Explication et récitation d'auteurs. Les textes expliqués sont commentés en langue vivante.

Exposés faits en langue étrangère par les élèves.

Compositions de genres divers.

AUTEURS ANGLAIS

Shakespeare : Théâtre choisi.
Tennyson : *Enoch Arden*.
Georges Eliot : *Adam Bede*. *The Mill on the Foss*.
Pope : *Homer's Iliad* (extraits).
Dryden : *Virgil's Aeneis* (extraits).
Macaulay : *History of England*.
Choix de lectures historiques, géographiques et scientifiques.
Choix de poésies du XIXe siècle.

AUTEURS ESPAGNOLS

Cervantes : *Don Quijote* (2e partie). *Romanos varios* (extraits).
Lope de Vega : *El nuevo mundo descubierto*. — Théâtre choisi.
Calderon de la Barca : *La vida es sueno*. — Théâtre choisi.
Morales. *El si de las ninas*. *La comedia nueva*.
Choix de lectures historiques, géographiques et scientifiques.

Principes de Droit et Économie politique.

1° DROIT

Introduction.

Le droit. — Le droit naturel et le droit positif. — Rapports de la morale avec le droit. — Divisions du droit : 1° Droit public (droit constitutionnel, droit administratif, droit criminel, droit des gens) ; 2° Droit privé (droit civil, droit commercial et industriel). — Les codes.

1re PARTIE. — *Droit public.*

I. *Droits garantis aux citoyens.* — Égalité civile. — Liberté individuelle. — Liberté de conscience. — Liberté du travail. — Liberté de réunion et d'association. — Liberté de la presse. — Vote de l'impôt. — Service militaire.

II. *Les pouvoirs publics.* — La Constitution de 1889. — Le pouvoir législatif, le pouvoir exécutif et le pouvoir judiciaire. — Comment et pourquoi ils sont séparés. — Pouvoir législatif : le Sénat et la Chambre des députés. — Pouvoir exécutif : le Président de la République et les Secrétaires d'État. — Pouvoir judiciaire : L'inamovibilité des juges du tribunal de cassation et des tribunaux civils.

III. *Organisation judiciaire.* — Publicité et gratuité de la justice. — Les juridictions civiles : 1° Le tribunal de cassation ; — 2° Les tribunaux d'appel ; — 3° Les tribunaux de première instance ; — 4° Les tribunaux de commerce ; — 5° Les juges de paix. — Le ministère public. — Les avocats, les notaires et les huissiers.

IV. *Organisation administrative.* — Division du territoire en arrondissements financiers, en arrondissements militaires et en circonscriptions scolaires : 1° L'arrondissement : l'administrateur principal des Finances, — le commandant de l'arrondissement, — l'inspecteur et les sous-inspecteurs d'instruction publique ; 2° La commune : le préposé d'administration, — le commandant de la commune. — Le magistrat communal et le conseil communal.

Notions sur la Chambre des comptes.

V. *Idée générale du droit criminel.* — Fondement du droit de punir. — Des personnes punissables et des peines. — Tribunaux de répression : cours d'assises, tribunaux correctionnels et tribunaux de simple police. — Les tribunaux militaires.

IIe PARTIE. — *Droit civil.*

I. *Les personnes et la famille.* — 1° Nationalité : dans quel cas on est Haïtien. — Condition des étrangers en Haïti. — 2° Constitution de la famille; comment elle se forme ; mariage. — Parenté et alliance. — Droits et devoirs dans la famille : autorité paternelle ; autorité maritale. — 3° Protection des incapables : mineurs, interdits, aliénés, prodigues et faibles d'esprit. — 4° Constatation des principaux faits de la vie civile ; actes de l'état civil. — 5° Notions de la personnalité civile ; les sociétés civiles et commerciales.

II. *Les biens.* — 1° La propriété : comment elle s'acquiert. — Son inviolabilité (expropriation pour cause d'utilité publique). — Ses principaux démembrements : usufruit, servitudes. — La propriété littéraire et industrielle. — 2° Droits de créance ; différentes espèces d'obligations. Comment naissent les droits de créance : contrats et délits. — Notions sommaires sur les principaux contrats. — Droits du créancier. — 3° Moyens de crédit : privilège, hypothèque, effets de commerce.

III. *Les successions.* — Différentes classes d'héritiers. — Égalité entre les enfants. — Obligations des héritiers ; bénéfice d'inventaire. — Du testament ; différentes formes des testaments : différentes espèces de legs.

IV. *Comment on défend ses droits.* — Notions sommaires sur la procédure. — Le jugement, les voies de recours (appel et pourvoi en cassation). — Notions sommaires sur les voies d'exécution. — La faillite.

2° ÉCONOMIE POLITIQUE.

Introduction.

L'économie politique. — Son but. — Ses rapports avec les autres sciences et notamment avec le droit. — Divisions de l'économie politique : production, distribution, circulation et consommation des richesses.

Ire PARTIE. — *Production de la richesse.*

Les éléments de la production :

1° *La terre et les agents naturels.*

2° *Le travail et l'industrie :* organisation et liberté du travail. — Classification des industries. — Le commerce. — Le rôle de l'entrepreneur dans l'industrie.

3° *Le capital :* différentes espèces de capital. — Comment l'épargne le forme, l'accroît et le conserve.

IIe PARTIE. — *Distribution de la richesse.*

I. *La propriété.* — La propriété individuelle; exposé et réfutation des principaux systèmes qui la nient; fondement de la succession *ab intestat* et du droit de tester.

II. Les conventions : 1° le fermage, la rente du sol. — Différents systèmes de culture; grande et petite culture; inconvénients d'un trop grand morcellement ou d'une concentration excessive de la propriété;

2° La part du capital dans la répartition de la richesse; l'intérêt légitime du prêt à intérêt;

3° La part de l'entrepreneur : le profit.

4° La part de l'ouvrier : application de la loi de l'offre et de la demande au travail. — Salaire. — Participation aux bénéfices. — Associations ouvrières. — Syndicats ouvriers.

La question de la population dans ses rapports avec la distribution de la richesse.

IIIe PARTIE. — *Circulation de la richesse.*

I. *L'échange :* ses diverses formes. — La valeur et le prix. — Lois qui président à la fixation, aux variations et à l'équilibre des prix ; prix courant; coût de production. — Concurrence. — Monopoles.

II. *La monnaie.* — En quel sens c'est une marchandise. — Monnaie d'or, d'argent et de billon. — Titre et tolérance. — Union latine. — Monométallisme et bimétallisme. — Système monétaire. — La question du papier-monnaie.

III. *Le crédit.* — Comment il supplée à la monnaie et est une source de richesse. — Ses rapports avec l'épargne. — 1° Crédit privé : commerce de banque. — Différentes espèces de banque : les banques d'émission et le billet de banque. — Circulation fiduciaire. — La banque nationale d'Haïti. — Le crédit immobilier (société de crédit foncier) et le crédit mobilier (monts-de-piété, avances sur titres, magasins généraux). — 2° Crédit public : sur quelles bases il repose; emprunts de l'État. — 3° Théorie des annuités et de l'amortissement (obligations de chemins de fer et du Crédit foncier ; rente amortissable). — Conversion des dettes publiques. — Cours légal et cours forcé. — La Bourse; son rôle au point de vue du crédit.

IV. *Le commerce intérieur et extérieur.* — Le change. — Les crises commerciales ; leurs causes et leurs remèdes. — Importation et exportation ; les débouchés. — Balance du commerce : comment elle se règle par le numéraire ou par les fonds internationaux. — Libre échange, protection et prohibition ; traités de commerce; droits de douane : entrepôts, ventes publiques.

IVe PARTIE. — *Consommation de la richesse.*

1° *L'épargne :* Ses sources, la prévoyance. — Assurances sur la vie, contre l'incendie et les divers accidents. — Caisses d'épargne. — Sociétés de secours mutuels;

2° *Le luxe.*

Ve PARTIE. — *Application de l'économie politique à la législation financière.*

1° *Impôt :* Différentes espèces d'impôts. — L'impôt proportionnel et l'impôt progressif.

2° *Budget :* Comment un budget s'établit. — Vote du budget. — Annalité et spécialité du budget.

N. B. — Le professeur évitera de donner à l'enseignement un caractère trop abstrait. En ce qui concerne le droit, il devra s'attacher à familiariser les élèves avec les institutions juridiques et avec les principes généraux qui dominent la législation. En économie politique, il initiera les élèves, dans la mesure que leur âge comporte, à la connaissance des faits économiques et sociaux, en insistant sur lès lois générales qui s'en dégagent.

Histoire.

HISTOIRE CONTEMPORAINE (1789-1889).

I

Préliminaires et causes générales de la Révolution. — L'ancien régime, l'arbitraire et le privilège ; la Cour, le Gouvernement et l'administration, impôt, justice, armée. — Les trois ordres.

Les États généraux et la Constituante. — Les cahiers. — Les orateurs de la Constituante. — Suppression de l'ancien régime et constitution du nouvel état de choses.

Les monarchies européennes vers 1789. — La question d'Orient. — Impression produite par la Révolution. — Rôle de l'émigration.

Assemblée législative et Convention. — Chute de la royauté. — Girondins ; Montagnards. — Les clubs ; les Jacobins ; la commune de Paris. — Le Comité du Salut public. — La Terreur.

Lutte contre l'Europe et les soulèvements à l'intérieur. — Les armées et les généraux de la République. — Traités de Bâle.

Esprit des réformes de la Convention. — Constitution de l'an III.

Le Directoire. — Campagnes d'Italie, d'Égypte. — Nouvelle coalition. — Les coups d'Etat. — Le 18 Brumaire.

Le Consulat et l'Empire. — La constitution de l'an VIII et ses transformations jusqu'en 1807. — Esprits des institutions du Consulat et de l'Empire. — Les Codes. — Le Concordat. — La Légion d'honneur ; la Cour impériale ; la noblesse d'Empire. — L'Université. — Les institutions financières. — Travaux publics.

Guerre jusqu'en 1807 ; la Grande armée ; les généraux de l'Empire.

Le blocus continental. — Commencement des résistances nationales. Caractère de la guerre d'Espagne et de la guerre de 1809.

Etat de l'Empire et de l'Europe vers 1810. — Caractère du pouvoir impérial. — Lutte contre le pape.

Dernières luttes : Moscou ; la bataille de Leipzig. — L'invasion. — Waterloo et Sainte-Hélène.

Le Congrès de Vienne ; caractère de son œuvre. — L'Europe de 1815.

II

La Sainte-Alliance et les peuples. — Le pouvoir absolu et le régime parlementaire.

La Charte de 1814 en France. — Le régime parlementaire sous Louis XVIII. — Principaux orateurs et hommes d'État. — Charles X. — La Congrégation. — Les Congrès. — Lutte contre l'esprit nouveau en Italie, en Espagne et en Allemagne.— Insurrections et interventions. — Politique de la France. — Affranchissement de la Grèce. — Prise d'Alger.

La révolution de 1830.

Mouvement des esprits depuis la fin du XVIIe siècle. — Part de la France, de l'Angleterre, de l'Allemagne. — Renouvellement des littératures allemandes et anglaises. Caractère de la littérature française sous l'Empire. — Influences étrangères. — Le romantisme. — La critique littéraire.

Développement de l'érudition. — Rénovation des connaissances sur l'Orient, l'antiquité classique, le moyen âge. — L'archéologie et les grandes découvertes. — L'histoire.

Renaissance de l'esprit classique dans l'art pendant la Révolution et l'Empire. — Le romantisme dans l'art. — La musique symphonique et dramatique.

Développement des sciences exactes, physiques et naturelles. — Applications : la vapeur, l'électricité. — Progrès de l'industrie.

Louis-Philippe. — La nouvelle Charte. — Principaux orateurs et hommes d'Etat. — Les partis ; les sociétés secrètes.

Effet produit par la Révolution de 1830 en Europe ; Belgique, Pologne, Espagne.

La question d'Orient ; caractère de la politique extérieure de Louis-Philippe. — Conquête de l'Algérie.

III

Révolution de 1848. — Causes de la Révolution en France. — La question électorale. — La République de 1848. — Contre-coup en Europe.

Changements survenus dans le gouvernement de la France depuis 1848. — La Constitution de 1852 et le second Empire. — La République. — Lois constitutionnelles en 1875.

La politique extérieure. — Formation de l'unité italienne : guerre de 1859. — Le royaume d'Italie.

Formation de l'unité allemande ; guerre italo-prussienne contre l'Autriche. — Nouvelle Constitution de l'Allemagne, de l'Autriche-Hongrie.

Guerre de 1870-1871 ; l'invasion allemande en France, le siège de Paris ; la lutte en province. — L'Empire allemand. — Les stipulations du Traité de Francfort.

La question d'Orient : guerre de Crimée et des Balkans. — Le Panslavisme.

L'Angleterre et la Russie en Asie.

L'Angleterre. — Principaux hommes d'État et grandes réformes au XIXe siècle. — L'Irlande.

Le Nouveau Monde. — Formation des principaux États de l'Amérique du Sud. — Extension des États-Unis de l'Amérique du Nord.

IV

DÉVELOPPEMENT OU TRANSFORMATION DES PRINCIPES DE 1789

Liberté politique : régime constitutionnel ; principales formes du gouvernement dans le monde actuel.

Liberté religieuse : liberté des cultes, suppression des religions d'État.

Respect de la personnalité humaine : abolition de la traite, de l'esclavage, du servage.

Idées démocratiques et questions sociales : suffrage ; instruction populaire, service militaire obligatoire. — Socialisme, organisation du travail.

Mouvement intellectuel. — Esprit d'observation dans la littérature et dans l'art. — L'érudition. — Les sciences.

Industrie et commerce : généralisation de l'emploi de la vapeur et de l'électricité. — Multiplication des voies de communication à travers le monde. — Protection et libre échange. — Traités de commerce et conventions internationales. — Expositions universelles.

Expansion de la civilisation européenne. — Explorations. — Distribution des principales langues européennes à la surface du globe.

Histoire d'Haïti.

I

De la Révolution française à la Guerre de l'Indépendance exclusivement (1789-1802).

Saint-Domingue, colonie française (suite).

État de Saint-Domingue au moment de la Révolution française.

Les petits Blancs. — Les affranchis et les esclaves.

Rébellion des colons contre l'autorité métropolitaine. — Ogé et Chavannes.

Première insurrection des esclaves.

Bandes de Jean-François et de Biassou.

Guerre entre les blancs et les hommes de couleur.

Les commissaires civils, Sonthonax, Polivérel et Ailhaud.

Abolition de l'esclavage.

Début de Toussaint-Louverture dans la vie politique.

Toussaint entre au service de la République française.

Toussaint, commandant du cordon de l'Ouest.

Bataille des Verrettes et expédition de la Grande-Rivière.

Les nègres et les mulâtres sauvent la colonie.

Les ennemis de l'intérieur.

Expédition du Mirebalais.

Nouvelles actions de guerre aux Verrettes.

Affaire du 30 ventôse an IV (20 mars 1796).

Laveaux et Sonthonax nommés députés de Saint-Domingue.

Scission entre Sonthonax et Toussaint. — Rôle de Sonthonax à Saint-Domingue.

Délégation des commissaires civils près le général Rigaud, commandant du Sud.

Deuxième expédition du Mirebalais. — Toussaint-Louverture nommé général en chef de l'armée de Saint-Domingue.

Mission du général Hédouville. — Évacuation de Saint-Domingue par les Anglais.

Guerre du Sud.

Traité de Bâle (1799) et prise de possession de Santo-Domingo (1801).

Loi du 24 messidor an IX (13 juillet 1801) sur la division du territoire de Saint-Domingue.

Gouvernement et Constitution de Toussaint.

Expédition de Saint-Domingue.

Déportation et mort de Toussaint. — Appréciation. — Caractère et vie de Toussaint-Louverture. — Égalité de la race blanche et de la race noire.

II

DE LA GUERRE DE L'INDÉPENDANCE A NOS JOURS

La guerre de l'Indépendance et ses épisodes.

Dessalines, empereur sous le nom de Jacques Ier. — Constitution de l'Empire. — Expédition de l'Est.

Pétion et Christophe. Constitution de 1806. — Scission du Nord. — Pétion, président de la République d'Haïti. Son administration. — Guerre entre Pétion et Christophe. Christophe, roi d'Haïti sous le nom d'Henri Ier. Son administration dans le Nord. Le régime du travail sous Christophe et sous Pétion.— La petite propriété.— Santo-Domingo se replace sous la domination espagnole (1809). — Scission du Sud (1811-1812). — Tentatives du gouvernement français pour ramener Haïti dans le giron de la métropole. — Rapports avec Christophe. — Rapports avec Pétion. — Bolivar et Pétion. — Traité de Paris (1814). — Rétrocession de Santo-Domingo à l'Espagne. — Congrès de Vienne (1815) : abolition définitive de la traite des noirs. — Boyer, président. — Son administration intègre. — Pacification de la Grand' Anse. — Réunion du Nord à la République. — Adjonction de la partie espagnole. — Reconnaissance d'Haïti par la France. — Indemnité de 150 millions de francs ; emprunt; création du papier-monnaie sans garantie. — Révolution et Constitution de 1843. — Charles Hérard, président. — Scission de la partie de l'Est. — Formation de l'État dominicain. — Contre-révolution. — Guerrier, président. — Pierrot, Riché, présidents. — Constitution de 1846. — Pacification du Sud. — Soulouque, président. — Coup d'État du 16 avril. — Faustin Ier, empereur. — L'emprunt converti en dette nationale par convention entre Haïti et la France. — Tentative contre l'Est. — Reconnaissance de l'indépendance dominicaine par l'Espagne. — Administration de l'Empire, finances, monopole. — Révolution de 1858. — Geffrard, président. — La Constitution de 1846 modifiée. — L'administration de Geffrard. — Diffusion de l'instruction publique. — Extension des libertés communales. — Conspirations et prises d'armes diverses. — Concordat entre Haïti et le Saint-Siège. — La Dominicanie et l'Espagne. — Reconnaissance d'Haïti par les États-Unis. — Traités entre Haïti, Libéria et les États-Unis. — Démission de Geffrard. — Le gouvernement provisoire. — Salnave, protecteur de la République. — L'assemblée nationale constituante. — La Constitution de 1867. — Salnave président d'Haïti. — Prises d'armes dans le Nord, l'Artibonite, l'Ouest et le Sud. — Les cacos et les piquets. — L'acte du Trou : Salnave, dictateur.— Chute et mort de Salnave.— Le gouvernement provisoire. L'assemblée nationale. — Rétablissement de la Constitution de 1867.— Nissage Saget, président. — La treizième Législature. — Gouvernement provisoire. — Michel Domingue, président. — Constitution de

1874. — Traité avec la République dominicaine. — Emprunt de 1875. — Gouvernement provisoire. — Rétablissement de la Constitution de 1867. — Boisrond Canal, président. — Son administration. — Salomon, président.

Histoire contemporaine de la République dominicaine.

Géographie.

GÉOGRAPHIE GÉNÉRALE

I. — *Europe. Les six grandes puissances.*

Angleterre. — La race, les institutions. — Richesses, l'élevage, les mines, l'industrie manufacturière. — Le commerce extérieur. — L'empire colonial, les Indes, le Dominion, le Cap, l'Australie. — Les positions commandant les grandes routes maritimes.

Russie. — Formation, état politique et social. — Répartition inégale de la production agricole, des richesses minières, de l'industrie. — La Russie et la question d'Orient. — Conquête de l'Asie septentrionale et centrale. — Le commerce de la caravane. — Le chemin de fer transcaspien.

Allemagne. — Constitution de l'Empire. — Forces militaires. — Principaux centres de l'industrie minière et manufacturière. — Progrès du commerce. — Grandes voies ferrées traversant l'Allemagne. — Ports. — Émigration et expansion coloniale.

Autriche-Hongrie. — Formation et transformations récentes. — Constitution de 1867. — Le dualisme. — La question des races. — Richesses agricoles de la Hongrie. L'industrie en Autriche, en Bohême. — L'Autriche et la question d'Orient.

Italie. — L'unité italienne. — Richesses du sol. — Industrie. — Richesses artistiques. — Ports. — Grandes voies ferrées de la péninsule et des Alpes.

France. — Comparaison de ses richesses, de ses forces et de son activité extérieure avec celles des autres grandes puissances.

Les États de second ordre. — Comparaison de leur rôle dans le passé et de leur situation actuelle.

Les grandes villes de l'Europe.

II. — *Le Nouveau Monde.*

La découverte, la colonisation, l'émancipation. — Les races indigènes ; la question de l'esclavage. — L'Amérique anglo-saxonne, l'Amérique latine.

Les États-Unis. — Formation politique et constitution. — Éléments de la race et mouvement de la population. — Production agricole, industrie. — Activité commerciale. — Grands marchés et grandes voies ferrées.

Amérique latine. — Le Brésil ; plantations et mines. — Autres républiques de l'Amérique méridionale et centrale. — Leur production agricole et minière. — Haïti et les autres Antilles. — Les possessions européennes en Amérique. — La question du canal interocéanique.

III. — *L'Asie, l'Océanie, l'Afrique.*

L'Asie. — Les civilisations primitives, les religions, les invasions d'origine asiatique. — Progrès et rivalités des puissances européennes en Asie. — L'Asie russe, anglaise, turque, française. — Les grands États asiatiques.— La Perse, la Chine, le Japon.— Leurs richesses, leurs rapports avec l'Occident.

L'Océanie. — Grandes possessions coloniales de la Hollande, de l'Angleterre. — Leurs richesses. — Les ports de l'Océan Pacifique. — L'expansion chinoise dans cette région.

L'Afrique. — L'Égypte.— Le Nil.— Antique civilisation. — L'Égypte grecque, romaine, musulmane. — L'Égypte et la France.— Richesses. — Développement et révolutions contemporaines. — Le canal de Suez.

L'Afrique française. — Les routes du Sahara. — L'accès du Soudan.

L'intérieur de l'Afrique. — Les grands lacs et les grands fleuves. — Grands noms de l'exploration au XIXe siècle. — Les zones d'influence de la France, de l'Angleterre, de l'Allemagne. — Nature et objet du commerce en Afrique. — L'esclavage.

N. B. — Toutes les questions qui figurent dans ce programme ont été déjà abordées dans les cours précédents : l'intérêt de celui-ci est tout entier dans le choix que le professeur fera parmi ces questions et dans le relief qu'il donnera aux plus importantes. Elles sont de tout ordre. Il ne suffit pas de faire connaître à des élèves qui vont devenir des hommes les grandes puissances du monde actuel, par leur production agricole et industrielle, par leur activité commerciale. Ce sont là, sans doute, des éléments d'appréciation considérables. Ce ne sont pas les seuls que l'on doive comparer entre eux. Dégager, pour chacun des États avec lesquels nous sommes en relation, les traits caractéristiques, déterminer dans quelle mesure le sol et l'homme, la nature et la race ont collaboré à la prospérité et à la puissance d'une nation, comparer le rôle historique des peuples à leur situation présente, saisir et fixer, dans les diverses parties du monde, l'actualité sur laquelle doit se porter notre attention : voilà l'objet de cet enseignement. Ce sera comme un chapitre de l'histoire de la civilisation.

Algèbre.

Revision des cours précédents.

Trigonométrie.

Revision du cours de seconde.

Géométrie descriptive.

Revision du cours de seconde.

COURBES USUELLES

Ellipse. — Définition de l'ellipse par la propriété des foyers. — Tracé de la courbe par points et d'un mouvement continu. — Axes. Cercles directeurs. — Sommet. — Intersection d'une droite et d'une ellipse. — Tangente. — Normale. — Équation de l'ellipse rapportée à ses axes. — Projection orthogonale du cercle.

Parabole. — Définition de la parabole par la propriété du foyer et de la directrice. Tracé de la courbe par points et d'un mouvement continu. — Axes. — Sommet. Intersection d'une droite et d'une parabole. — Tangente. — Normale. — Sous-normale. — Équation de la parabole.

Etude géométrique des sections planes du cylindre et du cône de révolution par la méthode de Dandelin.

Hélice. — Définition. Propriété de la tangente. — Projection sur un plan parallèle à l'axe.

Cosmographie.

(Revision du cours de l'année précédente, page 263 et compléments).

Projection stéréographique.

Inégalité des jours et des nuits.

Mesure du temps. — Jour solaire vrai. — Jour solaire moyen. — Calendrier. — Réforme Julienne, réforme Grégorienne.

Lois de Képler. — Inégalité des saisons.

Notions sur l'histoire de l'astronomie : Hipparque, Ptolémée, Kopernik, Galilée, Tycho-Brahé, Képler. Newton, Clairaut, d'Alembert, Lagrange et Laplace, Herschell, Leverrier.

Histoire naturelle.

(A la démonstration des vérités scientifiques, le professeur rattachera, à l'occasion, l'exposé des méthodes et l'histoire des découvertes.)

ANATOMIE ET PHYSIOLOGIE ANIMALES ET VÉGÉTALES

Caractères généraux des êtres vivants. — Animaux et végétaux.

ANATOMIE ET PHYSIOLOGIE ANIMALES

Caractères généraux des animaux. — Principaux tissus.

I. *Fonctions de nutrition* (Étude spéciale de l'homme).

Digestion : appareil digestif ; aliments ; phénomènes mécaniques et chimiques de la digestion.

Circulation : sang ; appareil circulatoire sanguin ; mécanisme de la circulation ; lymphe et canal thoracique.

Absorption.

Respiration : appareil respiratoire ; phénomènes mécaniques, physiques et chimiques.

Chaleur animale.

Appareil d'élimination : reins, glandes de la peau.

Foie : ses fonctions.

Notions sommaires sur les appareils de la circulation et de la respiration dans la série animale.

II. *Fonctions de relation* (Étude spéciale de l'homme).

Organes des sens.

L'œil, la vision, l'accommodation.— Quelques mots sur les anomalies de la vision.

L'oreille, l'audition.

L'odorat, le goût et le toucher.

Le larynx, la voix.

Appareil du mouvement : os, squelette, articulations. — Muscles : structure, fonctions.

Centres nerveux : fonctions. — Nerfs moteurs, nerfs sensitifs.

Principales modifications du système nerveux dans la série animale.

ANATOMIE ET PHYSIOLOGIE VÉGÉTALES

Caractères généraux des végétaux. — Principaux tissus.

I. *Nutrition* (Étude spéciale d'une plante phanérogame).

Racine. — Radicelles. — Croissance et fonctions de la racine.

Tige : croissance et fonctions de la tige.

Feuille : structure, croissance et fonctions.

Nutrition en général : plantes à chlorophylle, plantes sans chlorophylle. — Aliments. — Réserves nutritives. — Respiration.

II. *Reproduction* (Étude spéciale d'une plante phanérogame).

Fleur : enveloppes florales ; étamine, anthère, pollen ; carpelles, ovule.

Fécondation et développement.

Fruit et graine.

Germination : phénomènes qui l'accompagnent.

Cryptogames : reproduction et formes alternantes. — Parasitisme.

Grandes divisions du règne végétal. — Exemples empruntés à quelques-unes des familles les plus utiles et les plus répandues en Haïti.

Dessin.

DESSIN A MAIN LEVÉE

1. Mêmes exercices qu'en seconde (page 265).
2. Exercice de composition. Modelage.

DESSIN GÉOMÉTRIQUE

Mêmes exercices qu'en seconde (page 265).

Notions de la mise au point.

Comptabilité.

Commerce. — Description des opérations les plus habituelles : achats, ventes, trocs, payements, encaissements, règlements, virements.

Commerçants. — Caractères de la profession. — Principaux genres de commerce : commerce de marchandises par les négociants, les importateurs et les exportateurs ; commerce des métaux précieux par les changeurs ; commerce des titres et valeurs par les banquiers ; commerce des transports par les commissionnaires et les armateurs.

Intermédiaires. — Courtiers de marchandises ; agents de change ; courtiers maritimes ; commissionnaires.

Transport des marchandises. — Lettre de voiture. — Expéditions par chemins de fer. — Connaissements.

Comptabilité des marchandises. — Factures ; comptes d'achats ; comptes de ventes ; livre d'achats, livre de ventes.

Comptabilité de la caisse. — Reçus. — Bordereaux de versements. — Livre de caisse.

Comptabilité du portefeuille. — Effets de commerce. — Billet à ordre, lettre de change, mandat, chèque. — Clearing-House.

Escompte et négociation des effets de commerce. — Revision des méthodes commerciales et rapides du calcul de l'intérêt et de l'escompte. — Bordereau d'escompte. — Livre d'entrée et de sortie des effets. — Échéancier.

Comptes courants. — Définition. — Méthodes directe, indirecte et hambourgeoise.

Théorie de la comptabilité. — Description des livres de la comptabilité générale.— Classification et mécanisme des comptes.— Passation des articles de la main courante au journal et du journal au grand livre.

Balance de vérification. — Son principe et son utilité.

Inventaire. — Définition. — Inventaire des marchandises et valeurs. — Débiteurs douteux ou insolvables. — Comptes de profits et pertes.— Résultat — Balance d'inventaire et bilan. — Fermeture et réouverture des comptes.

Placements en valeurs mobilières. — Opérations de bourse au comptant. — Cours moyen. — Courtage. — Revenu. — Impôts. — Arbitrages sur les effets publics, sur les actions ou obligations.

CLASSE DE PHILOSOPHIE

(Élèves de 17 à 18 ans en moyenne.)

Philosophie.

Cours du premier semestre.

INTRODUCTION

La science ; les sciences ; la philosophie. — Objet et division de la philosophie.

PSYCHOLOGIE

Objet de la psychologie; caractère propre des faits qu'elle étudie : les faits psychologiques et les faits physiologiques.

Méthode de psychologie : méthode subjective : la réflexion; méthode objective ; les langues, l'histoire, etc. De l'expérimentation en psychologie.

Classification des faits psychologiques : sensibilité, intelligence, volonté.

Sensibilité. — Le plaisir ou la douleur ; sensations, sentiments.

Les inclinations. Les passions.

Intelligence.— Acquisition, conservation, élaboration de la connaissance. — Les données de l'expérience et l'activité de l'esprit.

Les sens et la conscience.

La mémoire. — L'association. — L'imagination.

L'abstraction et la généralisation. — Le jugement et le raisonnement.

Principes directeurs de la connaissance. — Peut-on les expliquer par l'expérience, l'association ou l'hérédité ?

La volonté. — Instinct : liberté; habitude.

L'expression des faits psychologiques : les signes et le langage.

Le beau et l'art.

Les rapports du physique et du moral.

Notions très sommaires de psychologie comparée ; l'homme et l'animal.

LOGIQUE

Logique formelle. — Des termes. — Des propositions. — Des différentes formes du raisonnement.

Logique appliquée. — Méthode des sciences exactes ; axiomes ; définitions ; démonstration.

Méthode des sciences physiques et naturelles : observation, expérimentation ; hypothèse, induction ; classification, analogie, définitions empiriques.

De la méthode dans les sciences morales. — Le témoignage des hommes ; la méthode historique.

Des erreurs et des sophismes.

MORALE

Principes de la morale. — La conscience ; le bien ; le devoir.

Examen de doctrines utilitaires.

La responsabilité et la sanction.

Les devoirs. — Devoirs envers soi-même : sagesse, courage, tempérance.

Devoirs envers nos semblables : le droit et la justice ; la charité.

Devoirs particuliers envers la famille. — L'éducation.

Devoirs envers la patrie : obéissance aux lois. — L'éducation des enfants. — L'impôt. — Le vote. — Le service militaire. — Dévouement à la patrie.

Des rapports de la morale et de l'économie politique. — Le travail. — Le capital. — La propriété.

ÉLÉMENTS DE MÉTAPHYSIQUE

De la valeur objective de la connaissance ; dogmatisme, scepticisme, idéalisme.

De l'existence du monde extérieur.

De la nature en général : diverses conceptions sur la matière et sur la vie.

De l'âme ; matérialisme et spiritualisme.

Dieu : la Providence. — Le problème du mal.

L'immortalité de l'âme. — La religion naturelle.

Cours du second semestre.

I. — ÉLÉMENTS DE PHILOSOPHIE SCIENTIFIQUE

La science. Les sciences. Classification et hiérarchie des sciences.

Les sciences mathématiques : leur objet, leurs principales divisions. Méthode : définitions, axiomes, démonstrations.

Les sciences de la nature : leur objet, leurs principales divisions, leurs méthodes ; l'expérience ; les méthodes d'observation et d'expérimentation. La classification. L'hypothèse. L'induction. Rôle de la déduction dans les sciences de la nature.

Les sciences morales : leur objet, leurs caractères propres, leurs principales divisions. Méthode : l'induction et la déduction dans les sciences morales.

Rôle de l'histoire dans les sciences morales ; la critique historique.

Exposé sommaire des principales hypothèses générales dans les différents ordres de sciences.

II. — Éléments de philosophie morale

Les faits de l'ordre moral, leurs caractères propres ; la liberté, la responsabilité. La personnalité morale.

Les fins de la vie humaine : le bonheur, l'utilité; le devoir ; Platon ; les Stoïciens ; Kant.

L'individu. — Devoirs envers la personne morale. La dignité humaine.

La famille. — Sa constitution morale. Esprit de famille. L'autorité dans la famille.

La société. — Le droit et les droits. Respect de la personne dans les autres hommes. L'esclavage ; le servage ; les abus de pouvoir.

Respect de la personne dans ses croyances et ses opinions ; liberté religieuse et philosophique ; tolérance.

Respect de la personne dans ses biens. Principe de la propriété.

La justice et la charité. Formes diverses de la charité. Le dévouement.

La patrie; la nation, ce qui la constitue. La puissance publique. L'État et les lois. Fondement de l'autorité publique. Le gouvernement. Devoirs et droits des gouvernants.

Sanction de la morale. Dieu, la religion naturelle.

N. B. — Le caractère de cet enseignement devra être historique non moins que théorique. Le professeur ne se contentera pas d'une exposition abstraite des règles de la logique, il s'attachera à en montrer l'origine et à en faire comprendre l'application par de nombreux exemples empruntés à l'histoire des méthodes, des idées, des découvertes scientifiques, en recourant, quand il se pourra, aux réflexions et commentaires que les maîtres de la science nous ont laissés sur leurs travaux et ceux de leurs prédécesseurs. Il a paru bon d'indiquer ici quelques-uns des ouvrages les plus utiles à consulter :

Sur la science en général : Aristote, *Métaphysique* (les premiers chapitres) ; Bacon, *Novum organum;* Descartes, *Discours sur la méthode.*

Sur la classification des sciences : Bacon, *De Dignitate et Augmentis;* D'Alembert, *Discours préliminaire;* Ampère, *Classification des sciences;* Auguste Comte, *Cours de philosophie positive* (2e leçon).

Sur les sciences mathématiques en général : Auguste Comte (3e et 10e leçons).

Sur la méthode: Pascal, *De l'esprit géométrique ;* Leibnitz, *Nouveaux essais;* D'Alembert, *Éléments de philosophie.*

Sur les méthodes dans les sciences physiques : Bacon, Stuart-Mill ; Herschell (Discours sur la philosophie naturelle).

Sur l'hypothèse : Claude Bernard, *Introduction à la médecine expérimentale* , 1re partie; sur la classification : Cuvier, *Règne animal*. préface.

Sur la déduction dans les sciences de la nature : Stuart-Mill, *Logique,* livre III, chap. XI, XII et XIII.

Sur l'objet et la méthode des sciences morales : Stuart-Mill, *Logique,* livre VI.

Sur la critique historique : Daunou, *Cours d'études historiques,* tome I.

Exemples de grandes hypothèses : Laplace, Cuvier, Darwin (l'unité des forces physiques).

AUTEURS PHILOSOPHIQUES

AUTEURS FRANÇAIS

Descartes : *Discours de la Méthode ; — Les Principes de la philosophie*, livre Ier.

Malebranche : *De la Recherche de la Vérité*, livre II (de l'imagination, première partie, chap. I et V; deuxième et troisième parties en entier.

Pascal : *De l'Autorité en matière de Philosophie;— De l'Esprit géométrique ; — Entretien avec M. de Sacy.*

Leibnitz : *Nouveaux Essais sur l'Entendement humain*, avant-propos et livre Ier ; — Monadologie,

Condillac : *Traité des Sensations*, livre Ier.

V. Cousin : *Le Vrai, le Beau et le Bien*, 3e partie (le bien).

AUTEURS GRECS

Xénophon : *Mémorables*, livre Ier.

Platon : le VIe livre de la *République*.

Aristote : *Éthique à Nicomaque*, livre X.

Épictète : *Manuel*.

AUTEURS LATINS

Lucrèce : *De Natura Rerum*, livre V.

Cicéron : *De Natura Deorum*, livre II. — *De Officiis*, livre I.

Sénèque : *Lettres à Lucilius* (les seize premières).

Langues et littératures anglaises et espagnoles.

Le programme est le même que celui de la classe de Rhétorique (Voir ce progamme, page 267).

A. — Histoire de la civilisation.

(Programme restreint)

Les époques préhistoriques. — Les empires et les civilisations de l'ancien Orient.

La Grèce. Époque légendaire.— Les cités grecques et leurs rivalités. — Le génie grec. — Sa diffusion en Orient.

Rome. — Les institutions primitives. — La lutte entre les patriciens et les plébéiens. — La conquête de l'Italie et du monde.— Les guerres civiles.

L'Empire. — Organisation du monde romain. — Progrès intellectuel et moral. — Le christianisme.

Les Barbares. — Les empires byzantin, musulman et carolingien.

La société féodale. — L'Église et la théocratie. — Les croisades. — Les communes. — Les royautés française et anglaise.

Le déclin du moyen âge. — Les grandes inventions et les grandes découvertes.

Révolution intellectuelle et religieuse. — La Renaissance et la Réforme.

Luttes et triomphe de l'autorité royale au XVIIe siècle. Les monarchies française et anglaise.

Le XVIIIe siècle. — L'Europe nouvelle ; les idées nouvelles. — La fin de l'ancien régime.

B. — **Histoire générale de la civilisation.**

(Programme développé)

Les époques préhistoriques. — Les sciences qui nous les font connaître. — Les divers âges de la pierre et du métal. — Progrès dans l'outillage, l'alimentation, l'habitation. — Monuments mégalithiques.

Peuples, empires, civilisations de l'ancien Orient. — Religions, mœurs, industrie et commerce.

Les divers systèmes d'écriture. — Hiéroglyphes, caractères cunéïformes. — L'alphabet. — Découvertes modernes.

La civilisation grecque. — L'Asie-Mineure, l'Archipel et la Grèce. — L'époque homérique. — Mythologie, légendes. — Ioniens et Doriens. — Commerce, colonies. — Institutions communes de la race héllénique.

Sparte et Athènes avant les guerres médiques. — Organisation sociale et politique.

Établissement de la suprématie d'Athènes. Développement de la constitution démocratique et apogée du génie grec à l'époque de Périclès. La vie grecque.

Rivalités des cités grecques. — Prépondérance de la Macédoine. — Alexandre. — Conquêtes et fondations. — Diffusion du génie grec. — Alexandrie. — Pergame.

Rome. — L'Italie : races et civilisations primitives. — L'époque royale. — Patriciat et clientèle, plèbe, sénat.

Formation de la cité. — Lutte entre les patriciens et les plébéiens. — Les magistratures.

L'armée romaine et la politique romaine. — Conquête de l'Italie et lutte contre Carthage. — Conquête du bassin de la Méditerrannée.

Révolution dans l'esprit et les institutions de Rome. — L'héllénisme, l'esclavage. — Les Gracques et les lois agraires.

L'armée dans la cité. — Marius, Sylla, Pompée, César. — Fin de la République.

L'Empire romain. — Nouvelle organisation du monde romain. — Administration des provinces. — Travaux publics et voies. — Les grands écrivains.

Les Antonins. — Organisation municipale. — Progrès intellectuel et moral. — Monuments : jurisconsultes, philosophes. — Le christianisme.

Transformation de l'Empire à la fin du IIIe siècle. — Triomphe du christianisme et organisation de l'Église.

La Gaule sous la domination romaine. — Monuments, écoles, industrie et commerce. — Le colonat. — Les collèges d'artisans. — Principaux emprunts de la civilisation moderne aux civilisations antiques.

Les premiers siècles du moyen âge (du Ve au Xe). — Les Germains : religion, institutions et mœurs. — Rôle de l'épiscopat en face des royaumes barbares.

Les trois empires byzantin, musulman, carolingien. — Leur civilisation. — Le code Justinien. — Le Coran. — Les écoles de Charlemagne.

Les grands siècles du moyen âge (du XIe au XIIIe). — La société féodale, ses principes, ses mœurs. La Chevalerie.

L'Église, la papauté et la théocratie ; les ordres religieux. — Influence de l'Église sur le développement intellectuel.

Les causes et les résultats des croisades. — Emprunts faits par l'Occident à la civilisation orientale.

Les villes. — Les chartes de communes. — Corporations, commerce, foires.

Apogée de la royauté française au XIIIᵉ siècle. Le domaine royal. Le Parlement et l'Université de Paris.

La royauté anglaise. — La grande Charte. — Le Parlement.

Le déclin du moyen âge (XIVᵉ et XVᵉ siècles). — Affaiblissement de l'autorité royale; décadence de la chevalerie. — La bourgeoisie au XIVᵉ siècle. — Paris, la Flandre, les villes italiennes. — Richesses. — Révolutions.

Affaiblissement de l'esprit religieux. — Le grand schisme et les conciles.

Commencement des temps modernes. — Les grandes inventions, les découvertes maritimes. — Leurs conséquences.

Le XVIᵉ siècle. — Révolution politique, intellectuelle, religieuse. — L'équilibre européen. — La Renaissance, la Réforme.

Conséquences politiques de la Réforme. — Lutte entre le catholicisme et le protestantisme. — Le principe de la tolérance.

Le XVIIᵉ siècle. — La guerre pendant la première moitié du siècle. Les armées. — Misère publique. — Saint Vincent de Paul.

Luttes et triomphe de la monarchie absolue en France sous Richelieu et Mazarin. — La théorie et l'organisation du pouvoir royal sous Louis XIV. — La Cour; Versailles. — La protection accordée aux arts, aux sciences. — Les persécutions religieuses.

La diplomatie au XVIIᵉ siècle. — Les révolutions politiques et religieuses en Hollande, en Angleterre. — La république des Provinces-Unies, la monarchie anglaise.

Le XVIIIᵉ siècle. — Décadence de la monarchie française. — Perte de l'empire colonial français. — Développement de l'Angleterre, de la Prusse, de la Russie.

Progrès de l'esprit français. — Les philosophes, les économistes. — Influence des idées françaises sur l'Europe. — Constitution des États-Unis.

Les tentatives de réforme sous Louis XVI. — Leur échec. — La fin de l'ancien régime.

Géographie.

Revision des cours des classes de seconde et de rhétorique.

Compléments d'algèbre.

Notions très succinctes de géométrie analytique.— Équation du premier degré. — Coefficient angulaire d une droite. — Construction d'une droite donnée par son équation.

Représentation d'une fonction par une courbe. — Notions de la dérivée. — La dérivée est le coefficent angulaire de la tangente.

Variation des fonctions suivantes :

$$y = ax^2 + bx + c,$$

$$ax + b$$
$$y = a'x + b'^2$$

$$ax^2 + bx + c.$$
$$y = a'x^2 + b'x + c'$$

Pour cette dernière fonction, on se bornera à des exemples numériques.

Remarque. — En vue de la variation des fonctions précédentes, il suffira de faire connaître la dérivée d'une somme, d'un produit et d'un quotient.

Trigonométrie.

Fonctions circulaires.— Définition complète des six lignes trigonométriques. —Théorème des projections. — Formules d'addition des arcs. Duplication et bissection.

Géométrie descriptive.

Revision.

Changement du plan vertical de projection. —Rotations. — Applications les plus simples.

Cylindre et cône. — Plans tangents. — Sections planes.

Sphère. — Plan tangent en un point donné ; plan tangent mené par une droite. — Section plane. — Cône circonscrit. — Cylindre circonscrit.

Ombre d'une sphère. d'un cône, d'un cylindre.

Méthode des plans-côtés. — Application aux droites et aux plans.— Courbes de niveau. — Problèmes simples. — Lecture d'une carte topographique.

Notions de levés de plans. — Planimétrie et nivellement. — Explication des différentes méthodes. — Usage des instruments par des exécutions sur le terrain.

Notions de perspective. — Exemples : carrelage hexagonal : croix de pierre; porte avec perron. — Éléments de perspective cavalière.

Mécanique.

STATIQUE

Forces ; leur mesure. — Résultante de plusieurs forces.

Composition des forces concourantes : 1° Cas de deux forces ; 2° cas de plusieurs forces concourantes. — Polygone des forces.

Composition des forces parallèles. — Couple (pas de théorie des couples). — Centre d'un système de forces parallèles.

Centre de gravité. — Sa recherche dans quelques cas simples : triangle, trapèze ; quadrilatère ; prisme ; pyramide.

Réduction d'un nombre quelconque de forces appliquées à un corps solide, d'abord à trois forces, puis à deux.

Conditions d'équilibre d'un corps solide libre sollicité par un nombre quelconque de forces.

Cas particuliers où le corps est mobile autour d'un point fixe ou d'un axe fixe ou reposé sur un plan fixe.

Machines. — 1° Levier. — Charge du point d'appui. — Balance ordinaire. — Balance de Roberval, de Quintenz. — Romaine. — Poulie fixe et poulie mobile. — Moufles.

2° Treuil. — Cric. — Roues à chevilles. — Chèvre. — Grue.

3° Plan incliné. — Applications du plan incliné.

CINÉMATIQUE

Mouvement rectiligne. — Mouvement uniforme. — Mouvement varié. — Vitesse moyenne. — Vitesse à un instant donné. — Diagramme de la loi du mouvement. — La vitesse est égale au coefficient angulaire de la tangente, au diagramme de la loi du mouvement. — Graphique des chemins de fer. — Mouvement uniformément varié. — Loi des espaces. — Lois des vitesses.

Appareils enregistreurs. — Machine de Morin.

Mouvement curviligne. — Vitesse moyenne. — Vitesse à un instant donné.

Notions sur le mouvement d'un système matériel invariable. — Mouvement d'une figure plane dans son plan. — Centre instantané. — Mouvement de translation. — Mouvement de rotation autour d'un axe fixe. — Vitesse angulaire.

Notions générales sur la transformation du mouvement. — Engrenages. — Parallélogrammes de Watt; losange de Peaucellier. — Bielle et manivelle. — Cames et excentriques.

On montrera des modèles aux élèves.

DYNAMIQUE

Notions sur les machines à l'état de mouvement. — Travail mécanique. — Unité de travail. — Travail d'une force constante. — Travail d'une force variable; travail élémentaire ; travail total; son évaluation graphique. — Le travail de la résultante est égal à la somme des travaux des composantes.

Principe du travail virtuel dans les systèmes à liaisons complètes.

On se bornera à l'énoncé du principe et à sa vérification dans les machines simples ; application à quelques machines composées.

Énoncé du principe général des forces vives. — Application aux machines. — Egalité du travail moteur et du travail résistant.

Notions sur les résistances passives. — Frottement; ses lois. — Travail des résistances passives. — Rendement d'une machine.

Emploi des volants et des freins.

Physique.

(A la démonstration des vérités scientifiques, le professeur rattachera, à l'occasion, l'exposé des méthodes et l'histoire des découvertes.)

Mouvements. — Forces. — Proportionnalité des forces aux accélérations. — Masse. — Travail. — Force vive.

Lois de la chute des corps. — Machine d'Atwood.

Pendule. — Applications.

Poids spécifique des solides et des liquides. — Densité des gaz.

Manomètres. — Machines pneumatiques et de compression.

Siphon.

Sources de chaleur.

Notions sur la théorie mécanique de la chaleur. — Machines thermiques; machine à vapeur; machine à gaz.

Notions élémentaires et purement expérimentales sur le potentiel et la capacité électrique. Électromètre de Thomson.

Énoncé des lois fondamentales des courants.

Unités pratiques d'intensité, de résistance et de force électro-motrice.
Bobine de Rumkhorff.
Machines magnéto-électriques et dynamo-électriques. — Réversibilité de ces machines.
Éclairage électrique.
Galvanoplastie. — Dorure. — Argenture.
Sonneries électriques. — Telégraphe. — Téléphone. — Microphone.
Intervalles musicaux. — Gamme.
Vibrations transversales des cordes : lois expérimentales.
Harmoniques. — Timbre des sons.
Spectroscope. — Spectres des diverses sources lumineuses. — Analyse spectrale.
Notions et exercices de photographie.

Chimie générale.

Combinaison chimique. — Décomposition. — Dissociation.
Lois des poids. — Nombres proportionnels. — Équivalents.
Lois des volumes gazeux. — Poids atomiques. — Lois des chaleurs spécifiques. — Isomorphisme.
Principes de termochimie. — Application aux cas les plus simples.

Chimie organique.

Éléments des substances organiques. — Principes immédiats.
Méthodes analytiques et méthodes synthétiques.
Classification d'après les fonctions chimiques.
Carbures d'hydrogène. — Carbures gazeux : acétylène; gaz oléifiant ; gaz des marais. — Chloroforme.
Carbures liquides et solides. — Pétroles ; essence de térébenthine ; benzine : toluène ; naphtaline ; anthracène.
Alcools. — Alcool ordinaire et ses principaux éthers.
Alcool méthylique.
Glycérine. — Corps gras neutres.
Glucoses. — Sucre de Canne. — Sucre de lait.
Dextrine. — Amidon et fécules. — Gommes. — Cellulose.
Phénol. — Alizarine.
Aldéhydes. — Essence d'amandes amères. — Camphre.
Acides. — Principaux acides volatils (formique, acétique).
Acides gras. — Acides fixes (oxalique, tartrique, citrique).
Savons. — Bougies.
Alcalis. — Alcalis artificiels : aniline ; toluidines; rosanilines.
Matières colorantes naturelles et artificielles.
Alcalis végétaux (nicotine, morphine, quinine, strychnine).
Amides. — Notions générales. — Urée. — Acide urique. — Indigo.
Albumine et ses congénères (caséine, fibrine, gluten). — Gélatine.
Conservation des matières organiques.
Fermentation alcoolique. — Tafia. — Vin. — Bière.

Analyse chimique.

Caractères des sels et caractères des principaux genres de sel.

Recherche de la base d'un sel soluble. — Recherche de l'acide.

Notions sur la chimie analytique quantitative par l'emploi des liqueurs titrées. — Essais alcalimétriques. — Essais chlorométriques. — Essais de fer.

Analyse élémentaire d'une substance organique.

Dosage de l'azote sous forme d'ammoniaque.

Manipulations de chimie.

Acétylène (production par la combustion incomplète et par l'action de la chaleur rouge). — Gaz oléifiant. — Liqueur des Hollandais.

Gaz des marais. — Chloroforme.

Rectification de la benzine. — Nitrobenzine. — Sublimation de la naphtaline.

Rectification de l'alcool. — Fermentation alcoolique. — Éther acétique.

Saponification de l'huile par l'oxyde de plomb. — Préparation de la glycérine. — Savon de soude. — Acide stéarique.

Sucre de canne. — Cristallisation dans l'alcool. — Préparation du glucose avec l'amidon. Préparation de l'amidon et de la dextrine. — Coton poudre.

Sublimation du camphre. — Préparation de l'essence d'amandes amères.

Acide formique (préparation). — Acide acétique cristallisable. — Acide oxalique. — Acide tartrique. — Sublimation de l'acide benzoïque.

Préparation de l'aniline. — Sa transformation en rosaniline. — Cuve d'indigo.

Préparation de la morphine. — Préparation de l'urée.

Analyses chimiques.

Hygiène.

L'eau. — Les diverses eaux potables : eau de source, eau de rivière, eau de puits. — L'eau de source seule est pure ; toutes les autres peuvent être contaminées; modes de contamination.

Les moyens de purifier l'eau potable : filtration, ébullition.

L'air. — De la quantité d'air nécessaire dans les habitations, etc. — Dangers de l'air confiné. — Renouvellement de l'air. — Ventilation. — Altération de l'air par les poussières, les gaz.

Voisinage des marais.

Les aliments. — Falsifications principales des aliments usuels, solides et liquides.

Viandes dangereuses : parisitisme et germes infectieux (trichinose, ladrerie, charbon, tuberculose) ; viandes putréfiées (intoxication par la viande du porc, les saucisses).

Des boissons alcooliques. — L'acoolisme.

Les maladies contagieuses. — Qu'est-ce qu'une maladie contagieuse ou transmissible ? (Exemple : une maladie-type dont la transmission est expérimentalement facile). Le charbon, expériences de M. Pasteur.

Indication rapide des principales maladies contagieuses de l'homme ; voies de transmission : l'air, l'eau, l'appareil respiratoire, l'appareil digestif.

Teigne, gale, fièvres éruptives, variole, rougeole, scarlatine, tuberculose.

Vaccination. — Revaccination. — Mortalité par variole.

Mesures de préservation. — Prophylaxie. — Désinfection. — Propreté corporelle.

Conditions de salubrité d'une maison. — La maison salubre, la maison insalubre.

Les maladies transmises par les déjections humaines : fièvre typhoïde, choléra.

Notions de police sanitaire des animaux. — Maladies transmissibles à l'homme. La rage, la morve, le charbon, la tuberculose.

Abatage, enfouissement.

Dessin.

DESSIN A MAIN LEVÉE

1° Mêmes exercices qu'en seconde (page 265).

2° Exercices de composition. Modelage.

DESSIN GÉOMÉTRIQUE

Mêmes exercices qu'en seconde (page 265).

Notions de la mise au point.

Comptabilité.

Le programme est le même que celui de la classe de rhétorique.

Enseignement religieux.

L'instruction religieuse sera donnée par les ministres des différents cultes. Elle comprend :

Prières. — Catéchisme. — Ancien et Nouveau Testament. — Conférences sur la Religion.

Enseignement de la musique.

L'enseignement de la musique est obligatoire, dans les lycées, pour tous les élèves, jusqu'à la quatrième inclusivement.

L'*Enseignement obligatoire* se divise comme suit :

PREMIER COURS

Principes élémentaires de musique. — Prononciation et diction. — Émission vocale. — Respiration. — Classement des voix. — Exercices d'intonation sur la gamme majeure et mineure avec les mesures simples (tons d'ut, sol, fa, majeurs et leurs relatifs mineurs).

Dictées faciles. — Exécution de morceaux simples.

DEUXIÈME COURS

Continuation des études de mesure et d'intonation.

Lectures et dictées musicales, orales et écrites, dans tous les tons majeurs et mineurs, avec les clefs de sol et de fa.

Exécution de morceaux à plusieurs voix.

TROISIÈME COURS

Exécutions chorales.

Étude élémentaire de l'accompagnement et de l'harmonie simple.

Les élèves des classes de sixième, cinquième et quatrième seront divisés entre ces trois cours, autant que possible d'après leurs progrès en musique, et non d'après la classe à laquelle ils appartiennent.

L'*Enseignement facultatif* pour les classes de *Troisième*, *Seconde*, *Rhétorique* et *Philosophie* comprendra :

Exécutions chorales.

Étude de l'accompagnement et de l'harmonie simple.

Notions sur l'*histoire de la musique* et les principales œuvres des maîtres.

N. B. — L'enseignement de la musique vocale est donné à chaque division ou cours isolément. Cependant, les élèves de plusieurs divisions ou de toutes les divisions pourront être réunis pour former des chœurs.

Une *fanfare* sera organisée dans chaque lycée.

Exercices physiques.

ENSEIGNEMENT DE LA GYMNASTIQUE ET DES EXERCICES MILITAIRES

Premier cours.

GYMNASTIQUE

Jeux. — Exercices d'ordre (formation des rangs, marches rythmées, ruptures et rassemblement, doublement et dédoublement). — Évolutions à la course cadencée ; courses de vélocité à petite distance. — Mouvement d'ensemble avec et sans instruments portatifs (haltères, barres, massues). — Escrime.

Exercices deux à deux avec cordes ou barres. — Exercices de suspension allongée et de suspension fléchie aux échelles (échelle horizontale, échelle inclinée, échelle avec planche dorsale, échelles jumelles). — Perches verticales fixes par paire. — Poutre horizontale. — Mât vertical. — Planches d'assaut. — Sauts en long, hauteur et profondeur. — Sauts avec appui des mains. — Sauts à la perche. — Exercices d'équilibre, exercices de rétablissement.

EXERCICES MILITAIRES

École du soldat sans arme.

Formation de la section.

Alignements.

Marches.

Changements de direction.

École d'intonation.

Deuxième cours.

GYMNASTIQUE

Jeux demandant plus de force de résistance. — Mêmes exercices corporels que dans le premier cours. — Exercices de voltige.

EXERCICES MILITAIRES

Mécanisme des mouvements en ordre dispersé. — Déploiement. — Marche. — Ralliement. — Rassemblement.

École du soldat avec l'arme.

Tir. — Exercices préparatoires. — Tir à courte portée. — École d'intonation.

Troisième cours.

GYMNASTIQUE

Perfectionnement des exercices précédents.

EXERCICES MILITAIRES

École du soldat avec l'arme.

Ecole de section.

Ecole d'intonation.

TIR

Appréciation des distances.

Tir à courte portée.

Tir à la cible.

Les exercices physiques se feront pendant les récréations. Le temps qui leur sera réservé sera de trois heures par semaine, réparties en séances d'une demi-heure ou de trois quarts d'heure. — Les groupes à exercer pourront être de cinquante élèves.

MODIFICATIONS

AUX PROGRAMMES DE L'ENSEIGNEMENT SECONDAIRE

Le programme de l'enseignement secondaire classique dans les lycées et collèges subira, à partir de la prochaine année (1898-1899), les modifications suivantes :

Classe de Seconde.

Mathématiques :

Géométrie. — Le programme s'arrêtera désormais aux notions sommaires sur les polyèdres semblables, rapport des surfaces, des volumes.

Algèbre. — A retrancher du programme en vigueur : Application des logarithmes aux questions d'intérêts composés et d'annuités.

Trigonométrie. — Rien de changé.

Géométrie descriptive. — Supprimée.

Classe de Rhétorique.

Mathématiques :

Algèbre. — Revision des cours précédents. — Application des logarithmes aux questions d'intérêts composés et d'annuités.

Géométrie. — Revision du programme de seconde, plus la partie supprimée du programme actuel.

Géométrie descriptive. — Le programme actuel de la seconde.

Courbes usuelles. — Rien de changé.

Cosmographie. — Supprimée.

Classe de Philosophie.

A partir de la prochaine année scolaire (1898-1899), la classe de philosophie sera divisée en deux sections : A. Lettres ; C. Sciences.

Les élèves, après la rhétorique, subiront la première partie de l'examen de fin d'études secondaires classiques.

Ils pourront ensuite choisir l'une ou l'autre des deux sections de la classe de philosophie.

Il sera facultatif aux élèves qui le désireront de suivre à la fois les deux sections.

Après la philosophie, deuxième partie de l'examen de fin d'études secondaires classiques, le certificat indiquera la section que l'élève aura adoptée (lettres ou sciences). Ce programme respectif de chaque section comportera :

A. — Lettres.

Philosophie. — Le cours indiqué au programme actuel pour le premier semestre. — Auteurs philosophiques comme au programme actuel.

C. — Sciences.

Philosophie. — Le cours indiqué au programme actuel pour le deuxième semestre.

Compléments d'Algèbre. — Comme au programme actuel.

Trigonométrie. — Comme au programme actuel.

Géométrie descriptive. — Comme au programme actuel.

Mécanique. — Comme au programme actuel.

Cosmographie. — Ce qui est porté dans le programme actuel pour les classes de seconde et de rhétorique.

Physique. — Comme au programme actuel.

Chimie. — Comme au programme actuel.

Comptabilité. — Comme au programme actuel.

Dessin. — Comme au programme actuel.

Cours communs aux deux sections :

Langues et littératures anglaises et espagnoles. — Comme au programme actuel.

Histoire et géographie. — Comme au programme actuel.

Hygiène. — Comme au programme actuel.

JH.-C. ANTOINE.
31 Août 1898.

TABLE DES MATIÈRES

ÉVREUX, IMPRIMERIE CH. HÉRISSEY, PAUL HÉRISSEY, SUCCr

www.ingramcontent.com/pod-product-compliance
Ingram Content Group UK Ltd.
Pitfield, Milton Keynes, MK11 3LW, UK
UKHW020309230726
13925UKWH00001B/301

9 782019 240585